DR. ZHI GANG SHA
Seelenkraft

DR. ZHI GANG SHA

Seelenkraft

Erkenne deine innere Stärke

Aus dem Englischen
von Peter Herrmann

MensSana
BEI KNAUR

Die amerikanische Originalausgabe erschien 2009 unter
dem Titel »The Power of Soul« bei Atria Books.
A Division of Simon & Schuster, Inc., New York

Die Folie des Schutzumschlags sowie die Einschweißfolie
sind PE-Folien und biologisch abbaubar.
Dieses Buch wurde auf chlor- und säurefreiem Papier gedruckt.

Besuchen Sie uns im Internet: www.droemer-knaur.de
Alle Titel aus dem Bereich MensSana finden Sie im Internet unter
www.mens-sana.de

FSC
www.fsc.org
MIX
Papier aus ver-
antwortungsvollen
Quellen
FSC® C014496

Deutsche Erstausgabe 2011
Copyright © 2009 Heaven's Library
Publication Corp. and Dr. Zhi Gang Sha
Copyright © 2011 für die deutschsprachige Ausgabe
Knaur Verlag. Ein Unternehmen der Droemerschen
Verlagsanstalt Th. Knaur Nachf. GmbH & Co. KG, München.
Alle Rechte vorbehalten. Das Werk darf – auch teilweise –
nur mit Genehmigung des Verlags wiedergegeben werden.
Redaktion: Ralf Lay
Umschlaggestaltung: ZERO Werbeagentur, München
Umschlagabbildung: FinePic®, München
Satz: Daniela Schulz, Stockdorf
Druck und Bindung: GGP Media GmbH, Pößneck
Printed in Germany
ISBN 978-3-426-65649-5

2   4   5   3   1

Dieses Buch ist der gesamten Menschheit auf unserer Erde gewidmet sowie allen Seelen in allen Universen.
Es zeigt, dass die Seele über der Materie steht, was die Seelenkraft ausmacht.
Die Kraft der Seele kann in einem Satz zusammengefasst beschrieben werden:

Die Seele kann heilen, sie kann Energie, Ausdauer, Vitalität und Immunität steigern, sie kann verjüngen und das Leben verlängern, sie kann jeden Aspekt des Lebens transformieren, einschließlich Beziehungen und Finanzen, und sie kann die Erleuchtung erlangen.

Ich liebe mein Herz und meine Seele.
Ich liebe die ganze Menschheit.
Verbindet Herzen und Seelen miteinander.
Liebe, Frieden und Harmonie.
Liebe, Frieden und Harmonie.

Ich bin dein Diener und der Diener aller Leser.
Ich bin ein Diener der gesamten Menschheit und aller Seelen.

Ich danke für die Gelegenheit, zu dienen und Seelenge-
heimnisse, Weisheit, Wissen sowie Praktiken zum Heilen,
Verjüngen, zur Transformation und Erleuchtung allen Le-
bens für die Menschheit und alle Seelen zu enthüllen und
weiterzugeben.

Inhalt

Einführung zur
Seelenkraft-Buchserie

Der Sinn des Lebens ist es, zu dienen. Diesem Ziel habe ich mein Dasein gewidmet. Das Dienen ist die Bestimmung meines Lebens.

Meine Berufung ist es, das Bewusstsein der Menschheit und aller Seelen im Universum zu transformieren und zu erleuchten, um Liebe, Frieden und Harmonie für die Menschheit, Mutter Erde und alle Universen zu schaffen. Zu dieser Mission gehören die folgenden drei Ermächtigungen.

Meine erste Ermächtigung ist das Lehren des *universellen Dienens,* um Menschen zu befähigen, dass sie bedingungslose universelle Diener werden. Die Botschaft des universellen Dienens lautet:

Ich diene der Menschheit und dem Universum bedingungslos.
Du dienst der Menschheit und dem Universum bedingungslos.
Gemeinsam dienen wir der Menschheit und dem Universum
bedingungslos.

Meine zweite Ermächtigung ist das Lehren des *Heilens,* um Menschen zu ermächtigen, sich selbst und andere zu heilen. Die Botschaft des Heilens lautet:

Ich habe die Kraft, mich selbst zu heilen.
Du hast die Kraft, dich selbst zu heilen.
Gemeinsam haben wir die Kraft, die Welt zu heilen.

Meine dritte Ermächtigung ist das Lehren der *Seelenkraft,* dazu gehören die Geheimnisse der Seele, ihre Weisheit und ihr Wissen. Es geht um die Vermittlung von Übungen und die Übertragung göttlicher Seelenkraft, damit die Menschen ermächtigt werden, jeden Aspekt ihres Lebens zu transformieren und ihre Seelen, ihre Herzen, ihren Geist und ihren Körper zu erleuchten. Die Botschaft der Seelenkraft lautet:

Ich habe die Seelenkraft, um mein Bewusstsein und jeden Aspekt meines Lebens zu transformieren und meine Seele, mein Herz, meinen Geist und meinen Körper zu erleuchten.
Du hast die Seelenkraft, um dein Bewusstsein und jeden Aspekt deines Lebens zu transformieren und deine Seele, dein Herz, deinen Geist und deinen Körper zu erleuchten.
Gemeinsam haben wir die Seelenkraft, um das Bewusstsein und jeden Aspekt allen Lebens zu transformieren und die Menschheit und alle Seelen zu erleuchten.

Das Lehren der Seelenkraft ist meine wichtigste Ermächtigung. Es ist der Schlüssel meiner gesamten Lebensaufgabe. Die Kraft der Seele ist der Schlüssel zur Transformation des physischen und des spirituellen Lebens. Sie ist der Schlüssel für die Transformation und die Erleuchtung der Menschheit und jeder Seele in allen Universen.

Der Beginn des 21. Jahrhunderts kann als die Übergangsphase in eine neue Ära für die Menschheit, Mutter Erde und alle Universen angesehen werden. Diese Ära wird das »Zeitalter des Seelenlichts« genannt. Sie begann am

8. August 2003 und wird 15 000 Jahre andauern. Naturkatastrophen – dazu gehören Tsunamis, Hurrikane, Zy-
klone, Erdbeben, Überschwemmungen, Tornados, Hagel-
und Schneestürme, Brände, Dürren, extreme Temperatu-
ren, Hungersnöte und Krankheiten –, politisch, religiös
und ethnisch begründete Konflikte und Kriege, Terroris-
mus, die steigende Vermehrung und Verbreitung von
Atomwaffen, ökonomische Probleme, Schadstoffbelas-
tung, verschwindende Arten und dergleichen mehr sind
Teil dieses Übergangs. Dazu leiden Millionen von Menschen an Depressionen, Ängsten, Furcht, Wut und Sorge.
Sie leiden an Schmerzen, chronischen Zuständen und lebensbedrohenden Krankheiten. Die Menschheit braucht
Hilfe. Ihr Bewusstsein muss transformiert, ihre Leiden
müssen beseitigt werden.
Die Seelenkraft-Buchserie offenbart Seelengeheimnisse
und lehrt Seelenwissen und Anwendungen für das täg-
liche Leben. Die Kraft der Seele kann heilen, Krankheiten
vorbeugen, verjüngen, Leben verlängern, das Bewusstsein
und jeden Aspekt des Daseins transformieren, auch Beziehungen und Finanzen. Die Kraft der Seele ist unerlässlich,
um der Menschheit und der Erde während dieser Übergangszeit zu dienen. Sie wird das Bewusstsein der Menschheit und aller Seelen erwecken und transformieren.
Im 20. Jahrhundert und während einiger Jahrhunderte
davor hat der *Geist über die Materie* triumphiert, was
eine wichtige Rolle spielte für die Fortschritte bei der Heilung, der Verjüngung und der Transformation des Lebens.
Im Zeitalter des Seelenlichts wird der Triumph *der Seele
über die Materie* (Seelenkraft) *die* vitale Rolle übernehmen: bei der Heilung, Verjüngung und Transformation
allen Lebens.
Es gibt unendlich viele Seelen auf der Erde – Seelen von

Menschen, von Tieren, Pflanzen und scheinbar unbelebten Objekten. *Alles hat eine Seele.* Jede Seele hat ihre eigene Frequenz und Kraft. Jesus hatte eine wundersame heilende Kraft. Wir haben viele berührende Geschichten von Leben gehört, die durch Kwan Yins[1] Mitgefühl gerettet wurden. Die Liebe von Mutter Maria hat viele herzbewegende Geschichten ausgelöst. Allen diesen großen Seelen wurde göttliche Seelenkraft gegeben, um der Menschheit zu dienen. In allen großen Religionen und spirituellen Schulen der Welt, also im Buddhismus, Taoismus, Christentum, Judentum, Hinduismus, Islam und anderen, finden sich ähnliche Berichte von großen spirituellen Heilungen und Segnungen.

Ich ehre jede Religion und jede spirituelle Richtung. Aber ich lehre keine Religion. Ich lehre Seelenkraft, wozu Seelengeheimnisse, -weisheit, -wissen und -übungen gehören. Deine Seele hat die Kraft, zu heilen, zu verjüngen und Leben zu transformieren. Die Seele eines Tiers hat die Kraft, zu heilen, zu verjüngen und Leben zu transformieren. Die Seelen der Sonne, des Mondes, eines Ozeans, eines Baums und eines Bergs haben die Kraft, zu heilen, zu verjüngen und Leben zu transformieren. Die Seelen von Heilungsengeln, aufgestiegenen Meistern, christlichen, taoistischen, hinduistischen, buddhistischen Heiligen und anderen hohen spirituellen Wesen haben große Seelenkraft, um zu heilen, zu verjüngen und Leben zu transformieren.

Jede Seele hat ihren eigenen Seelenstand. Dieser spirituelle Stand oder Seelenstand ist unendlich vielschichtig. Seelenkraft ist auch mehrschichtig. Nicht jede Seele kann Wunder vollbringen wie Jesus, Kwan Yin und Mutter Maria. Die Seelenkraft hängt von der spirituellen Bedeutung der Seele im Himmel ab. Je höher eine Seele dort angesiedelt ist, desto mehr Kraft wird ihr vom Göttlichen gegeben. Jesus, Kwan Yin und Mutter Maria haben alle eine sehr hohe spirituelle Bedeutung.

Wer bestimmt den spirituellen Stand einer Seele? Wer gibt einer Seele die angemessene Seelenkraft? Wer entscheidet die Richtung für die Menschheit, Mutter Erde und alle Universen? Der höchste Führer der spirituellen Welt ist der Entscheidungsträger. Dieser höchste Führer ist das Göttliche. Das Göttliche ist der Schöpfer und Offenbarer aller Universen.

Im Zeitalter des Seelenlichts werden alle Seelen sich vereinen und ihr Bewusstsein auf das göttliche Bewusstsein ausrichten. In dieser geschichtsträchtigen Zeit hat das Göttliche entschieden, der Menschheit und allen Seelen die Seelenschätze des Göttlichen zu übermitteln, um die Menschheit und alle Seelen während des Übergangs von Mutter Erde zu unterstützen.

Ich möchte gerne zwei persönliche Geschichten erzählen, um zu erklären, wie ich zu dieser Einsicht kam.

Im April 2003 gab ich einen Power-Healing-Workshop mit etwa hundert Teilnehmern im Heilungszentrum »Land of Medicine Buddha« in Soquel/Kalifornien. Während ich unterrichtete, erschien das Göttliche. Ich sagte den Teilnehmern: »Das Göttliche ist hier. Bitte gebt mir einen Moment Zeit.« Ich kniete nieder und verneigte mich, um das Göttliche zu ehren. (Als ich sechs Jahre alt war, lehrte man mich, ich solle mich vor meinen Tai-Chi-Meistern verneigen. Mit zehn verneigte ich mich vor meinen Qi-Gong-Meistern. Mit zwölf verneigte ich mich vor meinen Kung-Fu-Meistern. Als Chinese lernte ich diese Höflichkeit während meiner ganzen Kindheit.) Ich erklärte meinen Schülern: »Versteht bitte, dass dies die Art und Weise ist, wie ich das Göttliche, meine spirituellen Väter und meine spirituellen Mütter ehre. Nun werde ich mit dem Göttlichen sprechen.«

Stumm sagte ich dann: »Liebes Göttliches, ich fühle mich sehr geehrt, dass du hier bist.«

Das Göttliche, das sich vor mir oberhalb meines Kopfes befand, antwortete: »Zhi Gang, ich komme heute, um dir ein spirituelles Gesetz weiterzugeben.«

Ich sagte: »Es ist mir eine Ehre, dieses spirituelle Gesetz entgegenzunehmen.«

Das Göttliche sprach weiter: »Dieses spirituelle Gesetz heißt das ›universelle Gesetz des universellen Dienstes‹. Es ist eines der höchsten universellen Gesetze im Universum. Es bezieht sich auf die spirituelle und auf die körperliche Welt.« Das Göttliche zeigte auf sich selbst, das Göttliche, und sagte: »Ich bin ein universeller Diener.« Es zeigte auf mich und sprach: »Du bist ein universeller Diener.«

Das Göttliche bewegte die Hand vor dem Göttlichen. »Jeder und alles ist ein universeller Diener. Ein universeller Diener bietet den universellen Dienst bedingungslos an. Zum universellen Dienst gehören universelle Liebe, Vergebung, Frieden, Heilung, Segnung, Harmonie und Erleuchtung. Wenn jemand einen kleinen Dienst anbietet, bekommt er vom Universum und von mir einen kleinen Segen. Wenn jemand einen größeren Dienst anbietet, bekommt er einen größeren Segen. Wenn jemand den bedingungslosen Dienst anbietet, bekommt er grenzenlosen Segen.«

Das Göttliche hielt einen Moment inne, bevor es fortfuhr: »Es gibt eine andere Art des Dienens, das ist der unschöne Dienst. Zum unschönen Dienst gehört es, zu töten, zu verletzen, andere zu übervorteilen, zu betrügen, zu stehlen, aber auch stets zu klagen, zu jammern, sich zu beschweren und Ähnliches. Wenn jemand kleine unschöne Dienste

18

leistet, dann lernt er kleine Lektionen vom Universum und von mir. Wenn jemand größere unschöne Dienste leistet, steht er vor ernsteren Lektionen. Leistet er äußerst unschöne Dienste, lernt er gewaltige Lektionen.«

Ich fragte: »Welche Arten von Lektionen könnten das denn sein?«

Das Göttliche antwortete: »Zu den Lektionen gehören Krankheiten, Unfälle, Verletzungen, finanzielle Not, zerbrochene Beziehungen, emotionales Ungleichgewicht, mentale Verwirrung und andere Störungen.« Das Göttliche betonte: »So funktioniert das Universum. Dies ist eines meiner wichtigsten spirituellen Gesetze, das alle Seelen im Universum befolgen sollen.«

Nachdem das Göttliche dieses universelle Gesetz dargelegt hatte, leistete ich sofort ein stilles Gelübde an das Göttliche:

Liebes Göttliches,
ich bin außerordentlich geehrt, dein universelles Gesetz des
Dienens entgegenzunehmen. Ich gelobe dir, der gesamten
Menschheit und allen Seelen in allen Universen, dass ich ein
bedingungsloser universeller Diener sein werde. Ich werde dir
mein totales GOLD² geben und dir dienen. Ich bin geehrt, dein
Diener und ein Diener der gesamten Menschheit und aller
Seelen zu sein.

Nachdem es das gehört hatte, lächelte das Göttliche und zog sich zurück.

Meine zweite Geschichte ereignete sich drei Monate später, im Juli 2003, während ich einen Workshop zum Thema »Das Studium der Seele« in der Nähe von Toronto gab. Erneut erschien das Göttliche. Wieder erklärte ich meinen Schülern, dass es anwesend sei, und bat sie, einen Moment zu warten, während ich mich 108-mal[3] verneigte und der Botschaft des Göttlichen zuhörte. Bei dieser Gelegenheit sprach es zu mir: »Zhi Gang, heute komme ich, um dich als meinen direkten Diener, mein Instrument und meinen Kanal auszuwählen.«

Ich war tief bewegt und antwortete dem Göttlichen: »Ich bin sehr geehrt. Was bedeutet es, dein direkter Diener, dein Instrument und Kanal zu sein?«

Das Göttliche antwortete: »Wenn du anderen Heilung und Segnung anbietest, ruf mich. Ich werde sofort kommen und ihnen meine Heilung und Segnung bringen.«

Ich war sehr gerührt und antwortete: »Ich danke dir so sehr dafür, dass du mich als deinen direkten Diener erwählt hast.«

Das Göttliche fuhr fort: »Ich kann meine Heilung und Segnung dadurch anbieten, dass ich meine verbleibenden Heilungs- und Segnungsschätze übertrage.«

Ich fragte: »Wie machst du das?«

Das Göttliche antwortete: »Wähle jemanden aus, und ich werde es dir demonstrieren.«

Ich fragte nach einem Freiwilligen mit einem ernsthaften gesundheitlichen Problem. Ein Mann namens Walter hob seine Hand. Er erhob sich und erklärte, dass er Leberkrebs habe, mit einem 2 mal 3 Zentimeter großen bösartigen Tumor, der kürzlich mittels einer Biopsie diagnostiziert worden war.

Dann bat ich das Göttliche: »Bitte segne Walter. Bitte zeig mir, wie du deine verbleibenden Schätze überträgst.«

Sofort sah ich, wie das Göttliche von seinem Herzen einen Lichtstrahl zu Walters Leber aussandte. Der Strahl schoss in seine Leber, wo er zu einem goldenen Lichtball wurde, der sich sofort zu drehen begann. Walters gesamte Leber leuchtete mit einem wunderschönen goldenen Licht.

Das Göttliche fragte mich: »Weißt du, was Software ist?« Diese Frage überraschte mich, und ich antwortete: »Ich verstehe nicht viel von Computern. Ich weiß nur, dass es bei Software um Computerprogramme geht. Ich habe von Buchhaltungs-, Büro- und Grafiksoftware gehört.«

»Ja«, sagte das Göttliche. »Software ist ein Programm. Weil du mich darum gebeten hast, habe ich meine Seelen-Software für die Leber auf Walter übertragen oder heruntergeladen. Es ist einer meiner verbleibenden Heilungs- und Segnungsschätze. Du hast darum gebeten. Ich habe es getan. Dies bedeutet es für dich, mein erwählter direkter Diener und Kanal zu sein.«

Ich war erstaunt. Begeistert, inspiriert und demütig sagte ich zum Göttlichen: »Ich bin so sehr geehrt, dein direkter Diener zu sein. Wie gesegnet bin ich doch, erwählt zu sein!« Fast sprachlos fragte ich das Göttliche: »Warum hast du denn ausgerechnet mich ausgesucht?«

»Ich habe dich erwählt«, sagte das Göttliche, »weil du der Menschheit seit mehr als eintausend Lebenszeiten gedient hast. Du warst während all deiner Lebenszeiten sehr engagiert, meiner Mission zu dienen. Ich erwähle dich in diesem Leben, mein direkter Diener zu sein. Du wirst unzählige verbleibende Heilungs- und Segnungsschätze von mir an die Menschheit und alle Seelen übertragen. Dies ist die Ehre, die ich dir jetzt gebe.«

Ich war zu Tränen gerührt. Ich verneigte mich sofort erneut 108-mal und leistete dieses stille Gelübde:

Liebes Göttliches,
ich kann mich nicht genug vor dir verbeugen für die Ehre, die
du mir erwiesen hast. Keine Worte können meine größte

Dankbarkeit ausdrücken. Ich bin so gesegnet, dein direkter
Diener zu sein, um deine verbleibenden Heilungs- und Seg-
nungsschätze für die Menschheit und alle Seelen herunterzu-
laden. Die Menschheit und alle Seelen werden deine großen
Segnungen durch meinen Dienst als dein direkter Diener
empfangen. Ich übergebe mein gesamtes Leben dir und der
Menschheit. Ich werde deine Aufgaben ausführen. Ich werde
ein reiner Diener der Menschheit und aller Seelen sein.

Ich verneigte mich nochmals. Dann fragte ich das Göttliche: »Wie soll Walter seine Seelen-Software nutzen?«
»Walter muss sich Zeit nehmen, mit meiner Seelen-Software zu üben«, sagte das Göttliche. »Sag ihm, das Empfangen meiner Seelen-Software allein bedeutet nicht, dass
er gesunden wird. Er muss jeden Tag mit diesem Schatz
üben, um seine Gesundheit wiederherzustellen, Schritt um
Schritt.«
Ich fragte: »Wie soll er denn üben?«
Das Göttliche gab mir den Rat: »Sag Walter, er soll wiederholt chanten: ›Die göttliche Leber-Seelen-Software heilt
mich. Die göttliche Leber-Seelen-Software heilt mich. Die
göttliche Leber-Seelen-Software heilt mich. Die göttliche
Leber-Seelen-Software heilt mich ...‹«
Ich fragte: »Und wie lange sollte Walter chanten?«
Das Göttliche antwortete: »Mindestens zwei Stunden am
Tag. Je länger er übt, umso besser wirkt es. Wenn Walter
dies tut, könnte er in drei bis sechs Monaten geheilt
sein.«
Ich teilte Walter diese Information mit, der aufgeregt und
tief bewegt war. Walter versprach: »Ich werde jeden Tag
zwei oder mehr Stunden üben.«

Schließlich fragte ich das Göttliche: »Wie funktioniert denn die Seelen-Software?«

Das Göttliche antwortete: »Meine Seelen-Software ist eine goldene Heilungskugel, die rotiert und energetische und spirituelle Blockaden aus Walters Leber entfernt.« Wieder verbeugte ich mich vor dem Göttlichen 108-mal, dann stand ich auf und bot allen Teilnehmern des Workshops drei Seelen-Softwares als göttliche Geschenke an. Als es dies sah, lächelte das Göttliche und verschwand.

Walter begann sofort entsprechend der Anweisung jeden Tag mindestens zwei Stunden zu üben. Zweieinhalb Monate später zeigten eine Computertomographie und eine Kernspinuntersuchung, dass sein Leberkrebs vollkommen zurückgegangen war. Ende 2006 traf ich Walter erneut während einer Signierstunde in Toronto, und im Mai 2008 nahm er an einer meiner Veranstaltungen in der Unity Church of Truth in Toronto teil. Bei beiden Gelegenheiten sagte er mir, dass es immer noch kein Zeichen von Krebs in seiner Leber gäbe. Vor nahezu fünf Jahren hat seine göttliche Seelen-Übertragung seinen Leberkrebs geheilt. Er war dem Göttlichen sehr dankbar.

Dieses wichtige Ereignis, als direkter göttlicher Diener erwählt zu werden, fand im Juli 2003 statt. Wie ich schon sagte, begann am 8. August 2003 eine neue Ära für Mutter Erde und das Universum, das Zeitalter des Seelenlichts. Der Zeitpunkt mag zufällig erscheinen, aber ich glaube, es könnte hier einen spirituellen Grund geben. Seit Juli 2003 habe ich der Menschheit fast jeden Tag göttliche Übertragungen angeboten. Ich habe mehr als zehn davon an alle Seelen in allen Universen angeboten.

Ich erzähle diese Geschichte, um die Kraft der göttlichen Seelen-Übertragungen darzulegen. In meinem ersten Buch über die Seelenkraft, *Seelenweisheit*[4], bin ich eine Verpflichtung eingegangen, die ich in jedem meiner Bücher seither erneuert habe:

Von nun an werde ich in jedem Buch, das ich schreibe, göttliche Seelen-Übertragungen anbieten.

Göttliche Seelen-Übertragungen sind verbleibende göttliche Heilungs- und Segnungsschätze für die Transformation eures Lebens. Es gibt ein altes Sprichwort: »Wenn du wissen willst, ob eine Birne süß ist, musst du sie probieren.« So ist es auch hier: Wenn du die Kraft der göttlichen Seelen-Übertragung kennenlernen willst, musst du sie erfahren.

Göttliche Seelen-Übertragungen führen eine göttliche Frequenz mit göttlicher Liebe, Vergebung, Mitgefühl und Licht mit sich. Göttliche Frequenz transformiert die Frequenz allen Lebens. Göttliche Liebe schmilzt alle Blockaden, einschließlich energetischer und spiritueller Blockaden, und transformiert alle Leben. Göttliche Vergebung bringt inneren Frieden und innere Freude. Göttliches Mitgefühl erhöht Energie, Ausdauer, Vitalität und Immunität. Göttliches Licht heilt, verhindert Krankheit, verjüngt und verlängert das Leben.

Eine göttliche Seelen-Übertragung ist eine neue Seele, erschaffen aus dem Herzen des Göttlichen. Die göttliche Seelen-Übertragung, die Walter empfangen hat, war eine Seelen-Software. Seit damals habe ich verschiedene andere Arten von göttlichen Seelen-Übertragungen ausgeführt, einschließlich göttlicher Seelentransplantate.

Ein göttliches Seelentransplantat ist eine neue göttliche Seele eines Organs, eines Körperteils, eines funktionellen Körpersystems (etwa des Stoffwechsel- oder des Hormonsystems), von Zellen, der DNS und RNS, der kleinsten

Materie in Zellen oder der Zellzwischenräume. Wenn es übertragen ist, ersetzt es die ursprüngliche Seele des Organs, eines Körperteils, eines Körpersystems, von Zellen, der DNS und RNS, der kleinsten Materie in Zellen oder der Zellzwischenräume und des Empfängers. Eine neue göttliche Seele kann auch die Seele eines Zuhauses oder eines Geschäfts ersetzen. Eine neue göttliche Seele kann an ein Haustier, einen Berg, eine Stadt oder ein Land übertragen werden, um deren ursprüngliche Seelen zu ersetzen. Eine neue göttliche Seele kann sogar die Seele von Mutter Erde austauschen.

Jeder Mensch und jedes Ding hat eine Seele. Das Göttliche kann jede Seele herunterladen, die man sich vorstellen kann. Diese göttlichen Seelen-Übertragungen sind wie gesagt verbleibende göttliche heilende, segnende und lebensverändernde Schätze. Sie können das Dasein von allem transformieren. Weil das Göttliche diese Seelenschätze erschaffen hat, tragen sie göttliche Seelenkraft in sich, was der größten Seelenkraft unter allen Seelen entspricht. Alle Seelen in den höchsten Schichten des Himmels werden die göttlichen Seelen-Übertragungen unterstützen und fördern. Göttliche Seelen-Übertragungen sind die Kronjuwelen der Seelenkraft.

Göttliche Seelen-Übertragungen sind göttliche Gegenwart. Je mehr du davon empfängst, desto schneller werden deine Seele, dein Herz, dein Geist und dein Körper transformiert werden. Je mehr davon dein Zuhause, dein Geschäft, eine Stadt oder ein Land empfangen, desto schneller werden ihre Seelen, Herzen, ihr Geist und ihre Körper transformiert werden.

Im Zeitalter des Seelenlichts wird die Evolution der Menschheit durch die göttliche Seelenkraft erschaffen werden. Seelenkraft wird die Menschheit transformieren.

Seelenkraft wird die Tiere transformieren. Seelenkraft wird die Natur und die Umwelt transformieren. Seelenkraft wird in jedem Bereich der menschlichen Bestrebungen eine führende Rolle einnehmen. Die Menschheit wird im vollen Umfang verstehen, *dass die Seele der »Boss« ist.*

Seelenkraft, einschließlich Seelengeheimnissen, -weisheit, -wissen und -übungen, wird jeden Aspekt des menschlichen Lebens transformieren. Seelenkraft wird jeden Aspekt von Organisationen und Gesellschaften transformieren. Seelenkraft wird Städte, Länder, die Erde, alle Planeten, Sterne, Galaxien und sämtliche Universen transformieren. Göttliche Seelenkraft, einschließlich der göttlichen Seelen-Übertragungen, wird diese Transformation anführen.

Während der letzten Jahre habe ich schon unzählige göttliche Seelen an die Menschheit und alle Universen übertragen. Ich wiederhole es noch mal: **Ich werde in jedem Buch, das ich schreibe, göttliche Seelen-Übertragungen anbieten.** Klare Anweisungen, wie man göttliche Seelen-Übertragungen empfängt, werden im nächsten Abschnitt sowie auf den entsprechenden Seiten in jedem Buch gegeben.

Ich bin ein Diener der Menschheit. Ich bin ein Diener des Universums. Ich bin ein Diener des Göttlichen. Es ist mir die größte Ehre, allen Seelen zu dienen, und ich verpflichte mich mit meinem ganzen Leben und Sein, ein bedingungsloser universeller Diener zu sein.

Ich werde mein ganzes Leben göttliche Seelen-Übertragungen anbieten und werde allen Seelen mehr und mehr Seelen-Übertragungen für jeden Aspekt des Lebens anbieten.

Es ist mir eine Ehre, ein Diener der göttlichen Seelen-Übertragungen zu sein.

Menschen, Organisationen, Städte und Länder werden mehr und mehr göttliche Seelen-Übertragungen empfangen, die jeden Aspekt ihrer Leben transformieren und ihre Seelen, Herzen, ihren Geist und ihre Körper erleuchten werden. Das Zeitalter des Seelenlichts wird Seelenkraft ausstrahlen. Die Bücher über die Seelenkraft werden göttliche Seelen-Übertragungen verbreiten. Den Büchern ist es eine Ehre, für das Göttliche, die Menschheit und alle Seelen ein Diener des totalen GOLD zu sein.

Das Göttliche gibt uns das Herz des Göttlichen. Das Göttliche gibt uns die Liebe des Göttlichen. Das Göttliche gibt uns göttliche Seelen-Übertragungen. Unsere Herzen verbinden sich mit dem Herzen des Göttlichen. Unsere Seelen verbinden sich mit der Seele des Göttlichen. Unser Bewusstsein richtet sich auf das Bewusstsein des Göttlichen aus. Wir werden Herzen und Seelen zusammenbringen, um Liebe, Frieden und Harmonie für die Menschheit, die Erde und alle Universen zu erschaffen.

Ich liebe mein Herz und meine Seele.
Ich liebe die ganze Menschheit.
Verbindet Herzen und Seelen miteinander.
Liebe, Frieden und Harmonie.
Liebe, Frieden und Harmonie.

Liebe die gesamte Menschheit. Liebe alle Seelen. Danke der gesamten Menschheit. Danke allen Seelen.
Danke, danke, danke.

Zhi Gang Sha

Wie man die göttlichen Seelen-Übertragungen empfängt

Die Seelenkraft-Buchserie ist einmalig. Erstmals in der Geschichte lädt das Göttliche seine Seelenschätze an die Leser herunter, wenn sie diese Bücher lesen. Jedes Buch über die Seelenkraft wird göttliche Seelen-Übertragungen mit einschließen, die programmiert worden sind. Wenn du die entsprechenden Abschnitte liest und für einen Moment innehältst, werden göttliche Geschenke an deine Seele übertragen.

Im April 2005 sagte mir das Göttliche, ich solle »die göttlichen Seelen-Übertragungen der Geschichte überlassen«. Ich dachte: »Das Leben eines menschlichen Wesens ist begrenzt. Selbst wenn ich ein langes, langes Leben lebe, werde ich eines Tages in den Himmel zurückkehren. Wie kann ich die göttlichen Seelen-Übertragungen der Geschichte überlassen?«

Zu Beginn des Jahres 2008, als ich die broschierte Ausgabe von *Seelenweisheit* redigierte, sagte mir das Göttliche plötzlich: »Zhi Gang, biete meine Übertragungen in diesem Buch an.« Das Göttliche sagte: »Ich werde meine Übertragungen im Buch vorprogrammieren. Jeder kann sie während des Lesens der jeweiligen Seiten empfangen.« In dem Moment, da mir das Göttliche diese Anweisung gab, begriff ich, wie ich die göttlichen Seelen-Übertragungen der Zukunft überlassen könnte.

Göttliche Seelen-Übertragungen sind bleibend in diesem und in jedem Seelenkraft-Buch vorprogrammiert. Wenn Menschen in Tausenden von Jahren dieses Buch läsen, bekämen sie immer noch die Übertragungen. Solange es existiert und gelesen wird, überträgt es Seelen-Übertragungen.

Lasst mich das genauer erklären. Das Göttliche hat in bestimmte Abschnitte dieses Buches eine anhaltende Segnung eingefügt. Diese Segnungen erlauben es dir, göttliche Seelen-Übertragungen als dauerhafte Geschenke an deine Seele zu empfangen. Weil diese göttlichen Schätze mit deiner Seele zusammen sind, kannst du 24 Stunden am Tag für Heilung, Segnung und Lebenstransformation auf sie zugreifen – sooft du möchtest, wo immer du bist.

Es ist sehr einfach, in diesen Büchern die göttlichen Seelen-Übertragungen zu empfangen. Nachdem du die speziellen Abschnitte gelesen hast, in denen sie programmiert sind, schließ deine Augen. Empfang die spezielle Übertragung. Es ist auch einfach, diese göttlichen Schätze anzuwenden. Nachdem du eine göttliche Seelen-Übertragung empfangen hast, werde ich dir umgehend zeigen, wie du sie für Heilung, Segnung und die Transformation des Lebens einsetzen kannst.

Du hast einen freien Willen. Wenn du nicht bereit bist, eine göttliche Seelen-Übertragung zu empfangen, sag einfach: »Ich bin nicht bereit, dieses Geschenk entgegenzunehmen.« Dann kannst du die jeweiligen Abschnitte der Übertragung weiterlesen, aber du wirst die Geschenke, die sie enthalten, nicht empfangen. Das Göttliche bietet seine Seelen-Übertragungen niemandem an, der nicht bereit oder willens ist, seine Schätze zu empfangen. Aber sobald du bereit bist, kannst du einfach zu den entsprechenden Abschnitten zurückgehen und sagen: »Ich bin bereit.« Dann wirst du die eingelagerte spezielle Übertragung empfangen, wenn du den Abschnitt erneut liest.

Das Göttliche hat sich bereit erklärt, spezifische göttliche Seelen-Übertragungen in diesen Büchern allen Lesern anzubieten, die willens sind, sie zu empfangen. Das Göttliche hat unendlich viele Schätze. Aber du kannst nur die in diesen Seiten dargelegten empfangen. Bitte frag nicht nach anderen oder zusätzlichen Geschenken. Es wird nicht funktionieren.

Nachdem du die göttlichen Seelen-Übertragungen in diesen Büchern empfangen und mit ihnen geübt hast, kannst du bemerkenswerte Heilungserfolge in deinem physischen, emotionalen, mentalen und spirituellen Körper erfahren. Du kannst unglaubliche Segnungen für deine Liebes- und andere Beziehungen empfangen. Du kannst finanzielle und verschiedenste andere Segnungen bekommen.

Göttliche Seelen-Übertragungen sind unbegrenzt. Es gibt für alles, was in der physischen Welt existiert, eine göttliche Seelen-Übertragung. Der Grund dafür ist sehr einfach. *Alles hat eine Seele.* Ein Haus hat eine Seele. Das Göttliche kann eine Seele für dein Haus herunterladen, die dessen Energie zu transformieren vermag. Das Göttliche kann eine Seele für dein Geschäft herunterladen, die dein Geschäft zu transformieren vermag. Auch der Ring, den du trägst, hat eine Seele. Wenn das Göttliche eine neue göttliche Seele für deinen Ring herunterlädt, kannst du die göttliche Seele in deinem Ring bitten, göttliche Heilung und Segnung zu vermitteln.

Ich bin geehrt, als Diener der Menschheit und des Göttlichen erwählt worden zu sein, um göttliche Seelen-Übertragungen anzubieten. Für den Rest meines Lebens werde ich weiterhin göttliche Seelen-Übertragungen offerieren.

Ich werde mehr und mehr davon anbieten. Ich werde göttliche Seelen-Übertragungen für jeden Aspekt jeden Lebens anbieten.

Ich bin geehrt, ein Diener der göttlichen Seelen-Übertragungen zu sein.

Was man von göttlichen Seelen-Übertragungen erwarten darf

Göttliche Seelen-Übertragungen sind neue Seelen, erschaffen vom Herzen des Göttlichen. Wenn diese Seelen übertragen werden, spürst du eventuell eine starke Schwingung. Zum Beispiel kannst du Wärme oder Erregung empfinden. Dein Körper mag ein bisschen zittern. Wenn du nicht sensitiv bist, kann es sein, dass du nichts spürst. Fortgeschrittene spirituelle Wesen mit einem offenen Dritten Auge können eine große goldene, regenbogenfarbene oder violette Lichtseele in deinen Körper eintreten sehen. Diese göttlichen Seelen sind deine Yin-Begleiter[5] fürs Leben. Sie werden für immer mit deiner Seele zusammenbleiben. Selbst wenn dein weltliches Leben zu Ende geht, werden diese göttlichen Schätze weiterhin deine Seele ins nächste Leben und in alle zukünftigen Inkarnationen begleiten. In meinen Büchern werde ich dich lehren, wie du diese göttlichen Seelen jederzeit und überall anrufen kannst, um dir in diesem Leben göttliche Heilung oder Segnung zu vermitteln. Du kannst diese Seelen auch anrufen, um deinen Körper zu verlassen, um anderen göttliche Heilung oder Segnung anzubieten. Diese göttlichen Seelen haben außergewöhnliche Fähigkeiten, zu heilen, zu segnen und zu transformieren. Wenn du in deinem nächsten Leben fortgeschrittene spirituelle Fähigkeiten entwickelst, wirst du entdecken, dass du diese göttlichen Seelen bei dir

31

hast. Dann wirst du fähig sein, in deinen zukünftigen Lebenszeiten diese göttlichen Seelen auf die gleiche Art anzurufen, um jeden Aspekt deines Lebens zu heilen, zu segnen und zu transformieren.

Es ist eine große Ehre, eine göttliche Seele zu deiner eigenen Seele heruntergeladen zu haben. Die göttliche Seele ist eine reine Seele ohne negatives Karma. Die göttliche Seele trägt göttliche Heilungs- und Segnungsfähigkeiten in sich. Die Übertragung hat keinerlei Nebenwirkungen. Du bekommst Liebe und Licht mit göttlicher Frequenz. Du bekommst göttliche Fähigkeiten, um dir selbst und anderen zu dienen. Deshalb ist die Menschheit außerordentlich geehrt, dass das Göttliche diese Übertragungen anbietet. Ich bin außerordentlich geehrt, ein Diener des Göttlichen, von dir, von der gesamten Menschheit und von allen Seelen zu sein und göttliche Seelen-Übertragungen anzubieten. Ich kann dem Göttlichen nicht genügend danken. Ich kann dir, der Menschheit und allen Seelen nicht genügend danken für die Möglichkeit, zu dienen. Danke, danke, danke.

Vorwort zur
Seelenkraft-Buchserie

Ich bewundere die Arbeit von Dr. Zhi Gang Sha schon seit einigen Jahren. Ich erinnere mich daran, als ich ihn zum ersten Mal sein Seelenheilungssystem »Seele-Geist-Körper-Medizin« erklären hörte. Ich wusste sofort, dass ich diesen begabten Heiler und seine Mission unterstützen wollte, also stellte ich ihn meiner spirituellen Gemeinschaft »Agape« vor. Seither freue ich mich immer wieder, zu sehen, wie diejenigen, die seine Lehren und Techniken anwenden, in ihrem Leben zunehmende Energie, Freude, Harmonie und Frieden erfahren.

Dr. Shas Techniken erwecken die in uns schon vorhandene Heilkraft und ermächtigen uns, unser Wohlergehen in unsere eigenen Hände zu nehmen. Seine Erklärung der Energie, seine Botschaft und wie diese mit Bewusstsein, Geist, Körper und Seele verbunden sind, das alles bildet ein dynamisches Informationsnetzwerk in einer Sprache, die einfach zu verstehen und, noch wichtiger, anzuwenden ist.

Die vielfach bestätigten Erfolge von Dr. Shas Methode haben Tausenden von Schülern und Lesern bewiesen, dass heilende Energien und Botschaften von bestimmten Tönen, Bewegungen und affirmativen Wahrnehmungen ausgehen. Indem er seine persönlichen Erfahrungen mit einflicht, sind die Theorien und Übungen Dr. Shas in der direkten Arbeit mit den Lebensenergien und dem Geist praktisch, ganzheitlich und tiefgreifend. Seine für jeden Aspekt des Lebens so wichtige Erkenntnis der Bedeutung von Seelenkraft ist somit unerlässlich, um den Herausforderungen des Lebens im 21. Jahrhundert zu begegnen.

Als weltweiter Vertreter seines bekannten Lehrers Dr. Zhi Chen Guo, einer der größten Qi-Gong-Meister und Heiler der Welt, ist Dr. Sha selbst ein Meister altbewährter Wissenszweige wie Tai-Chi, Qi-Gong, Kung Fu, Feng Shui und des I Ging. Er hat die Seele der natürlichen Heilungsmethode seiner Kultur mit seiner Ausbildung als westlicher Arzt verbunden und uns großzügig sein Wissen durch die Bücher über die Seelenkraft angeboten. Sein Beitrag für Menschen in Heilberufen ist unbestreitbar, und die Art, in der er seine Leser dazu in die Lage versetzt, sich selbst, ihre Gefühle und die Verbindung zwischen ihrem Körper, ihrem Geist und ihrer Seele zu verstehen, ist sein Geschenk an die Welt.

Durch seine Seelenkraft-Bücher führt Dr. Sha den Leser in ein Bewusstsein der Heilung nicht nur von Körper, Geist und Seele, sondern auch des Herzens. Ich sehe seinen Heilungsweg als universelle spirituelle Übung, einen Weg zu einer echten Transformation. Seine professionelle Integrität und sein mitfühlendes Herz tragen ihn als Diener der Menschheit, und mein Herzenswunsch für seine Leser ist es, dass sie seine Einladung, die Kraft der Seele zu erwecken und die natürliche Schönheit ihrer Existenz zu manifestieren, auch annehmen.

Dr. Michael Bernard Beckwith
Gründer des Agape International Spiritual Center

Vorwort

Dr. Sha vermittelt eine einzigartige Sicht der Seele, die jetzt, im 21. Jahrhundert, sehr vonnöten ist. Als ein Schüler des Mystizismus sowie der ganzheitlichen Medizin sprach mich sein Buch *Seele Geist Körper Medizin*[6] unmittelbar an. Meine erste Reaktion war: »Wir hatten es verkehrt herum! Natürlich ist es die Seele, die bestimmt.« In der allegorischen Literatur unterstreicht die Geschichte des Pinocchio diese Tatsache, dass der Puppenspieler (die Seele) die Puppe (den Jungen aus Holz) kontrolliert. Wenn der Junge seinem Gewissen oder seiner Seele nicht folgt, wächst seine Nase …

Nachdem ich mich mit einigen von Dr. Shas Büchern beschäftigt hatte, genoss ich das Privileg, im Juni 2008 an seinem »Seelenheilungs- und Erleuchtungs-Retreat«[7] in Quebec teilzunehmen. Diese Erfahrung war das kraftvolle Wiedererwachen meiner lebenslangen Überzeugung, dass es die hauptsächliche Bestimmung im Dasein ist, anderen zu helfen. Insbesondere sind die Seelenlieder Dr. Shas kraftvolle Werkzeuge, um die Kraft der Seele zu erfahren.

Dr. Sha wurde vom Göttlichen ein universelles Gesetz vermittelt: *Zum universellen Dienst gehören universelle Liebe, Vergebung, Frieden, Heilung, Segnung, Harmonie und*

Erleuchtung. Seit vielen Jahren bin ich der Auffassung, dass Liebe der Wunsch ist, anderen zu helfen. Ja, ich spüre, dass es unser grundlegendster Antrieb ist, anderen beizustehen. Leider haben einige Individuen sich nicht genügend unterstützt gefühlt, um diesem Instinkt zu erlauben, dass er aufblüht. Andererseits bringt das Nähren, Dienen und Helfen den meisten Menschen mehr Befriedigung, innere Harmonie und Frieden als jede andere Aktivität. Nichts im Leben ist wichtiger. Dr. Sha unterstreicht diese transzendente Natur aller Wesen durch praktische Ansätze, die uns helfen, Karma aufzulösen, und uns ermächtigen, unser Schicksal, ja unser ganzes Leben zu formen.

Gemeinhin wird die Seele als unser einmaliges individuelles Bewusstsein angesehen, als die innere Essenz, die den Tod des menschlichen Körpers überdauert. Die Neurowissenschaftler sind sich weitestgehend darin einig, dass der Geist, oder das Bewusstsein, die Domäne des Hirns sei. Während des letzten Jahrhunderts wurde die Beziehung von Geist und Körper ein wichtiger wissenschaftlicher Brennpunkt. Geist-Körper-Medizin hat sich zu einem »neuen« Studienbereich entwickelt.

Allgemein wird jedoch angenommen, dass Emotionen durch die Interaktion von Geist und Körper entstehen. Die Wissenschaft betrachtet die Seele als Produkt eines Glaubens, der Einstellungen und Verhaltensweisen formt. Wie traurig, dass sie den tatsächlich bestimmenden Faktor von Leben und Glück nicht gesehen hat! Wir sind jedoch in der glücklichen Lage, dass Dr. Sha nun dieses magische Tor für uns geöffnet hat.

Über die letzten hundert Jahre häuften sich die Beweise, die zeigten, dass der Geist ein nichtlokaler Aspekt des Bewusstseins ist. Hellsehen, Distanz- und Gebetsheilen haben im Bereich des Heilens zunehmend an Renommee gewonnen. Das Konzept der ganzheitlichen Medizin wurde offiziell im Jahr 1978 formuliert, um die Notwendigkeit zu unterstreichen, dass die spirituellen Bedürfnisse der Patienten angesprochen werden. Von jener Zeit an bis heute war das Hauptthema »Körper, Geist und Seele«, wobei mit Letzterer nur verschiedene Aspekte der Seele gemeint sind.

Glauben, Verhalten und Emotionen waren in dieser Entwicklung medizinischen Denkens die Hauptthemen. Doch wurde unsere letztliche göttliche Essenz, die Seele, von diesen Themen weder erforscht noch angerührt. Auch die Mystiker haben ausführlich von ihren Erfahrungen geschrieben, die oft schöne Beispiele einer beginnenden Erleuchtung sind. Ich war mir jedoch keines spirituellen Wesens bewusst, das einen genauen Plan für den Weg zur Erleuchtung anböte – bis ich Dr. Sha traf!

Nun haben wir ein neues Tor zur Kraft der Seele – eines der Anerkennung, der Hingabe und vor allem der bedingungslosen Liebe in ihrer mächtigsten Form. Die Seele ist unser wichtigster Führer. Ihre Kraft ist endlos. Die Seele ist das Tor zum göttlichen Licht, um uns bei der Herbeiführung und Erfahrung der Erleuchtung zu helfen. Die alte Weisheit solch fundamentaler Texte wie der *Yoga-Sutras des Patanjali* und des *Tao-Te-King* sowie das Wissen der großen Philosophen und Mystiker sind nun in eine universelle Annäherung an alles Leben transformiert worden – und Dr. Sha, assistiert von Seelenkraft und göttlichen Seelen-Übertragungen, ist der Transformator.

Ich möchte noch mal auf die Seelenlieder und Chants zurückkommen! Ich habe mit Meditationen, »Om«-Chants und vielen anderen Chanting-Techniken geübt. Wir sind riesige piezoelektrische Kristalle, die elektromagnetische Energie empfangen, speichern und aussenden. Viele der

Seelenlieder von Dr. Sha sind die kraftvollsten Beispiele für die direkte Seelenverbindung, die ich erfahren habe. Sie sind eine wichtige Schöpfung und Manifestation der Kraft der Seele, wie Dr. Sha am Anfang dieses wunderbaren Buches schreibt:

Die Seele kann heilen, sie kann Energie, Ausdauer, Vitalität und Immunität steigern, sie kann verjüngen und das Leben verlängern, sie kann jeden Aspekt des Lebens transformieren, einschließlich Beziehungen und Finanzen, und sie kann die Erleuchtung erlangen.

Das Buch von Dr. Sha öffnet für jedermann das Tor, um die Kraft der Seele zu erfahren – die ultimative Reise der Seele. Ich hoffe, Sie werden daraus so viel Freude, Heilung, Segnung und Transformation wie ich erfahren!

Dr. C. Norman Shealy
Professor für energetische Medizin und
emeritierter Präsident
Holos University Graduate Seminary
Herausgeber Medical Renaissance

Wie dieses Buch gelesen
werden sollte

In jedem meiner Bücher über die Seelenkraft decke ich Seelengeheimnisse auf und lehre Seelenweisheit, -wissen und entsprechende Übungen. Geheime und heilige Weisheit sowie geheimes und heiliges Wissen sind wichtig, doch *Übung ist noch wichtiger.* Seit uralten Zeiten haben ernsthafte Buddhisten, Taoisten, Qi-Gong und Kung Fu Praktizierende jeden Tag viele Stunden mit Üben verbracht. Ihre Hingabe ermächtigte sie, ihre Frequenz, ihr Bewusstsein und ihre Klärung immer weiter zu entwickeln und zu transformieren. In der modernen Welt verbringen erfolgreiche Berufstätige auf allen möglichen Gebieten ebenso monate- und jahrelang etliche Stunden am Tag mit Übungen. Auch ihr Engagement versetzt sie in die Lage, ihre Kraft und Fähigkeiten immer weiter zu entwickeln und zu transformieren. Jedes meiner Bücher über die Seelenkraft bietet neue Ansätze zur Heilung, Verjüngung und Transformation des Lebens. Zusammen mit den Lehren heiliger Weisheit und heiligen Wissens biete ich die göttlichen Seelen-Übertragungen an. *Doch der wichtigste Dienst, der in meinen Büchern angeboten wird, sind die Übungen.* Dies gilt speziell für dieses, *Seelenkraft.* Hier führe ich euch in Dutzende von Übungen ein. Wenn ihr für jede der Übungen mindestens vier oder fünf Minuten aufwendet, wird es einige Zeit dauern, bis ihr alle beendet habt. Aber man muss nichts überstürzen: Macht einige Übungen heute. Macht morgen einige weitere Übungen. Macht übermorgen einige mehr. Die Übungen sind wesentlich. Wenn ihr sie nicht ausübt, wie könnt ihr dann ihre Kraft und ihren Nutzen erfahren? Wenn ihr ihre Kraft und ihren Nutzen nicht erfahrt, wie könnt ihr dann die Lehre vollständig verstehen und aufnehmen?

Meine Botschaft an euch lautet: Wenn ihr dieses Buch lest, dann lasst die Übungen nicht aus. Ich führe euch bewusst dahin, die spirituellen Übungen unter Einsatz der Kraft der Seele für Heilung, die Verhütung von Krankheiten, die Verlängerung des Lebens und die Transformation eines jeden Aspekts im Leben auszuführen, einschließlich Beziehungen und Finanzen. Versteh das Lesen dieses Buchs wie die Teilnahme an einem meiner Workshops. Wenn du einen Workshop besuchst und der Lehrer dich in einer Meditation oder Übung anleitet, verlässt du ja auch nicht den Raum, um etwas anderes zu tun, oder?

Nimm dir Zeit für dieses Buch. Mach jede Übung, die ich dich zu tun bitte. Du wirst zehn-, fünfzig-, hundertmal mehr Gewinn dadurch erfahren, als würdest du einfach nur schnell durch das Buch lesen. Insbesondere bedeutet das Empfangen von göttlichen Seelen-Übertragungen nicht, dass du damit automatisch schon ihre Wohltaten bekommen hättest. Du musst sie aktivieren und üben, um die göttliche Heilung und Segnung wirklich zu erfahren und zu empfangen. Bedenke ebenso, dass es wohl nicht reichen wird, dieses Buch nur einmal zu lesen. Meine fortgeschrittenen Schüler lesen meine Bücher mehrmals. Jedes Mal, wenn sie sie lesen und die Übungen ausführen, erfahren sie mehr »Aha«-Momente. Sie zeigen zunehmend bemerkenswertere Erfolge bei ihrer Heilung, Reinigung und bei der Transformation ihres Lebens.

Dies sind die wichtigsten Botschaften, derer du dich erinnern solltest, während du dieses Buch liest. Ich wünsche, dass jeder von euch durch die Ausführung der Übungen nachhaltige Heilung, eine Verjüngung, Reinigung und Transformation seines Lebens erhält. Empfange den Nutzen der Erkenntnis, dass die Seele über der Materie steht.

Das ist die wahre Kraft der Seele.

Übe. Übe. Übe.

Erfahre. Erfahre. Erfahre.

Gewinne. Gewinne. Gewinne.

Hao! Hao! Hao!

Danke, danke, danke.

Einführung

Millionen von Menschen auf der ganzen Welt suchen nach spirituellen Geheimnissen, Weisheit, Wissen und Übungen, um ihr Leben zu transformieren und zu erleuchten. Zu jeder Zeit der Menschheitsgeschichte gab es große Lehrer, einschließlich Buddhas, christlicher, taoistischer Heiliger, Heilungs- und Erzengel, indischer Gurus, tibetischer Lamas und anderer aus verschiedenen Traditionen und Kulturen. Sie haben der Menschheit große Lehren vermittelt. Sie haben die Fähigkeit der spirituellen Kraft zur Transformation menschlichen Lebens ausgelotet. Ich ehre alle diese großen Lehrer.

In diesem Buch wirst du lernen, was Seelenkraft ist, was die Bedeutung der Seelenkraft ist, wie du deine Seelenkraft entwickeln und wie du sie anwenden kannst zur Heilung, für die Vorbeugung von Krankheiten, zur Verjüngung, für die Verlängerung des Lebens und Lebenstransformation – einschließlich der Transformation von Beziehungen und Finanzen – und für die Erleuchtung von Seele, Herz, Geist und Körper.

Dieses Buch deckt die wahren Geheimnisse auf, wie Jesus, Maria, Shi Jia Mo Ni Fuo[8], Kwan Yin, verschiedene Buddhas und alle wichtigen Heiligen fähig waren, die große Seelenkraft vom Göttlichen und vom Universum zu emp-

42

fangen. Sie sind uns große Vorbilder. Doch jedes menschliche Wesen und jede Seele hat das Potenzial, die gleiche Seelenkraft vom Göttlichen zu empfangen wie diese großen Heiligen. Es gibt allerdings eine Voraussetzung, um diese Stufe der göttlichen Seelenkraft zu bekommen: *Du musst der Menschheit und allen Seelen den bedingungslosen universellen Dienst anbieten.* Zu dienen ist zu empfangen. Je mehr du dienst, desto größer wird die Seelenkraft sein, die das Göttliche dir geben wird.

Das Göttliche hat ein spirituelles Gesetz erschaffen: Diene der Menschheit. Erwecke die Menschheit. Transformiere das Bewusstsein der Menschheit und alle Seelen. Erleuchte die Menschheit und alle Seelen. Nur auf diese Art kann dein spiritueller Stand erhöht werden. Nur auf diese Art kannst du göttliche Seelenkraft Stufe um Stufe empfangen. *Die Kraft ist gegeben.* Wahre Seelenkraft ist vom Göttlichen gegeben.

Am 8. August 2003 führte das Göttliche eine wichtige Seelenkonferenz im Himmel durch. Jener Tag bedeutete das Ende der vorausgegangenen Ära von 15 000 Jahren, deren zwei spirituelle Hauptführer, Niu Wa Niang Niang und Yuan Shi Tian Zun, ins göttliche Reich erhoben wurden. Ein neues göttliches Komitee mit zwölf Mitgliedern wurde im Himmel gegründet, um die neue Ära anzuführen, die an jenem Tag begann. Sie wird auch 15 000 Jahre andauern und Zeitalter des Seelenlichts genannt. In dieser Ära ist es die endgültige Bestimmung, jede Seele zu einer zu verschmelzen, durch die Transformation des Bewusstseins der Menschheit und aller Seelen, und sich auf das göttliche Bewusstsein auszurichten, um die gesamte Menschheit und alle Seelen zu erleuchten.

Wie können wir alles Bewusstsein zu göttlichem Bewusstsein transformieren und die Menschheit sowie alle

Seelen erleuchten? Dieser Vorgang erfordert sieben wichtige Schritte.

Der erste Schritt bedeutet, *Seelenheilung* anzubieten, die Leiden der Menschheit und aller Seelen aufzuheben. Das ist die Lehre der Seelenkraft-Bücher: **Heile zuerst die Seele, dann wird die Heilung des Geistes und des Körpers folgen.** Die Menschheit leidet auf der körperlichen, emotionalen, mentalen und spirituellen Ebene. Im Reich der Menschen gibt es Tausende von unterschiedlichen Krankheiten. Im Reich der Seele gibt es unzählige Krankheiten. Ein Mensch benötigt Heilung für den physischen, emotionalen, mentalen und spirituellen Körper. Eine Organisation braucht Heilung für Harmonie und Erfolg. Eine Stadt und ein Land brauchen Heilung zur Erreichung und Wahrung von Ausgewogenheit. Die ganze Welt braucht Heilung und Frieden.

Ich erkenne alle Modalitäten der bestehenden Heilungsmethoden an. Was ich der Menschheit weitergebe, ist Seelenheilung. Seelenheilung bedeutet die Anwendung der Seelenkraft zur Heilung der Menschheit, der Tiere, der Erde und aller Universen. Seelenheilung kann göttliche Seelenkraft zur Heilung einsetzen.

Wenn Menschen leiden, ist es schwer, Liebe, Frieden und Harmonie für die Menschheit, Mutter Erde und alle Universen zu erschaffen. Um Liebe, Frieden und Harmonie zu erschaffen, müssen wir Seelenheilung anbieten und die Leiden der Menschheit und aller Seelen aufheben.

Jedes menschliche Wesen hat eine Seele. Jedes System, jedes Organ, jede Zelle, jede DNS und RNS hat eine Seele. Die Seele hat die Kraft, sich selbst zu heilen. Sie hat die Kraft, den Geist und den Körper zu heilen. In diesem Buch werde ich dir zeigen, wie man die Seelenkraft anwendet, um sich selbst zu heilen. Du kannst die Seelenkraft auch anwenden, um andere zu heilen. Du kannst sie anbieten, um eine Gruppenheilung zu erreichen. Du kannst die Seelenkraft für die Fernheilung anbieten. Dieses Buch wird dich lehren, wie das geht.

Der zweite Schritt besteht in der *Seelenvorbeugung von Krankheit*. Das ist die Lehre der Seelenkraft-Bücher: **Verhindere zuerst Krankheiten der Seele, dann wird die Vorbeugung der Krankheiten von Geist und Körper folgen.** Die Seele kann Krankheiten auf der körperlichen, emotionalen, mentalen und spirituellen Ebene vorbeugen. *Der Gelbe Kaiser*[9], das grundlegende Buch der Traditionellen Chinesischen Medizin, stellt fest: »Der beste Arzt ist der, der die Krankheit heilt, bevor sie ausbricht, statt nach ihrem Auftreten.« Prävention ist extrem wichtig. Beuge Krankheit vor und beende Krankheit in ihrem ersten Stadium. Transformiere Krankheit zurück zum normalen gesunden Zustand. Stell die normale und gesunde Funktion der Körpersysteme, Organe und Zellen wieder her.

In der materiellen Welt gibt es viele Methoden zur Prävention von Krankheiten. Wir kennen sie alle. Ich lehre die Seelenprävention von Krankheit. Dieses Buch wird die Geheimnisse, die Weisheit, das Wissen und die Übungen der Seele vermitteln, die dich befähigen, für die seelische Prophylaxe von Krankheiten deines physischen, emotionalen, mentalen und spirituellen Körpers zu sorgen.

Der dritte Schritt ist die *Seelenverjüngung:* Der altehrwürdige Taoismus bietet große Geheimnisse für die Verjüngung. Der traditionelle Buddhismus und Konfuzianismus offerieren auch große Geheimschlüssel. Gurus, Lamas und andere heilige Wesen aus den verschiedensten spirituellen Reichen verfügen über große Geheimnisse für die Verjüngung. Ich erkenne sie alle an. In diesem Buch werde ich Seelengeheimnisse, -weisheit, -wissen und -übungen für die Verjüngung lehren. Das ist die Lehre der Seelenkraft-Bücher: **Verjünge zuerst die Seele, dann wird die Verjüngung von Geist und Körper folgen.**

Der vierte Schritt ist die *Seelentransformation* für jeden Aspekt des Lebens, einschließlich Beziehungen und Finanzen. Das ist die Lehre der Seelenkraft-Serie: **Transformiere zuerst die Seele, dann wird die Transformation des Bewusstseins und jedes Aspekts im Leben folgen.**

Der fünfte Schritt ist die *Seelenerleuchtung*. Das ist die Lehre der Seelenkraft-Bücher: **Erleuchte zuerst die Seele, dann wird die Erleuchtung von Geist und Körper folgen.** Die Seelenerleuchtung ist der erste Schritt auf dem Weg zur Erleuchtung. Um Seelenerleuchtung zu erreichen, braucht man eine grundlegende Reinigung. Auf dem Weg zur Erleuchtung der Seele muss man Selbstsucht, Anhaftungen, das Ego, Machtkämpfe und dergleichen mehr überwinden, um ein reiner, demütiger Diener der Menschheit und des Göttlichen zu werden. Dieses Buch wird die seelischen Geheimnisse, die Weisheit, das Wissen und praktische Schätze liefern, um dich für deine Seelenerleuchtungsreise vorzubereiten. Die göttlichen Seelen-Übertragungen sind dazu gedacht, deine Seele zu läutern und dein Leben zu transformieren.

Nach der Seelenerleuchtung kommt die Erleuchtung des Geistes, was schwieriger zu erreichen ist. Es verlangt eine noch umfangreichere Reinigung und eine größere Verpflichtung, ein bedingungsloser und universeller Diener für die Menschheit und das Göttliche zu sein.

Nach der Erleuchtung des Geistes kannst du zur Erleuchtung des Körpers übergehen. Du musst alle Krankheiten auf der physischen, emotionalen, mentalen und spirituellen Ebene heilen. Du musst Krankheiten vorbeugen, deine Seele, deinen Geist und deinen Körper verjüngen und dich eines langen, langen Lebens erfreuen. Um ein langes Leben zu haben, muss man ein reiner Kanal als Diener der Menschheit und des Göttlichen sein.

Der sechste Schritt ist *die Erleuchtung der gesamten Menschheit*. Es bedarf unserer größten Anstrengung, um die Seelen, Herzen, den Geist und den Körper jedes menschlichen Wesens zu reinigen und zu erleuchten. Alle können transformiert werden, um ein reiner Kanal im Dienste der Menschheit und des Göttlichen zu sein. Im Juli 2003 wurde ich als Diener der Menschheit und des Göttlichen erwählt. Kurz danach wurde mir eine große göttliche Aufgabe übertragen, um der Menschheit Seelenheilung und den Dienst der Erleuchtung anzubieten. Zusammen mit meinen zertifizierten Meister-Lehrern und -Heilern sowie den zertifizierten göttlichen Meister-Lehrern und -Heilern biete ich weltweit Retreats zur Seelenheilung und Erleuchtung an. Das Ziel dieser Maßnahmen ist es, die Seelen, Herzen, den Geist und die Körper der Menschheit zu erleuchten. Bei den Retreats bieten wir die höchsten göttlichen Segnungen zur Erleuchtung der Menschheit an. Eigentlich ist es bei diesen Veranstaltungen jedoch das Göttliche, das die Menschheit erleuchtet.

Seelenerleuchtung ist das Endziel der spirituellen Reise. Die Menschheit zu erleuchten, ist die Anweisung des Göttlichen für den Dienst an der Menschheit. Die Menschheit zu erleuchten bedeutet, den Seelenstand jedes menschlichen Wesens zu erhöhen. Wer immer zuerst die Seelenerleuchtung erhält, wird auch den Gewinn der Seelenerleuchtung zuerst erhalten. Diese Vorteile sind:

- die Seele zu reinigen,
- wahre Liebe in deinem Herzen auszustrahlen,

- deinen Eigennutz, dein Ego und deine Anhaftungen zu entfernen,
- die Seelenkraft zu gewinnen, um das Leiden deines physischen, emotionalen, mentalen und spirituellen Körpers zu heilen und deine Seele, dein Herz, deinen Geist und deinen Körper auszugleichen,
- inneren Frieden und innere Freude zu erreichen,
- Blockaden in deinen Beziehungen und finanziellen Angelegenheiten zu beseitigen,
- den Status deiner Seele im Himmel zu erhöhen, um dem göttlichen Reich näher zu sein,
- zu erkennen, dass der wahre Sinn des Lebens ist, der Menschheit und allen Seelen zu dienen, ihr Bewusstsein zu transformieren und sie zu erleuchten.

In diesem Buch werde ich die wichtigen Seelengeheimnisse und -weisheiten, das Wissen und die Übungen zur Seelenerleuchtung vermitteln.

Der siebte und letzte Schritt besteht in der *Erleuchtung aller Seelen*. Die spirituelle Welt hat zwei Teile: die helle Seite und die dunkle Seite. Zur hellen Seite gehören christliche Heilige, buddhistische Heilige, taoistische Heilige, hinduistische Heilige, tibetische Lamas, indische Gurus, Heilungsengel, Erzengel, aufgestiegene Meister und alle großen spirituellen Lehrer. Zur dunklen Seite gehören Dämonen, Monster, Geister und dergleichen mehr. Zur Erleuchtung aller Seelen gehört auch die Erleuchtung der dunklen Seite. Das Ziel der Ära des Seelenlichts ist die Aufgabe, jede Seele in allen Universen, einschließlich der hellen und der dunklen Seite, zu erleuchten. Dies ist die größte Aufgabe, die das Göttliche der Menschheit und allen Seelen in allen Universen übertragen hat. Es ist der göttliche Ruf an die Menschheit und alle Seelen, sich in dieser Richtung zu bewegen.

Ich habe einen göttlichen Ruf und die Segnung bekommen, um weltweit Zentren der Seelenheilung und -erleuchtung zu errichten. In jedem Zentrum der Seelenheilung und -erleuchtung wird das Göttliche ein Love Peace Harmony Zentrum erschaffen. Das Göttliche wird seine eigene Seelenkraft in jedes dieser Zentren übertragen. Die Menschen können sich dann in diese Zentren begeben, um göttliche Heilung, Segnung und Lebenstransformation zu empfangen.

Und so hat das Göttliche das erste Love Peace Harmony Center erschaffen:

Am 9. März 2008 um 13.45 Uhr, während ich im Boulder Broker Inn einen Workshop zur Öffnung der spirituellen Kanäle gab, empfing ich die göttliche Inspiration, das erste »Love Peace Harmony Center« in Boulder/Colorado zu errichten. Ich bat das Göttliche, dieses Center zu erschaffen, um göttliche Heilung, die Prävention von Krankheit, die Verjüngung und Verlängerung des Lebens sowie die Transformation des Bewusstseins und jedes Aspekts im Leben einschließlich Beziehungen und Finanzen anzubieten. Das Göttliche entsprach meiner Bitte und übertrug göttliche Seelenkraft an Baba's Barn in Boulder. Das Göttliche inspirierte mich, diesen Ort ein »Love Peace Harmony Center« zu nennen.

Das Göttliche sagte mir: »Mein lieber Diener und Diener der Menschheit, Zhi Gang, ich liebe dich. Ich habe dieses ›Love Peace Harmony Center‹ deinem Wunsch entsprechend erschaffen. Ich habe meine Seelenheilungs- und -segnungskraft dorthin übertragen. Sag jedem Schüler in diesem Workshop [es waren etwa hundert Teilnehmer], dass sie mit ihren Liebsten in dieses Center kommen können. Für alle, die dort eintreten, werde ich als dein geliebtes Göttliches Heilung, Segnung und Lebenstransformation anbieten. Trag denen, die kommen, auf, Folgendes zu erbitten: ›Geliebtes Göttliches, ich liebe dich. Bitte gib mir eine Heilung für _____‹ (richte eine stumme Bitte an mich für deinen physischen, emotionalen, mentalen oder spirituellen Körper). Sie können auch Folgendes erbitten: ›Geliebtes Göttliches, könntest du _____ segnen?‹ (erbitte stumm), ›Geliebtes Göttliches, bitte transformiere meine Beziehung zu _____‹ oder ›… mein Geschäft‹ (erbitte schweigend). Nachdem du alle Bitten in der Stille geäußert hast, sprich: ›Ich bin außerordentlich geehrt und gesegnet, göttliche Heilung, Segnung und die Transformation meines Lebens zu empfangen. Ich bin sehr dankbar. Ich danke dir.‹

Dann begib dich in einen meditativen Zustand. Schließ deine Augen. Hör dir mein Seelenlied ›Love, Peace and Harmony‹ an und empfang meine Heilung und Segnung für deine Bitten.

Meine gesamte Heilung dauert nur etwa fünfzehn bis dreißig Minuten. Am Ende der Segnungen sage danke für die göttliche Seelenheilungskraft. *Danke, danke, danke.*«

So entstand das erste göttliche Love Peace Harmony Center. Und so kannst du göttliche Heilung, Segnung und Seelentransformation an einem speziellen konkreten Ort empfangen.

In diesem Love Peace Harmony Center ist die göttliche Gegenwart spürbar. Es ist das erste von vielen Zentren, die weltweit gegründet werden. Ich wünsche, dass du und deine Liebsten – dass möglichst viele Menschen auf der Erde – diese göttliche Seelenheilung, -segnung und Transformation des Lebens empfangen werden.

Ich habe diesen siebenstufigen Vorgang für die Transformation allen Bewusstseins zu göttlichem Bewusstsein und die Erleuchtung der gesamten Menschheit sowie aller Seelen von der göttlichen Führung empfangen. Das Ziel dieses Buchs und aller Seelenkraft-Bücher ist es, dass die Menschheit in die Lage versetzt wird, sich Schritt für Schritt in diese göttliche Richtung zu bewegen. Jeder Schritt ist Teil der heiligen und geheimen Lehren dieses Buchs. Es ist kein Produkt meines logischen Denkens. Das gesamte Buch, wie alle meine Bücher, kommt vom göttlichen Fluss, was bedeutet, dass ich einfach das ausspreche oder »herausfließen« lasse, was ich vom Göttlichen vernehme. Wenn gewisse Geheimnisse oder Weisheiten mir nicht klar sind, führe ich ein klärendes Gespräch mit dem Göttlichen. Es ist mir eine große Ehre, dieses Buch durch mich hindurchfließen zu lassen. Ich bin außerordentlich geehrt, ein Diener der Menschheit und des Göttlichen zu sein, um diese göttliche Aufgabe zu erfüllen.

Dieses Buch zu lesen bedeutet, göttliche Heilung, die Prävention von Krankheit, eine Verjüngung und Verlängerung des Lebens, Transformation und Erleuchtung zu erfahren. Der göttliche Fluss trägt göttliche Liebe, Vergebung, Mitgefühl und Licht mit sich. Göttliche Liebe schmilzt alle Blockaden und transformiert alles Leben. Göttliche Vergebung bringt innere Freude und inneren Frieden. Göttliches Mitgefühl regt die Energie, die Ausdauer, die Vitalität und die Immunität an. Göttliches Licht heilt, verhindert Krankheiten, verjüngt, verlängert das Leben, und es bringt Transformation und Erleuchtung. Entspann dich, während du dieses Buch liest. Öffne dein Herz und deine Seele. In jedem Moment empfängst du göttliche Segnungen und eine Transformation deines Lebens.

Dieses Buch bietet elf göttliche Seelen-Übertragungen an,

die jeder Leser empfangen kann. Auf den entsprechenden Seiten werde ich dir sagen, wie du diese beständigen göttlichen Seelenschätze empfangen und anwenden kannst, um zu heilen, zu transformieren und dein Leben zu erleuchten.

Ich bin äußerst geehrt, ein Diener jedes Lesers und der gesamten Menschheit zu sein. Ich bin äußerst geehrt, ein Diener aller Seelen und des Göttlichen zu sein.

> *Ich liebe mein Herz und meine Seele.*
> *Ich liebe die ganze Menschheit.*
> *Verbindet Herzen und Seelen miteinander.*
> *Liebe, Frieden und Harmonie.*
> *Liebe, Frieden und Harmonie.*

Dieses Buch bietet »den Weg, alles Leben zu heilen, zu verjüngen, zu transformieren und zu erleuchten«.

Danke, danke, danke.

1

Grundlagen der Seele

Seit Jahren reise ich um die Welt, um Geheimnisse, Weisheit, Wissen und Übungen der Seele zu lehren. Ich frage meine Schüler immer: »Was ist die Seele?« Zu den üblichen Antworten gehören: »Die Seele ist das innere Wesen« oder »Die Seele ist der Funke des Göttlichen« … Einige sagen, sie sei »ein Tropfen Wasser im unendlichen Ozean«. Andere beschreiben sie als die »Essenz des eigenen Lebens«. Es gibt viele verschiedene Antworten. Jede hat eine gewisse Bedeutung und Richtigkeit für das Konzept der Seele. Ich erkenne jede Antwort an, aber ich würde dir gern meine eigenen Einsichten über die fundamentale Weisheit der Seele mitteilen.

Was ist die Seele?

Die Seele eines Menschen ist ein goldenes Lichtwesen. Um die Seele zu sehen, musst du dein spirituelles Auge öffnen, das auch das »Dritte Auge«[10] genannt wird. Dann wirst du klar sehen, dass jedes menschliche Wesen ein goldenes Lichtwesen in seinem Körper hat. Es gibt sieben Hauptbereiche, in denen sich die Seele eines Menschen befinden kann. Diese sieben Häuser für die Seele liegen:

- dicht über dem Genitalbereich,
- zwischen den Genitalien und dem Nabel,
- auf der Höhe des Nabels,
- im Herzchakra, das ich »Botschaftenzentrum« nenne,
- an der Kehle,
- im Kopf und
- kurz über dem Kopf, über dem Kronenchakra.

Wo deine Seele sitzt, ist für deine spirituelle Reise extrem wichtig. Es ist deshalb von Bedeutung, weil der Standort deiner Seele deinen spirituellen Stand im Himmel repräsentiert. Je höher deine Seele in deinem Körper sitzt, desto höher ist dein spiritueller Stand im Himmel.

Um ihren Sitz anzuheben, muss die Seele einen Prozess durchlaufen, der sich *Xiu Lian* nennt (»Übung zur Reinigung der Seele«)[11]. *Xiu Lian* repräsentiert die Gesamtheit der spirituellen Reise. Dazu gehören die Pflege und Reinigung deiner Seele, deines Herzens, deines Geistes und deines Körpers. Weder du noch deine Seele können entscheiden, wo deine Seele sich in deinem Körper ansiedelt. Dies bedeutet ganz einfach, dass dein spiritueller Entwicklungsstand nicht von dir oder den Wünschen deiner Seele bestimmt wird. Die Akasha-Chronik[12] entscheidet, wo im Körper sich die Seele deinem spirituellen Entwicklungsstand entsprechend aufhält. Die Akasha-Chronik ist eine feinenergetische Bibliothek und befindet sich an einem besonderen Ort im Himmel; dort sind alle deine Leben aufgezeichnet, einschließlich all deiner Aktivitäten, deines Verhaltens und deiner Gedanken. Sie entscheidet auch deinen spirituellen Entwicklungsstand im Himmel, basierend auf deinen Lebensaufzeichnungen.

Wenn du einen guten Dienst leistest – wenn also dein Leben bestimmt ist durch Liebe, Achtsamkeit, Mitgefühl,

Freundlichkeit, Großzügigkeit und Reinheit –, zeichnet die Akasha-Chronik diesen guten Dienst auf. Wenn du einen »unschönen« bzw. »schlechten Dienst« leistest – wie schlimmstenfalls Mord, Diebstahl, die Verletzung und Übervorteilung anderer –, zeichnet die Akasha-Chronik auch diesen auf. In der Akasha-Chronik gibt es für die Seele jeder Person ein Buch. Dieses Buch ist der Aufzeichnung all deiner Dienste gewidmet, seien sie gut oder unschön, in deiner jetzigen Lebenszeit oder in allen früheren Lebenszeiten deiner Seele. Deine Seele trägt in sich eine Kopie dieser Aufzeichnungen. Ein entsprechend hoch entwickeltes spirituelles Wesen kann sie direkt lesen, entweder aus der Akasha-Chronik oder von deiner Seele. Solche spirituellen Wesen gibt es jedoch selten, denn sie müssen vom Göttlichen eine spirituelle Anordnung erhalten haben, diese Informationen einzusehen. Nicht viele Wesen in der Geschichte der Menschheit haben den göttlichen Auftrag erhalten, die Akasha-Chronik einzusehen.

Ich kann nicht genügend betonen, dass der Ort, an dem deine Seele in deinem Körper sitzt, ein grundlegender Faktor für deine spirituelle Reise ist. Heute sprechen viele spirituelle Lehrer über die Erleuchtung der Seele. Doch was genau ist die Erleuchtung der Seele? Der Schlüssel zur Erleuchtung der Seele ist ihr Seelenstand. Um erleuchtet zu sein, muss sich eine Seele im Botschaftenzentrum oder höher befinden. Wenn deine Seele sich nicht in diesen Ebenen aufhält, kann sie nicht als erleuchtet angesehen werden.

Diese Lehre über den göttlichen Standard für die Erleuchtung der Seele ist mir vor vielen Jahren mitgeteilt worden. Jedes Jahr führe ich zwei oder mehrere Retreats zur Seelenheilung und -erleuchtung durch. Während jeder dieser Veranstaltungen erleuchtet das Göttliche alle Teilnehmer. Es hat im Laufe der letzten Jahre Tausende von Menschen erleuchtet. In Kapitel 13 werde ich die wesentlichen Geheimnisse, die Weisheit, das Wissen sowie Übungen der Seele für deren Erleuchtung enthüllen.

Voller Demut fühle ich mich geehrt und gesegnet, der Menschheit in meinen Retreats zur Seelenheilung und -erleuchtung die göttliche Erleuchtung der Seele anzubieten. Ich bin dabei einfach nur ein Diener und Instrument. Dies ist ausschließlich das Verdienst des Göttlichen. Ich kann ihm nicht genügend danken, dass es mich erwählt hat, der Menschheit und allen Seelen auf diese Art zu dienen. Ich danke dem Göttlichen aus dem tiefsten Grunde meines Herzens.

Die Eigenschaften der Seele

Jedes menschliche Wesen hat einen speziellen Charakter. Einige Menschen sind sehr aktiv, andere eher ruhig. Einige haben viel Humor, andere sind sehr ernsthaft. Auch eine Seele hat ihren eigenen Charakter. Aus meiner persönlichen Erfahrung gibt es vor allem die folgenden Eigenschaften der Seele:

- Deine Seele (die ich auch deine »Körperseele« nenne, um sie von anderen Seelen zu unterscheiden, wie zum Beispiel die Seelen deiner Organe) ist unabhängig. Ein menschliches Wesen hat eine Seele, einen Geist und einen Körper. Diese sind eigenständig, aber vereint. Sie bleiben selbständig, weil sie unabhängig sind. Sie sind vereint, weil sie im selben Körper wohnen und miteinander kommunizieren.

- Seelen haben Bewusstsein und Intelligenz. Sie haben Bewusstheit. Sie denken, analysieren und lernen, sie haben Vorlieben und Abneigungen. Eine Person mag gern reisen, eine andere legt vor allem Wert auf gutes Essen, du liest vielleicht gern, jemand anderes liebt den Sport. Eine Seele hat ebenfalls eigene Vorlieben und Abneigungen, die sie über Hunderte oder gar Tausende von Lebenszeiten entwickelt hat. Um deine Seele, deinen Geist und deinen Körper auszugleichen und zu harmonisieren, ist es wichtig, die Vorlieben und Abneigungen deiner Seele zu kennen.

- Seelen haben Emotionen. Eine Seele kann glücklich, friedvoll, traurig, verängstigt oder verärgert sein.

- Seelen verfügen über eine unglaubliche Weisheit. Wenn du deine spirituellen Kommunikationskanäle öffnest, kannst du dich mit deiner Seele beraten. Du wirst erstaunt sein, was sie alles weiß. Deine Seele ist einer der besten Berater und Führer.

- Seelen haben ein großes Gedächtnis. Eine Seele kann sich an Erfahrungen aus all ihren Lebenszeiten erinnern. So kannst du zum Beispiel zum ersten Mal irgendwo hinreisen, aber klar das Gefühl haben, der Ort sei dir bekannt. Du hast das Gefühl, du seiest schon dort gewesen. Einige Orte machen dich glücklich, andere machen dir Angst. Vielleicht hast du dort in einem vergangenen Leben entsprechende Erfahrungen gesammelt. Deine Seele hat Erinnerungen an diese Erfahrungen. Deshalb verbindest du mit jenem Ort spezielle Gefühle.

- Seelen verfügen über Flexibilität. Geh in eine Sackgasse. Wenn du am Ende angekommen bist, kannst du nicht weiter. Du musst dich umdrehen, um weiterzugehen. Im Leben magst du mehrfach in einer Situation wie in einer Sackgasse feststecken. Du *musst* dich umdrehen, um dich zu lösen und weiter fortzuschreiten.

Dies lehrt uns die Bedeutung der Flexibilität. Es gibt eine berühmte Aussage aus vergangenen Zeiten: *Hua you san shuo, qiao shuo wei miao.* Die Essenz dieser Aussage lautet: »Es gibt drei Arten, etwas zu sagen. Finde die beste Art für den Moment.« Dies sagt uns, dass beim Sprechen jedes Satzes Flexibilität gefordert ist. Deshalb gibt es Flexibilität in jedem Aspekt des Lebens. Deine geliebte Seele besitzt tiefgreifende Weisheit, Wissen und Erfahrung aus Hunderten von Lebenszeiten. Deine Seele besitzt große Flexibilität. Stell sicher, dass du die Stärke der Flexibilität deiner Seele nutzt, um mit deinem Leben klarzukommen.

- Seelen kommunizieren mit anderen Seelen. Auch die Seele deines Körpers tauscht sich mit anderen Seelen aus. Viele Menschen sprechen oder träumen von einer verwandten Seele. Wenn du bestimmten Leuten begegnest, kann es sein, dass du sofort Liebe empfindest. Du kannst spüren, dass es zwischen euch etwas Besonderes gibt. Der Grund dafür ist, dass eure Seelen in vergangenen Leben einander nahe waren. Eure Seelen können schon seit vielen Jahren kommuniziert haben, bevor ihr euch tatsächlich begegnet seid.

- Seelen reisen. Wenn du während des Tages wach bist, bleibt die Seele in deinem Körper. Aber wenn du schläfst, kann sie außerhalb deines Körpers reisen. Viele Seelen tun dies. Wo geht die Seele hin? Sie geht dorthin, wo sie gern hinmöchte. Sie kann deine spirituellen Lehrer konsultieren, um direkt von ihnen zu lernen. Sie kann auch deine alten Freunde besuchen oder den Himmel und andere Teile des Universums.

- Seelen haben eine unglaubliche Heilkraft. In diesem Buch werde ich dich lehren, wie die Seelenkraft für die Heilung angewendet wird, einschließlich Selbstheilung, Heilung von anderen, Gruppen- und Fernheilung.

- Seelen können Krankheiten vorbeugen helfen. In diesem Buch werde ich die Geheimnisse der Seele zur Prävention von Krankheiten aufdecken.
- Seelen können verjüngen helfen. In diesem Buch werde ich die Weisheit und die Übungen der Seele für die Verjüngung weitergeben.
- Seelen haben unglaubliche Segnungsfähigkeiten. Wenn du in deinem Leben Schwierigkeiten und Blockaden begegnest, bitte einfach deine Seele, dir zu helfen: »Meine liebe Seele, ich liebe, ehre und wertschätze dich. Kannst du bitte mein Leben segnen? Kannst du mir helfen, meine Probleme und Schwierigkeiten zu überwinden? Vielen Dank.« Ruf jederzeit und überall die Seele deines Körpers auf diese Art an. Sie kann dir helfen, deine Probleme zu lösen und deine Schwierigkeiten zu überwinden. Liebe deine Seele. Bitte sie, dein Leben zu segnen. Sie wird dir sehr gern helfen. Und du wirst fasziniert und erstaunt sein, welch positive Veränderungen in deinem Leben zu sehen sind.
- Seelen haben kaum vorstellbare potenzielle Kräfte. In diesem Buch werde ich dich lehren, wie du die Kräfte deiner Seele entwickeln kannst.
- Die Seele verbindet sich mit deinem Geist. Sie kann in ihm »lesen«. Deine Seele kann ihre große Weisheit an deinen Geist übertragen.
- Deine Seele verbindet sich mit deinem »himmlischen Team«, zu dem deine spirituellen Führer, Lehrer, Engel und andere erleuchtete Meister im Himmel gehören.
- Deine Seele kann Botschaften speichern. Sie können in deinem Botschaftenzentrum und in den Seelen deines Körpers, deiner funktionellen Systeme, deiner Organe,

deiner Zellen und so fort gespeichert werden. Nachdem du die potenziellen Kräfte deiner Seele entwickelt hast, wirst du jederzeit und überall Zugang zu diesen Botschaften haben.

- Deine Seele sucht stets nach Wissen. Genau wie dein Geist ständig lernt, tut es auch deine Seele. Sie kann von anderen Seelen lernen, besonders von deinen spirituellen Vätern und Müttern. Sie hat das Potenzial, göttliche Weisheit und göttliches Wissen zu erlernen.
- Seelen können dein Leben schützen. Deine eigene Seele kann dich behüten. Andere Seelen, dazu gehören Engel, Heilige, spirituelle Führer, erleuchtete Lehrer und das Göttliche, können dein Leben vor Unbilden bewahren. Sie können helfen, Krankheit vorzubeugen, einen schweren Unfall in einen leichten zu verwandeln, oder dir helfen, ein drohendes Unglück ganz zu vermeiden.
- Seelen können dich belohnen, dir aber auch Warnungen geben. Wenn die Seele mit dem, was du gerade tust, glücklich ist, kann sie deine Reise segnen. Wenn sie nicht mag, was du tust, kann sie dein Leben schwierig gestalten. Sie kann deine Beziehungen blockieren oder dich gar krank machen.
- Deine Seele kann dein Leben voraussagen. Wenn du mit deiner Seele kommunizierst, kann sie dir mitteilen, was auf dich zukommt.
- Seelen befolgen spirituelle Gesetze und Prinzipien. Dein Geist mag dessen nicht gewahr sein, aber deine Seele befolgt die spirituellen Gesetze absolut.
- Die Seele ist ewig.
- Viele Seelen sehnen sich nach Erleuchtung. Sie möchten einen guten Dienst leisten in Form von Liebe, Achtsamkeit, Mitgefühl, Ernsthaftigkeit, Großzügig-

keit und Güte. Das ist der Grund, warum mehr und mehr Menschen nach den Geheimnissen, der Weisheit, dem Wissen und den Übungen der Seele suchen. Du liest jetzt dieses Buch. Du wirst wohl den starken Wunsch verspüren, nach mehr zu suchen.

Beziehungen zwischen Seele, Geist und Körper

Der Mensch hat eine Seele, einen Geist und einen Körper. Zum Körper gehören Systeme (wie etwa der Verdauungstrakt, aber auch das Hormonsystem), Organe, Zellen, Zellverbände, DNS und RNS. Der Geist ist Bewusstsein. Dein Körper hat Bewusstsein. Jedes System, jedes Organ, jede Zelle, die DNS und RNS, sie alle haben Bewusstsein. Dein Körper hat eine Seele. Jedes System, jedes Organ, jede Zelle, die DNS und RNS, sie alle haben eine Seele. Die Seele ist ein goldenes Lichtwesen. Wenn du über fortgeschrittene spirituelle Fähigkeiten verfügst, kannst du jede dieser Seelen sehen, auch die Seelen der DNS und der RNS. Sie sind unterschiedliche Arten von goldenen Lichtwesen.

Die Seele, der Geist und der Körper sind voneinander getrennt, aber vereint im Körper. Sie arbeiten zusammen. Sie kommunizieren. Sie harmonisieren miteinander und gleichen einander aus, zum Beispiel sind die Leber, das Herz, die Milz, die Lungen und die Nieren die wichtigsten Yin-Organe. Wenn eines von ihnen krank ist, unterbricht es die Harmonie unter ihnen allen.

Jedes wichtige Organ stellt eine Verbindung zum emotionalen Körper her. Die Leber verbindet mit Zorn, das Herz mit Beklemmung und Depression, die Milz mit Sorge, die

Lunge mit Trauer und Traurigkeit, die Nieren verbinden mit Angst. Krankheit im physischen Körper kann Disharmonie und Unausgewogenheit im emotionalen Körper hervorrufen. Die Seele der Leber heißt »Leber-*Hun*«. Die Seele des Herzens heißt »Herz-*Shen*«. Die Seele der Milz heißt »Milz-*Yi*«. Die Seele der Lungen heißt »Lungen-*Po*«. Die Seele der Nieren heißt »Nieren-*Zhi*«.

Jedes Organ hat seine eigene Seele, seinen eigenen Geist und seinen eigenen Körper. Jede Zelle hat ihre eigene Seele, ihren eigenen Geist und ihren eigenen Körper. Dasselbe gilt für DNS und RNS. Die Seelen, den Geist und die Körper all deiner Systeme, deiner Organe, deiner Zellen, deiner DNS und RNS auszugleichen, ist erforderlich für alles Leben.

Ein menschliches Wesen hat eine eigene Seele, einen eigenen Geist und einen eigenen Körper. Diese Seele ist die Körperseele. Dieser Geist ist das Bewusstsein seines Wesens. Zu diesem Körper gehören all seine Systeme, Organe und Zellen. Welche sind deren Beziehungen untereinander?

Im Allgemeinen denken die Menschen, sie träfen ihre Entscheidungen mit ihrem Geist. Sie denken, sie würden jemanden oder etwas mögen oder ablehnen. Sie denken, sie würden etwas tun oder nicht tun wollen. Ich will damit sagen, dass deine Seele in deine Entscheidungsfindung mit eingebunden ist. Deine Seele tauscht ihre eigenen Vorlieben und Abneigungen mit deinem Geist aus. Wenn die Entscheidung deines Geistes mit dem Wunsch deiner Seele übereinstimmt, geht alles glatt und läuft erfolgreich. Wenn dein Geist mit dem Wunsch deiner Seele nicht übereinstimmt, wird alles blockiert.

Ich habe diese göttliche Weisheit im Laufe vieler Jahre erfahren. In einem Satz ausgedrückt, ist das Geheimnis der Beziehungen zwischen Seele, Geist und Körper das folgende:

Die Seele ist der »Boss«.

In der Firma bittet dich dein Vorgesetzter, etwas Bestimmtes zu tun. Wenn du seine Anweisung befolgst, geht in der Regel alles glatt. Wenn du das nicht tust, kann das zu mehr oder weniger großen Problemen führen. Dies bedeutet keineswegs, dass der Chef immer recht hätte. Aber selbst, wenn er irrt, hat er die Macht, Entscheidungen über deine Arbeit zu treffen. Ebenso kann die Seele nicht immer absolut richtigliegen, aber sie hat die Kraft, dein Leben zu blockieren.

Diese Erkenntnis sagt uns, dass es wichtig ist, mit deiner Seele zu kommunizieren. Deine Seele hat die Erfahrung vieler Lebenszeiten. Generell kann man sagen, dass dein Geist nur die Erfahrung einer Lebenszeit hat, eben deiner gegenwärtigen. Doch deine Seele weiß viel mehr als dein Geist. Meine Lehre zielt deshalb darauf hin, deine spirituellen Kanäle für die Kommunikation mit der Seele zu öffnen. Hör auf die Führung deiner Seele. Folge ihren Wünschen. Dein Leben kann dann sehr viel glatter und erfolgreicher verlaufen.

Wenn zwischen deiner Seele, deinem Geist und deinem Körper eine Disharmonie besteht, kann es sein, dass du eine schwache Gesundheit, unausgeglichene bzw. unangenehme Emotionen oder Blockaden in deinen finanziellen Angelegenheiten hast. Wie kann man sie harmonisieren? Lass mich dir eine einfache Seelenübung zeigen, um Seele, Geist und Körper auszugleichen.

Setz dich bequem hin und entspann dich. Kommuniziere stumm mit Seele, Geist und Körper wie folgt:

Seele, Geist und Körper, meine Geliebten, ich liebe euch alle.
Ihr mögt untereinander Disharmonie verspüren.
Aber ihr habt die Kraft, euch auszugleichen.
Macht eure Sache gut.
Danke.

Dann chante stumm und wiederholt:

Ich liebe meine Seele, meinen Geist und meinen Körper.
Balanciere und harmonisiere meine Seele, meinen Geist und
meinen Körper.
Ich liebe meine Seele, meinen Geist und meinen Körper.
Balanciere und harmonisiere meine Seele, meinen Geist und
meinen Körper.
Ich liebe meine Seele, meinen Geist und meinen Körper.
Balanciere und harmonisiere meine Seele, meinen Geist und
meinen Körper.
Ich liebe meine Seele, meinen Geist und meinen Körper.
Balanciere und harmonisiere meine Seele, meinen Geist und
meinen Körper …

Übe dies einige Male am Tag jeweils drei bis fünf Minuten
lang. Am Ende der Übung sag immer:

Hao! Hao! Hao!
Danke, danke, danke.

Hao, ausgesprochen »Hau«, bedeutet »sehr gut«, »wunderbar«, »gleiche aus«, »harmonisiere« und »werd gesund«. Dies ist eine Affirmation und eine Anordnung.
Das erste »Danke« geht an das Göttliche. Das zweite
richtet sich an all deine spirituellen Väter und Mütter im
Himmel. Das dritte ist für deine eigene Seele, deinen Geist

und deinen Körper. Dankbarkeit ist auf dem spirituellen Weg außerordentlich wichtig.

Von dieser einfachen Übung darfst du eine bemerkenswerte Heilung für deinen physischen, emotionalen, mentalen und spirituellen Körper erwarten. Du kannst für deine Beziehungen und finanziellen Angelegenheiten eine Lebenstransformation erhalten.

Warum funktioniert diese Technik? Sie gelingt, weil du mit deiner Seele, deinem Geist und deinem Körper Liebe aufrufst und weitergibst. Du gibst deiner Seele, deinem Geist und deinem Körper eine Seelenanordnung, sich untereinander auszugleichen und zu harmonisieren. Der Hauptgrund, warum es klappt, ist, dass *Liebe alle Blockaden schmilzt und alles Leben transformiert*. Liebe hat eine unermessliche Kraft, alle Arten von Blockaden zu beseitigen. Diese Seelenanordnung drückt die Kraft deiner Seele zu Heilung und Transformation aus. Ich werde die wichtigsten Geheimnisse, Weisheit, Wissen und Übungen der Seele im Hinblick auf Seelenanordnungen in Kapitel 4 aufdecken.

Die Zielsetzung des physischen und des Seelenlebens

Jeder Mensch hat eine Zielsetzung für sein Leben. Einige wollen Wissenschaftler sein, andere Ärzte. Einige wollen Künstler sein, andere Basketballspieler. Alle haben ihre eigenen Wünsche. Alle mögen es, etwas zu tun, und träumen davon, es gut zu tun.

Wenn jemand einen erfüllenden Beruf hat, glückliche Beziehungen pflegt, eine harmonische Familie hat, gute Gesundheit und Glück, fühlt sich dieser Mensch erfolgreich. Befriedigung angesichts des eigenen Lebens ist wichtig.

Viele Menschen erfahren diese Art von Befriedigung. Sie sind gesegnet.

Einige Menschen haben genau diese Art von Erfolg, sind aber dennoch nicht zufrieden. Sie spüren wahrscheinlich, dass ihnen etwas fehlt. Sie fühlen sich möglicherweise leer und haben vielleicht die Idee, dass sie nach etwas suchen, wissen aber nicht genau, wonach. Wenn diese Sätze eine Resonanz in dir finden, dann glaube ich, dass du nach deiner Seelenreise suchst. Millionen von Menschen auf der ganzen Welt befinden sich schon auf ihrer Seelenreise. Sie dürsten förmlich nach den Geheimnissen, der Weisheit, dem Wissen und nach entsprechenden Übungen der Seele: Sie wollen wissen, was die spirituelle Reise ist und wie man dabei vorwärtskommt. Sie wollen erleuchtet werden und lernen, wie man die Erleuchtung erlangt. In diesem Buch werde ich beschreiben, was die Seelenreise ist, wie du auf deiner Seelenreise vorwärtskommst und wie du die Erleuchtung der Seele erlangst.

Die Erleuchtung der Seele ist das Ziel der Seelenreise. Nachdem du die Erleuchtung der Seele erlangt hast, kannst du zur Erleuchtung des Geistes und zur Erleuchtung des Körpers übergehen. In Kapitel 13 werde ich die Geheimnisse, die Weisheit, das Wissen und die Übungen der Seele zu ihrer Erleuchtung an dich weitergeben.

Das Leben eines Menschen ist begrenzt. Hundert Jahre zu leben ist phantastisch. Länger zu leben ist schon außergewöhnlich. Das Leben einer menschlichen Seele hingegen ist unbeschränkt. Das Leben der Seele währt ewig. Ich habe die tiefgehende Wahrnehmung, dass das Geheimnis der Beziehung zwischen der Reise des Körpers und der spirituellen Reise in einem Satz zusammengefasst werden kann:

Die körperliche Reise bedeutet, der Seelenreise zu dienen.

Wenn du anderen einen großen Dienst erweist, wenn du sie gesünder und glücklicher machst, wenn du hilfst, menschliches Bewusstsein zu transformieren, und wenn du zu Liebe, Frieden und Harmonie für die Menschheit, Mutter Erde und die Universen beiträgst, wirst du große spirituelle Verdienste ansammeln. »Tugenden« sind die Aufzeichnung deiner Dienste. Diese Taten werden im Himmel fixiert und haben die Funktion einer »spirituellen Währung«. Deine durch gute Taten erworbenen großen Verdienste werden den Entwicklungsstand deiner Seele anheben. Deine zukünftigen Leben werden erheblich gesegnet sein.

Deine Nachfahren, einschließlich deiner Kinder, Enkel, Urenkel und so fort, werden ungemein gesegnet sein. Es gibt eine wahrhaftige und alte spirituelle Aussage:

Der Vorfahre pflanzt den Baum, der Nachfahre erfreut sich des Schattens.

Andererseits wird der Himmel, wenn du unschöne Dienste leistest – im schlimmsten Fall Untaten wie ein Mord, der Missbrauch, die Verletzung oder das Übervorteilen anderer –, auch diese aufzeichnen. Jene misslichen Taten werden deine zukünftigen Leben ebenso wie die deiner Nachfahren tiefgreifend beeinflussen. Ich werde diese Zusammenhänge in Kapitel 2 über das Karma näher erläutern.

Zusammenfassend kann man sagen, dass es wunderbar sein kann, im konkreten Leben Erfolg zu haben, aber es wird nicht genügen. Es ist unerlässlich, darüber hinaus das Leben der Seele zu entwickeln. Das Leben der Seele zu entwickeln bedeutet, Seelenerleuchtung zu erlangen. Dies wiederum bedeutet, den Entwicklungsstand deiner Seele in der spirituellen Welt zu erhöhen. Je höher der Entwicklungsstand deiner Seele ist, desto mehr Fähigkeiten wird das Göttliche dir geben, um zu dienen. Je mehr du dienst, desto höher wird dein spiritueller Stand sein. Und schließlich wirst du ein hochrangig spirituelles Wesen sein und dich immer näher zum göttlichen Reich hinbewegen. Ins göttliche Reich zu gelangen, ist das höchste Ziel der spirituellen Reise.

Es gibt viele Arten von spirituellen Büchern, Workshops und Seminaren. Auch im Himmel gibt es Bücher, Workshops und Seminare. In der physischen Welt bieten spirituelle Lehrer Unterricht an. Im Himmel tun dies Heilige und das Göttliche. Im göttlichen Reich bietet das Göttliche den Unterricht persönlich an. Lass mich nun ein anderes wichtiges Seelengeheimnis in einem Satz mit dir teilen:

Je höher das Reich ist, in welches du im Himmel gelangst, desto tiefgründiger ist die Lehre, die du vom Himmel bekommst, und je mehr Seelenkraft wird dir vom Himmel gegeben, um zu dienen.

Dies ist der wahre Weg für jedes spirituelle Wesen. Sicherlich bist du dir dieser Seelenweisheit bewusst.

Millionen von Menschen auf der ganzen Welt suchen nach den Geheimnissen, der Weisheit, dem Wissen und den Übungen der Seele. Ihre Seelen sehnen sich danach, ihren Status im Himmel zu erhöhen. Deshalb bewegen sich mehr und mehr Menschen auf ihrem spirituellen Weg und suchen nach Seelenerleuchtung.

Das Ziel im Zeitalter des Seelenlichts – der 15 000-jährigen Ära, die am 8. August 2003 begann – ist es, die gesamte Menschheit und alle Seelen zu erleuchten. Wir befinden uns in der Frühzeit dieser Reise. Lasst uns Herzen und Seelen zusammenschließen und der göttlichen Anweisung folgen, um dieses finale Schicksal der Ära des Seelenlichts herbeizuführen. Wir sind geehrt, göttliche Geheimnisse, Weisheit, Wissen und Übungen der Seele aufzudecken und weiterzugeben, damit die Menschen ermächtigt werden, die Seelenerleuchtung zu erlangen.

Lehre und verbreite Geheimnisse, Weisheit, Wissen und Übungen der Seele.
Mach Seelenheilung für den physischen, emotionalen, mentalen und spirituellen Körper.
Transformiere und erleuchte die Seelen, Herzen, den Geist und die Körper der Menschheit.
Erschaffe Liebe, Frieden und Harmonie für die Menschheit, Mutter Erde und alle Universen.
Hao! Hao! Hao!
Danke, danke, danke.

Was die Seele für dein Leben tun kann

Dein Geist kann viel tun für dein Leben. Er hat die Kraft, den Körper zu heilen. Er kann erschaffen und manifestieren. Er kann das Bewusstsein und jeden Aspekt des Lebens transformieren. Die Geist-Körper-Verbindung und die Geist-Körper-Medizin sind weithin bekannt. Dies sind Beispiele für das Verhältnis »*Geist* über Materie«, das die *Kraft des Geistes* beschreibt. Ausgiebige Forschungen demonstrieren diesen Zusammenhang. Wir erkennen die Kraft des Geistes an, aber sie allein ist nicht ausreichend. Der nächste Schritt, um der Menschheit zu dienen, ist die Anerkennung des Prinzips »*Seele* über Materie«, was die

Seelenkraft beschreibt. »Seele über Materie« bedeutet, dass die Seele etwas herbeiführen kann. Wie bereits gesagt wurde, gehören dazu die Seelenheilung, die Seelenprävention von Krankheiten, die Seelenverjüngung, die Seelenverlängerung von Leben und die Seelentransformation eines jeden Aspekts im Leben, einschließlich Beziehungen und finanzieller Angelegenheiten. Das Ziel des Prinzips »Seele über Materie« ist es, deine Seele, die Seelen der gesamten Menschheit und alle Seelen in allen Universen zu erleuchten.

In diesem Buch werde ich die Geheimnisse in diesem Zusammenhang preisgeben und weitergeben. Es ist wie eine führende Autorität unter meinen Seelenkraft-Büchern. Es transformiert das Universum des *Geistes,* der über die Materie herrscht, in das Universum der *Seele,* die über der Materie steht.

Die Frühzeit der Ära des Seelenlichts ist ein Wendepunkt für die Menschheit, die Erde und alle Seelen. Die Kraft des Geistes über die Materie wird zur Kraft der Seele über die Materie.

»Seele über Materie«: Diese Maxime wird jeden Beruf transformieren, »Seele über Materie« wird die Einstellung der Menschen zur Erde und zum Universum verändern. Das Göttliche wird ihnen die göttliche Seelenkraft nahebringen. Lass mich einige Beispiele dafür anführen.

Wie ich in der Einleitung schon beschrieben habe, wurde die göttliche Seelenheilungskraft an das erste »Love Peace Harmony Center« in Boulder/Colorado übertragen. Man kann sich an diesem Ort hinsetzen und die göttliche Kraft anrufen. So wird man bemerkenswerte Resultate für die Heilung und die Lebenstransformation initiieren.

Ein anderes Beispiel: Seit Juli 2003 habe ich göttliche Seelen-Übertragungen in Telekonferenzen, Workshops, Radioprogrammen und Fernsehshows angeboten. Tausende von herzanrührenden und bewegenden Geschichten haben die Kraft dieser göttlichen Seelen bestätigt, angefangen mit der Geschichte von Walter, die ich zu Beginn dieses Buches erzählt habe.

Das Göttliche hat seit Juli 2003 seine Heilungskraft bei mehr als 700 Menschen heruntergeladen. Diese Hunderte von göttlichen Heilern haben der Menschheit bemerkenswerte Heilungsresultate beschert.

Das Göttliche hat in den letzten Jahren über hundert göttliche Schriftsteller erschaffen. Inspirierende und tiefgründige göttliche Bücher werden eins ums andere produziert werden.

Als letztes Beispiel hat das Göttliche Tausende von Karma-Reinigungen angeboten, die ich im nächsten Kapitel näher erläutern werde. Die Empfänger haben eine außerordentliche Heilung und Transformation für jeden Aspekt des Lebens erhalten. Alle diese Beispiele bestätigen die Kraft der Seele.

Seelenkraft ist die Kraft des 21. Jahrhunderts. Sie ist die Kraft der Ära des Seelenlichts. Nach der Lektüre dieses Buches und der Anwendung der Übungen und dem Aufrufen der göttlichen Seelen-Übertragungen kannst du dein Denken über Heilung, Prävention von Krankheiten, Verjüngung, Verlängerung des Lebens, Lebenstransformation und Erleuchtung vollständig transformieren. Dein Bewusstsein kann total transformiert werden. Deine Sicht der Welt kann völlig transformiert werden.

»Seele über Materie« lautet die neue göttliche Richtung für das gesamte Zeitalter des Seelenlichts. Das Göttliche traf diese Entscheidung am 8. August 2003. Du kannst klar sehen, dass die Welt sich in diese Richtung bewegt. Viel mehr Menschen suchen nach den Geheimnissen, der

Weisheit, dem Wissen und den Übungen der Seele. Viel mehr Menschen geben ihre Liebe, ihre Achtsamkeit, ihr Mitgefühl, ihre Vergebung, ihren Frieden, ihre Harmonie an andere weiter. Viel mehr Menschen suchen nach der Transformation des Bewusstseins. Viel mehr Menschen wollen Diener der Menschheit, der Erde und der Universen werden. Die Suche nach Transformation von Heilung und Bewusstsein und nach Seelenweisheit ist zu einer globalen wellenartigen Bewegung geworden. Zu dieser Zeit hat das Göttliche mich dahin geführt, die Seelenkraft-Bücher zu erschaffen.

Das Göttliche hat mich angeleitet, diese Geheimnisse, diese Weisheit, dieses Wissen und diese Übungen direkt weiterzugeben. Ich gebe jeden Kredit des Göttlichen und des Himmels weiter. Ich bin nur ein Diener der Menschheit, aller Seelen und des Göttlichen. Ich bin außerordentlich geehrt, dieser Diener zu sein.

Die Essenz dieser Führung, die ich vom Göttlichen für die Seelenkraft-Bücher und das Zeitalter des Seelenlichts erhielt, ist der folgende Satz:

>*Seele über Materie« wird die Menschheit, Mutter Erde und alle Universen transformieren.*

Das Zeitalter des Seelenlichts

Am 8. August 2003 beauftragte das Göttliche Yuan Shi Tian Zun, einen der wichtigsten taoistischen Heiligen in der Geschichte, ein Komitee zur Führung eines neuen Zeitalters zu bilden, der Ära des Seelenlichts. Dieses höchste göttliche Komitee hat zwölf Mitglieder. Beim ersten Treffen des Komitees im Himmel kündigte das Göttliche formell an, dass die letzte Ära zu Ende ging. Niu Wa Niang Niang, die höchste spirituelle Führerin der letzten Ära in Jiu Tian[13], hatte ihre Aufgabe erfüllt. Sie wurde nach Tian Wai Tian erhoben, dem Himmel jenseits des Himmels, der das göttliche Reich ist.

Seelen, die in Tian Wai Tian wohnen, werden nicht mehr automatisch wiedergeboren. Seelen, die in Jiu Tian wohnen, müssen weiterhin dem spirituellen Gesetz der Reinkarnation folgen. Viele große Lehrer aus verschiedenen spirituellen Traditionen in der Geschichte – einschließlich Jesus, Maria, Ar Mi Tuo Fuo, Shi Jia Mo Ni Fuo, Ling Hui Sheng Shi und Pu Ti Lao Zu[14] – waren alle Seelen in Jiu Tian. Im Zeitalter des Seelenlichts, das 15 000 Jahre dauern wird, werden Jesus, Maria, die Buddhas und andere Heilige weiterhin der Menschheit dienen, um ihren Seelenstand zu erhöhen. Viele dieser Heiligen werden in den Tian Wai Tian erhoben werden. So wurden seit dem 8. August 2003 sechs Heilige schon von Jiu Tian in den Tian Wai Tian erhoben, einige davon habe ich eben namentlich erwähnt.

Das große Ziel im Zeitalter des Seelenlichts besteht darin,

alle Seelen zu vereinen, um gemeinsam die universelle Seelenerleuchtung zu erlangen.

Im Chinesischen wird dieses Ziel als *Wan ling rong he da yuan men*[15] bezeichnet.

Um jede Seele zu erleuchten, müssen wir zuerst unsere eigenen Seelen erleuchten, danach die Seelen unserer Familienmitglieder und unserer Lieben. Dann erleuchten wir die Seelen unserer Freunde, Nachbarn und Kollegen. Als Nächstes kommen die Seelen aller Menschen in unserer Stadt und in unserem Land an die Reihe. Dann erleuchten wir die Seelen der gesamten Menschheit auf Mutter Erde. Und schließlich erleuchten wir alle Seelen in allen Universen.

Alles hat eine Seele. Ein menschliches Wesen hat eine Seele. Ein Körpersystem hat eine Seele. Ein Organ hat eine Seele. Eine Zelle hat eine Seele. DNS und RNS haben Seelen. Ein Tier hat eine Seele. Ein Fluss hat eine Seele. Ein Baum hat eine Seele. Ein Berg hat eine Seele. Eine Stadt hat eine Seele. Ein Planet hat eine Seele. Ein Stern hat eine Seele. Eine Galaxis hat eine Seele. Ein Universum hat eine Seele. Alle Seelen zu erleuchten heißt, alle diese zu erleuchten. Das ist eine riesige Aufgabe. Es ist eine göttliche Aufforderung und Anordnung.

Lasst uns die gesamte Menschheit, alle Tiere, die gesamte Natur und alle Universen erleuchten. Am Anfang des Buches, als ich über die Seelenkraft-Bücher schrieb, erzählte ich, wie ich ein bedingungsloser universeller Diener wurde. Dies war der Auftrag des Göttlichen an mich. Ich reagierte sofort darauf. Drei Monate später wurde ich als göttlicher Diener, Instrument und Kanal auserwählt. Wenn du auf diesen göttlichen Ruf zum bedingungslosen universellen Diener eingehst, wirst auch du auf der geeigneten Ebene und der passenden Frequenz als göttlicher Diener, Instrument und Kanal erwählt werden.

Wenn du dich als bedingungsloser universeller Diener verpflichtest, musst du auch danach handeln. Du musst dem Göttlichen zeigen, dass du es mit deiner Verpflichtung ernst meinst. Die Akasha-Chronik zeichnet jede Aktivität, jedes Verhalten und jeden Gedanken eines menschlichen Wesens auf. Es gibt ein historisches spirituelles Wort: Wenn du nicht willst, dass die Leute etwas Bestimmtes wissen, dann tu's nicht. Wenn du es tust, dann weißt du es, der Himmel weiß es, die Erde weiß es.

Auf der spirituellen Reise ist es wichtig, dem Göttlichen einen Eid zu leisten, damit du deine Verpflichtung zu dienen unter Beweis stellst. Wichtige göttliche Lehrer wie Jesus, Maria, Ar Mi Tuo Fuo, Shi Jia Mo Ni Fuo, Ling Hui Sheng Shi, Pu Ti Lao Zu, der Medizin-Buddha und viele andere haben alle dem Göttlichen einen großen Eid geleistet, ein bedingungsloser universeller Diener zu sein.

Einen solchen Eid zu leisten bedeutet, dem Göttlichen zu sagen, dass du bereit bist, ein Diener des totalen GOLD für das Göttliche und die Menschheit zu sein. Erinnere dich: Das bedeutet analog den Buchstaben des Wortes »GOLD« totale Dankbarkeit *(gratitude)*, totaler Gehorsam *(obedience)*, totale Loyalität *(loyalty)* und totale Hingabe *(devotion)* an das Göttliche. Du wirst die persönliche Aufmerksamkeit des Göttlichen anziehen. Wenn das Göttliche deinen großen Eid hört, wird es dir eine Aufgabe zuteilen.

Denk daran, wenn du einen Eid leistest, ihn auch zu erfüllen. Wenn du nicht bereit bist, einer Verpflichtung gemäß zu handeln, dann geh sie erst gar nicht ein. Nachdem du den Eid geleistet hast, werden das Göttliche und der Himmel dir als Antwort darauf eine Aufgabe zuweisen. Wenn du einen Eid brichst, wird dies großes negatives Karma für deine spirituelle Reise hervorbringen. Niemand will das.

Leiste einen Eid an das Göttliche. Akzeptiere göttliche Aufgaben und realisiere auch, dass das Göttliche dich spirituellen Prüfungen unterziehen wird. Es wird deine Verpflichtung, deine Ausdauer, deine Fähigkeit, Schwierigkeiten zu überwinden und Blockaden zu entfernen, sowie dein totales GOLD prüfen.

Dies ist ein wichtiges Geheimnis, das jedes spirituelle Wesen kennen muss. Nachdem du dem Göttlichen einen Eid geleistet hast, kannst du hundertprozentig sicher sein, dass das Göttliche dir eine Aufgabe und eine Prüfung geben wird. Erfüll die Aufgabe. Besteh die Prüfung. Dann wird deine Seele angehoben werden. Du weißt ja, Jesus, Maria, Shi Jia Mo Ni Fuo, Ar Mi Tuo Fuo, Kwan Yin, Pu Ti Lao Zu, der Medizin-Buddha und viele andere große Lehrer haben alle diesen Prozess durchlaufen, dem Göttlichen einen Eid abzulegen, göttliche Prüfungen zu bestehen und ihre göttlichen Aufgaben zu erfüllen. Dann wurden sie vom Göttlichen persönlich erhoben.

Es gibt eine berühmte Bemerkung über die spirituelle Reise: »Ren zai zuo. Tian zai kan.« Dies bedeutet: »Menschliche Wesen tun ihre Arbeit. Der Himmel schaut zu.« Auch deshalb solltest du als spirituelles Wesen wissen, dass, wenn du einen Eid leistest, das Göttliche und der Himmel dir eine Aufgabe geben und dich prüfen. Sie werden jeden Aspekt deines Lebens beobachten. Wenn du dich verpflichtet hast, der Menschheit und allen Seelen zu dienen, brauchst du keine Angst zu haben. Es ist ein wichtiges Geheimnis, zu schwören und dem Himmel und dem Göttlichen zu sagen, dass du die Verpflichtung zu dienen eingehen willst. Dann werden sie dir deine Aufgabe übergeben und dich prüfen. Dieser Vorgang kann sehr schmerzhaft sein. Aber es gibt auch ein anderes (englisches) Sprichwort, das sich auf die spirituelle Reise anwenden lässt: »No pain, no gain.« (»Kein Schmerz, kein Gewinn.«)

Nachdem du diese spirituellen Prüfungen durchlaufen und deine göttlichen Aufgaben ausgeführt hast, wird dein spiritueller Stand erhöht werden. Dann diene auch weiterhin. Empfang neue Prüfungen und Aufgaben. Dann wirst du noch mehr erhöht werden. Der spirituelle Weg ist eine harte Reise. Er ist auch schmerzhaft. Aber am Ende wirst du alle Selbstsucht, jedes Ego und alle Anhaftungen ablegen, um ein reiner Diener der Menschheit und aller Seelen zu werden. Wenn du diese Stufe erreicht hast, wirst du innere Freude und inneren Frieden gewinnen. Alles, was du angehst, wird erfolgreich sein. Was immer du denkst, wird geschehen.

Wahre spirituelle Kraft ist jenseits jeden Verstehens. Du musst erst die erweiterte Seelenerleuchtung erlangen, um vollends zu verstehen, was ich sage. Du wirst diese Lehre immer besser verstehen, wenn du in diesem Buch weiterliest. Du wirst es auf deiner zukünftigen spirituellen Reise direkt erfahren. Dann wirst du mehr und mehr mit mir einig werden. Dies braucht Zeit.

Nun stehen wir am Anfang der Ära des Seelenlichts. Dies ist ein historischer Zeitraum. Das Göttliche braucht vollkommene »Goldene Diener«. Seitdem das Göttliche am 8. August 2003 seinen Ruf ausgesandt hat, habe ich Hunderte von fortgeschrittenen Schülern auf der ganzen Welt gewonnen, die auf diesen Ruf, dem Göttlichen einen Eid zu leisten, geantwortet haben. Mehr und mehr spirituelle Wesen werden auf diesen besonderen göttlichen Ruf reagieren.

Doch niemand wird gezwungen, dem Göttlichen einen Eid zu leisten. Ich teile ein wichtiges spirituelles Geheimnis mit dir und eröffne es allen Menschen auf der ganzen Welt. Es ist jedem überlassen, ob er darauf antwortet oder nicht.

Um es noch einmal zu sagen: Dem Göttlichen einen Eid zu leisten, ist für deine spirituelle Reise unabdingbar. Wenn du bereit bist, kannst du einen Moment innehalten und dies in der folgenden Art tun. Dies ist nur ein Vorschlag meinerseits. Du kannst die Worte durchaus austauschen. Folge nur dem Wesentlichen dieses Vorschlags:

Liebes Göttliches,
ich bin geehrt, dir und dem Himmel einen Eid zu leisten.
Ich verpflichte mich, ein bedingungsloser universeller Diener
für die gesamte Menschheit und alle Seelen zu sein.
Ich verpflichte mich, ein Diener des totalen GOLD für dich und
die Menschheit zu sein.
Bitte gib mir deine Aufgabe und segne mich, damit ich sie
erfülle.
Ich bin außerordentlich geehrt.
Danke.

Wenn du dich dazu entscheidest, einen solchen Eid zu leisten, was wird geschehen, wenn du es tust? Das Göttliche wird dir in dem Moment erscheinen, in dem du diese Art von Eid leistest. Die Leiter der Akasha-Chronik – einschließlich Yan Wang Yi und Jin Fa Sheng Shi – werden auch sofort erscheinen. Sie werden deinen Eid in deinem spirituellen Buch in der Akasha-Chronik aufzeichnen. Das Göttliche wird dir eine Aufgabe zuweisen. Dann wird der Himmel darauf warten, dass du diese Aufgabe erfüllst. Sie werden dich großzügig spirituell unterstützen, um dir die Erfüllung zu erleichtern.

Ich biete die hier beschriebene Lehre an, um weiter zu erklären, warum dies eine Periode von historischer Bedeutung ist. Mutter Erde befindet sich in einer Übergangsphase. Weltweit geschehen die verschiedensten Naturkatastrophen, und es werden Kriege und Konflikte zwischen den Vertretern bestimmter Religionen, Ethnien und zwischen Nationen ausgetragen. Das Göttliche braucht bedingungslose universelle Diener, die hervortreten, um der Menschheit zu dienen, deren Leiden aufzuheben und für die Menschen, die Erde und alle Universen Liebe, Frieden und Harmonie zu schaffen. In diesem historischen Augenblick leiste deinen Eid an das Göttliche und den Himmel. Verpflichte dich, ein göttlicher Diener zu sein. Dann wird deine spirituelle Reise einen großen Schritt vorwärts machen.

Ich lade dich ein, zu einem meiner Retreats zur Seelenheilung und -erleuchtung zu kommen. Ich werde die Lehren mit meinen Zertifizierten (göttlichen) Meister-Lehrern und -Heilern anbieten. Als göttlicher Diener, Instrument und Kanal werde ich eine wichtige göttliche Seelenanordnung aussenden, um die Seelen jedes Teilnehmers am Retreat zu erleuchten. Seelenerleuchtung ist die vorrangige Aufgabe für das Zeitalter des Seelenlichts. Nachdem du deine eigene Seelenerleuchtung erlangt hast, kannst du nach Hause zurückkehren, um die Menschen in deiner Umgebung für ihre Seelenerleuchtung vorzubereiten. Du vermagst die Seelenerleuchtung natürlich auch allein zu erreichen. Ich kann jedoch der Diener und Förderer für deine Seelenerleuchtungsreise sein. Ich bin geehrt, dein Diener zu werden.

Erleuchte deine Seele.
Erleuchte die Seelen deiner Familienmitglieder und deiner
Lieben.
Erleuchte die Gesellschaft.
Erleuchte alle Seelen der Menschheit.
Erleuchte Mutter Erde.
Erleuchte alle Seelen.
Erleuchte alle Universen.

Dies ist die göttliche Aufgabe für die Ära von 15 000 Jahren, die am 8. August 2003 begonnen hat. Dies ist ein göttlicher Aufruf. Wenn du bereit bist, leiste den Eid an das Göttliche, ein bedingungsloser universeller Diener zu sein. Läutere deine Seele, dein Herz, deinen Geist und deinen Körper. Verbinde Herzen und Seelen, um dieses göttliche Ziel zu erreichen.

2

Karma

Die Buddhisten und Hindus nennen es »Karma«, was im Sanskrit wörtlich »Tat« bedeutet, die Christen sprechen von guten und schlechten Taten, die Taoisten vom *Te* (ausgesprochen: »Dah«), das so viel wie »Tugend« oder »Kraft« heißt. Andere spirituelle Wesen reden über Tugendhaftigkeit. Dies sind unterschiedliche Begriffe für im Grunde dieselbe Gesetzmäßigkeit. Millionen von Menschen haben davon gehört und glauben an das Karma. Millionen von Menschen versuchen verzweifelt, ihr eigenes negatives Karma aufzulösen.

Wie wichtig ist es für unsere Leben? Das Göttliche sagte mir, dass ich im Zeitalter des Seelenlichts die Lehre über das Karma anbieten muss. Das Göttliche versah mich im Jahr 2003, als ich zum göttlichen Diener und zum Diener der Menschheit auserwählt wurde, mit der Ehre, das schlechte Karma von Menschen aufzulösen. Ich jedoch bin es nicht, der das Karma auflöst. Das Göttliche selbst tut dies. Es erwählte mich als seinen Diener, um der Menschheit die göttliche Auflösung des Karmas anzubieten. Ich habe diesen Dienst Tausenden von Menschen auf der ganzen Welt angeboten. Ihre Geschichten sind herzbewegend und machen mich zuweilen sprachlos. Darunter finden sich Berichte über die Erholung von lebensbedro-

81

henden Zuständen wie Leberkrebs, Lähmungen als Folge eines Schlaganfalls, Herzinfarkten, genetischen Krankheiten bei Neugeborenen, Nierenversagen und vielen anderen Krankheiten, die von den Ärzten als hoffnungslos angesehen worden waren. Die Menschen wundern sich, sind gerührt und tief bewegt von der Transformation ihres Lebens dadurch, dass sie die göttliche Karma-Auflösung empfangen haben. Die Menschen fühlen sich auch sehr geehrt, weil sie so große Heilresultate empfangen konnten. Sie kommen, um mir zu danken. Darauf antworte ich sofort: »Bitte dankt nicht mir. Dankt dem Göttlichen. Das Göttliche hat die Heilung für dich bewirkt. Ich bin dein Diener. Ich bin der Diener und das Instrument des Göttlichen. Ich hatte das Göttliche gebeten, dir Heilung zukommen zu lassen.« Es ist das Göttliche, das in jeder Heilung, die ich weltweit anbiete, ebendiese Heilung bewirkt. Aller Verdienst ist sein Verdienst.

Karma – und warum wir es verstehen müssen

Karma kann in gutes Karma und in negatives Karma unterteilt werden. Gutes Karma ist die Aufzeichnung der guten Dienste, die man in allen vergangenen Leben und in diesem Leben geleistet hat. Zum guten Karma gehören Liebe, Fürsorge, Mitgefühl, Aufrichtigkeit, Ehrlichkeit, Großzügigkeit, Freundlichkeit, Reinheit und alle anderen Arten guten Dienstes. Negatives Karma ist die Aufzeichnung der unschönen Dienste wie Morden, Verletzen, Übervorteilen, Betrügen, Stehlen und alle anderen Arten von unschönen Handlungen.

Im April 2003 verbeugte ich mich, um zu lauschen, als

mir das Göttliche erschien, während ich in Kalifornien einen Workshop gab. Das Göttliche vermittelte mir das universelle Gesetz des universellen Dienstes. Ich habe den ganzen Vorgang zu Beginn dieses Buches dargelegt. Mit diesem spirituellen Gesetz hat das Göttliche auch alles, was das Karma betrifft, vollständig erklärt. Zusammengefasst sagte es:

Biete einen kleinen Dienst an, und du bekommst vom Universum und von mir einen kleinen Segen.
Biete einen größeren Dienst an, und du bekommst vom Universum und von mir einen größeren Segen.
Biete bedingungslosen Dienst an, und du bekommst vom Universum und von mir grenzenlosen Segen.

Das Göttliche lehrte mich dann:

Biete einen kleinen unschönen Dienst an, und du bekommst vom Universum und von mir eine kleine Lektion.
Biete einen größeren unschönen Dienst an, und du lernst ernstere Lektionen vom Universum und von mir.
Biete einen äußerst unschönen Dienst an, und du lernst gewaltige Lektionen vom Universum und von mir.

Ich fragte das Göttliche, welche Lektionen das sein würden. Und es antwortete, zu den Lektionen gehörten Krankheiten, zerbrochene Beziehungen, finanzielle Herausforderungen, mentale Verwirrung und emotionale Unausgewogenheit und dergleichen. Diese könnten sich in jedem Aspekt des Lebens zu Blockaden entwickeln.

Nachdem ich dieses spirituelle Gesetz des universellen Dienstes vernommen hatte, verstand ich, dass der Himmel und das Göttliche auf diese Art die Erde und alle

Universen steuern. Sofort leistete ich den Eid, ein bedingungsloser universeller Diener zu sein. Als es meinen Eid hörte, lächelte das Göttliche und zog sich zurück.

Diese persönliche Geschichte erklärt unmissverständlich, wie Karma auf unser Leben einwirkt. Gutes Karma segnet dein Dasein. Negatives Karma bringt alle Arten von Lektionen und Blockaden in dein Leben.

Die Kraft des Karmas:
Ursache für Erfolg und Misserfolg

Das universelle Gesetz des universellen Dienstes wurde vor nur wenigen Jahren vermittelt, gerade vor dem Beginn der Ära des Seelenlichts. Dieses Gesetz ist jedoch keine neue Lehre. Fragen zum Karma werden seit Tausenden von Jahren thematisiert. Die Essenz kann in einem Satz dargelegt werden, den ich als Inspiration aus der göttlichen Lehre empfing:

Karma ist die grundlegende Ursache für Erfolg und Misserfolg in jedem Aspekt des Lebens.

Dein Erfolg hängt von deinen guten Diensten in diesem und deinen früheren Leben ab. Deine Blockaden sind das Resultat deiner unschönen Dienste in dieser und früheren Inkarnationen. Auch das Karma deiner Vorfahren kann dein Leben beeinflussen.

Es gibt viele, zum Teil alte Geschichten, die belegen, dass das Karma die grundlegende Ursache für Erfolg und Misserfolg in jedem Aspekt des Lebens ist. Lass mich einige davon erzählen.

Vor mehr als 4000 Jahren war der chinesische Kaiser

Shun der erste wichtige Lehrer, der Respekt und Ehre gegenüber den Eltern und anderen lehrte. Kaiser Shun hatte eine einmalige Persönlichkeit. Er war extrem bescheiden und machte nie jemand anderen für Probleme verantwortlich. Wenn ihm mitgeteilt wurde, dass etwas in seinem Reich schlecht gelaufen sei, übernahm er immer die volle Verantwortung und sagte, es wäre sein Fehler gewesen. Wenn seine Untertanen bei der Arbeit pfuschten, dachte er immer, er hätte nicht gut genug für ihre Ausbildung gesorgt. Selbst wenn er von seiner eigenen Familie schlecht behandelt wurde, beklagte er sich nie. Er konzentrierte sich auf seine eigenen Mängel und gab seiner Familie immer Liebe, Mitgefühl und Respekt. Er war ein großes Beispiel eines spirituellen Wesens mit einer enormen Selbstdisziplin. Seine Herrschaft dauerte ein halbes Jahrhundert. In der Zeit leistete er große Dienste für sein Land. Seine Nachkommen lebten im Wohlstand.

Die Lebenslehre des Kong Zi, der im Westen als Konfuzius bekannt ist, war, die Eltern zu respektieren, die Prinzipien und Gesetze des eigenen Landes zu ehren und gegenüber anderen gütig zu sein. Bis heute hat er Hunderte von Nachfahren auf der ganzen Welt, die jeweils ein ausgesprochen gesegnetes Leben führten. Viele von ihnen bekamen Ehrentitel und hohe Positionen am kaiserlichen Hof in China. Andere hatten großen finanziellen und geschäftlichen Erfolg. Heute findet man in ganz Asien Nachfahren des Kong Zi in hohen Stellungen bei der Regierung, im Geschäftsleben und im Wissenschaftsbetrieb.

Während der Han-Dynastie nutzten die Kaiser und ihre Minister die Lehren des Konfuzius und des Menzius (der westliche Name von Meng Zi, dem führenden Interpreten und Deuter des Konfuzianismus), um die Erziehung zu strukturieren. Vor der Han-Dynastie gab es Hunderte von

Lehren und Theorien über die Erziehung. Die Regierung wollte das Land unter einem Erziehungsplan für alle menschlichen Wesen in China vereinen. Sie wählte die Lehren des Konfuzius für das ganze Land. Der Konfuzianismus blieb das Fundament der chinesischen Kultur von der Han- bis zur Qing-Dynastie, eine Zeitspanne von beinah zweitausend Jahren.

Konfuzius lehrte, dass die Familie, beginnend mit harmonisierenden Ehepartnern, der Schlüssel ist für Harmonie und positive Entwicklung. Wie kann ein Ehemann seine Pflichten und seine Verantwortung wahrnehmen? Wie kann eine Ehefrau eine gute Ehefrau sein? Wie soll man mit anderen Familienmitgliedern umgehen – Eltern, Kindern, Brüdern und Schwestern? Jedes Familienmitglied hat eigene Verantwortlichkeiten. Den eigenen Verantwortungen nachzukommen und die eigenen Aufgaben gut zu erfüllen hilft, eine harmonische Familie zu erschaffen. Und dann wird, wie eine alte spirituelle Lehre besagt, *eine harmonische Familie positive Entwicklungen bringen.*

Konfuzius hat auch über Beziehungen am Arbeitsplatz gelehrt. Wie geht man mit den Führern einer Organisation um, und wie arbeitet man unter ihnen? Im Kern hat Konfuzius gelehrt, dass alle Menschen im ganzen Land Brüder und Schwestern sind. Fass die gesamte Nation als eine große Familie auf. Einheit und Harmonie in dieser Familie sind sehr wichtig.

Die grundlegenden Lehren des Konfuzius können wie folgt zusammengefasst werden:

- Studiere und erforsche die Philosophie und die praktische Wirklichkeit von allem.
- Entwickle die Weisheit und das Wissen, alles im Universum zu verstehen.

- Sei ehrlich und aufrichtig gegenüber anderen.
- Läutere und kultiviere dein Herz.
- Läutere und kultiviere deinen Körper.
- Bring Harmonie in die Familie.
- Verwandle das Land.
- Sorg für eine friedliche Gesellschaft und ein friedliches Land.

Diese alte Lehre wird in den heutigen Schulen ignoriert oder nicht genügend gelehrt. Der moderne Unterricht betont das Rationale, das Wissenschaftliche und das Pragmatische statt das Ethische, das Moralische und die Tugend. Schülern müssen die Grundlagen beigebracht werden, wie man ein gütiger Mensch und ein reiner Diener sein kann. Schülern muss die Weisheit vermittelt werden, dass anderen zu dienen eine große Ehre ist. Sie müssen verstehen, wie wichtig es ist, anderen Liebe, Vergebung, Frieden, Harmonie, Aufrichtigkeit und Ehrlichkeit entgegenzubringen. Ein Mangel an Unterweisung über die Reinigung von Herz und Seele hinterlässt die Schüler ohne die nötigen Grundlagen des Wissens in ihren Herzen und in ihrem Geist, wie sie ein guter Mensch sein können. Wenn sie aufwachsen, übernehmen dann in der Regel Gier, Machtkämpfe und das Ego widerstandslos ihre Herzen und ihren Geist. Dadurch entstehen schnell alle Arten von Problemen.

Die Geschichte der Erziehung in China vermittelt uns tiefe Einsichten in die Transformation des Bewusstseins und die Reinigung des Herzens. Dieser Vorgang muss schon mit Kleinstkindern und im Vorschulalter beginnen. Er muss von jeder Familie ausgehen. Um für die Menschheit, die Erde und alle Universen Liebe, Frieden und Harmonie zu erschaffen, muss die Reinigung von Seele, Herz, Geist und Körper beim Individuum beginnen und sich dann über jedes Familienmitglied auf die Gesellschaft, das Land und schließlich die gesamte Menschheit ausbreiten.

Shi Jia Mo Ni Fuo alias Gautama Buddha betonte die Reinigung des Herzens. Eine seiner tiefgreifendsten Lehren ist *Ming xin jian xing*[16]. Das kann wie folgt übersetzt werden: »Läutere und erleuchte dein Herz, um deine Seele zu sehen«, wobei die Seele deine wahre Natur und dein wahres Selbst ist. Shi Jia Mo Ni Fuo lehrte auch, dass man zuerst das Herz heilen muss, um eine Krankheit zu heilen. In all seinen Lehren betonte er die Reinigung des Herzens und der Seele. Im Grunde bot er dieselben Lehren wie Konfuzius an, aber aus einer anderen Perspektive und mit einer anderen Gewichtung.

Die Kehrseite dieses großen guten Dienstes, den jene alten Meister geleistet haben, ist die Kehrseite des universellen Gesetzes des universellen Dienstes: *Wenn jemand äußerst unschöne Dienste leistet, wird er eine gewaltige Lektion lernen müssen.* Dies ist ein spirituelles Gesetz, das von der Akasha-Chronik angewendet wird.

Lass uns nochmals auf die chinesische Geschichte schauen. Es gab viele Dynastien und Tausende von Generälen. Üblicherweise hatten die Nachfahren der Generäle kein gesegnetes Leben. Sehr oft überlebte die Familie eines solch hochrangigen Militärs nicht einmal drei weitere Generationen. Viele Nachfahren starben durch Krankheiten oder Katastrophen. Ihre Kinder waren oft sehr arm, und ihre Töchter und Enkeltöchter konnten der Prostitution anheimfallen. Was ist der wahre Grund dafür? Es liegt daran, dass die Generäle im Krieg so viele Menschen umgebracht haben. Unter den Tausenden von Generälen in all den Dynastien der chinesischen Geschichte findet man nur schwer mehr als zehn, die erfolgreiche oder gesegnete Nachfahren haben.

Ein berühmtes Beispiel eines Generals mit erfolgreichen Nachfahren ist Zi Yi Guo, ein großer General der Tang-Dynastie. Er war sehr gütig und erwarb sich große Verdienste. Er war kein typischer Krieger, der sich auf die Tötung von Feinden ausrichtete. Er war sehr fürsorglich und rücksichtsvoll. Er ordnete an, keine Zivilisten zu verletzen. Als Resultat hatte er viele, viele Generationen erfolgreicher Nachkommen.

Cao Han, ein General der Song-Dynastie, brachte viele Menschen ohne Skrupel um. Seine Tochter wurde eine Prostituierte. Seine Nachfahren überlebten die dritte Generation nicht. Sein gesamtes Geschlecht starb aus.

Cao Bing war ein anderer General der Song-Dynastie. Er tötete nicht ohne Bedacht. Er erlaubte seinen Soldaten nicht, Bauern oder andere Zivilisten zu belästigen. Er nahm dies sehr ernst. Seine Nachfahren waren in vielen Generationen mit aufblühenden und in Harmonie lebenden Familien gesegnet.

Diese berühmten Leute aus der Geschichte illustrieren das universelle Gesetz des Göttlichen, das mir im April 2003 übergeben wurde. Wenn du gute Dienste leistest, wirst du Segnungen erhalten. Wenn du unschöne Dienste leistest, wirst du Lektionen lernen müssen. Diene gut, sei gütig, und deine Nachfahren werden gesegnet und erfolgreich sein. Diene unschön, töte und verletze, und deine Nachfahren werden arm sein, in alle möglichen schlechten Situationen geraten, und dein Geschlecht kann schon nach wenigen Generationen aussterben.

Noch einmal möchte ich die weisen Worte der alten Heiligen anführen: »Der Vorfahre pflanzt den Baum, der Nachfahre erfreut sich des Schattens.« Wenn der Vorfahre etwas Unschönes tut, müssen die Nachfahren eine Lektion lernen. Einige Menschen denken, das sei nicht fair.

Wenn der Vorfahre einen Fehler gemacht hat, warum sollen die Nachfahren dafür leiden?

Eigentlich ist dieses Gesetz sehr einfach zu verstehen: Wenn du auf Mutter Erde eine gute Arbeit für die Menschheit leistest, wirst du alle Arten von Belohnungen von verschiedenen Gesellschaften und Ländern bekommen. Von den Menschen bekommst du wahre Liebe. Wenn du jemanden umbringst, muss die Polizei dich festnehmen und einsperren, damit du die Lektionen lernst bzw. daran gehindert wirst, in deinem üblen Tun fortzufahren. Sonst ist es nämlich sehr wahrscheinlich, dass du ungehemmt weiter tötest. Deshalb musst du, wenn du Fehler machst, Lektionen lernen, um dein Leben zu verändern. Wenn du in früheren Leben Fehler gemacht hast, wirst du in diesem und in zukünftigen Leben Lektionen lernen müssen. Deine Nachfahren werden auch leiden und Lektionen lernen, weil sie zu deinem Geschlecht gehören. Ebenso, wie sie die Vorteile deines guten Dienstes genießen, müssen sie die durch deinen unschönen Dienst entstandene Verantwortung tragen und die entsprechenden Lektionen lernen.

Dieses wichtige spirituelle Gesetz lehrt, dass du, wenn du anderen gute Dienste leistest, Segnungen für dich selbst, deine zukünftigen Leben und deine Nachfahren erhalten wirst. Wenn du anderen unschöne Dienste leistest, wirst du in diesem und in zukünftigen Inkarnationen Lektionen lernen, und ebenso werden es deine Nachfahren tun müssen.

Ich habe begriffen, wie Karma viele Individuen beeinflusst. Als ich in Asien als Arzt arbeitete, erlitt ein zwölfjähriges Mädchen einen Schlaganfall. Sie konnte sechs Monate lang nicht gehen, nicht mal ihre Beine bewegen. Ich wurde gebeten, dieses Mädchen mit Akupunktur zu behandeln. Nach etwa zehn Behandlungen konnte sie wieder gehen. Die medizinische Diagnose besagte einfach, sie hätte im Hirn ein Blutgerinnsel gehabt. Ich bin selbst ein Arzt aus China. Ich akzeptiere die konventionelle moderne Medizin vollkommen. Aber ich fragte in der Akasha-Chronik nach dem wahren Grund, der grundlegenden Ursache für den Schlaganfall des Mädchens. Die Akasha-Chronik gab mir den spirituellen, den wahren Grund; sie zeigte mir, dass ihr Großvater, der Bankgeschäfte tätigte, viele Leute um sehr viel Geld betrogen hatte. Dies erschuf negatives Karma, das die Enkelin beeinflusste. Der Großvater liebte seine Enkelin sehr. Er mag nie die leiseste Ahnung gehabt haben, dass seine Fehler für seine Enkelin diese Lektion des Schmerzes und des Leidens auslösten.

Diese direkte spirituelle Belehrung ist für mich eine göttliche Belehrung, um dir zu erklären, dass manche Krankheiten, Beziehungsprobleme und finanziellen Herausforderungen direkt mit Belangen des Karmas zu tun haben.

Negatives Karma reinigen

Negatives Karma ist die spirituelle Schuld, die man für seine Fehler in allen früheren und in diesem Leben angesammelt hat. Dazu gehören Verbrechen wie Mord, Gewaltanwendung, Betrug, Diebstahl, aber auch Übervorteilung und dergleichen mehr. Du nimmst bei einer Bank eine Hypothek auf, wenn du ein Haus kaufen willst. Diese Hypothek ist deine Schuld gegenüber der Bank. Während fünfzehn, zwanzig oder dreißig Jahren bezahlst du jeden Monat einen gewissen Betrag, um deine Schulden zu tilgen. Im spirituellen Reich musst du, wenn du negatives Karma hast, vielleicht während vieler Lebenszeiten bezahlen, um deine spirituelle Schuld zu tilgen.

Geld ist unser Verrechnungsmittel. Wenn du eine Schuld

hast, bietest du Geld, um die Schuld abzuzahlen. Doch wie begleichst du eine spirituelle Schuld? »Tugend« gilt als spirituelles Geld. Wenn du eine spirituelle Schuld hast, musst du »mit Tugend bezahlen«. Als »Tugend« zählt die Aufzeichnung von Diensten aus all deinen Lebenszeiten. Gutes Karma hat spirituellen Wert. Gutes Karma wird verdient durch »guten Dienst«, dazu zählen ein Leben in Liebe, Akte der Vergebung, Mitgefühl, der Einsatz für den Frieden, Aufrichtigkeit, Ehrlichkeit, Großzügigkeit, Güte, Integrität, Reinheit und dergleichen mehr. Wenn du auf solche positive Art dienst, wird die Akasha-Chronik diese Dienste so aufzeichnen, dass du »Tugend« in der Funktion als spirituelle Währung bekommst.

Lass mich dir ein wichtiges Seelengeheimnis mitteilen: *Tugend kann durch ein hochrangig spirituelles Wesen gemessen werden.* Gutes Karma wird dabei als Punkte und Blumen in verschiedenen Farben verzeichnet – rote, goldene, regenbogenfarbene, purpurne und kristallene Punkte und Blumen. Es funktioniert tatsächlich so einfach: Zehn kleine Punkte bilden eine kleine Blume. Zehn kleine Blumen bilden eine große Blume. Also trägt eine Blume mehr »Tugend« als ein Punkt. Eine große Blume trägt mehr »Tugend« als eine kleine Blume. Es ist ähnlich wie in unserem Alltag, in dem wir verschiedene Stückelungen des Geldes haben – Münzen von zum Beispiel zehn, zwanzig und fünfzig Cent sowie Geldscheine von fünf, zehn, zwanzig, fünfzig, hundert Euro und so fort.

Wenn du anderen Menschen, unseren Mitgeschöpfen oder der Umwelt einen guten Dienst erbringst, bekommst du verschiedenfarbene Punkte. Gruppen von Punkten werden Blumen bilden. Wenn du große Dienste leistest, können dir direkt Blumen verschiedener Größe verliehen werden. Dieses in Punkten und Blumen symbolisierte Karma wird gleichzeitig in deinem Buch in der Akasha-Chronik und in deiner Seele vermerkt. Wenn diese Punkte und Blumen auf deinem »Konto« eingehen, wird deine spirituelle Schuld in deinem Akasha-Buch nach und nach abbezahlt. Die dunklen Eintragungen werden Stück um Stück gelöscht. Wenn du der Menschheit einen riesigen Dienst erweist, kannst du riesige Blumen bekommen. Dann werden die dunklen Einträge, welche die Fehler repräsentieren, die du in allen vergangenen Leben und in diesem Leben gemacht hast, aus deinem Akasha-Buch entfernt werden. Die Lektionen, die du hättest lernen sollen und zu denen Krankheit, zerbrochene Beziehungen, finanzielle Herausforderungen und andere Blockaden in jedem Aspekt deines Lebens gehören, werden gestrichen. Dein spirituelles »Debitorenkonto« ist ausgeglichen.

Es gibt nur einen Weg, dein eigenes negatives Karma zu tilgen: *Biete bedingungslosen universellen Dienst an.* Je mehr du dienst, desto schneller wirst du dein Karma auflösen. Beten allein ist nicht genug, um dein Karma aufzulösen: Du musst dienen. Du musst große Anstrengungen unternehmen.

Lass mich dir einen tiefgründigen neuen Weg aufzeigen, um dein Karma im Zeitalter des Seelenlichts aufzulösen. Dieses neue Seelengeheimnis bedeutet, das Seelenlied »Love, Peace and Harmony« zu singen. Dieses Seelenlied ist mir am 10. September 2005 vom Göttlichen gegeben worden. Sein Text ist sehr einfach:

Ich liebe mein Herz und meine Seele.
Ich liebe die gesamte Menschheit.
Verbinde Herzen und Seelen miteinander.
Liebe, Frieden und Harmonie.
Liebe, Frieden und Harmonie.

Die erste Zeile, »Ich liebe mein Herz und meine Seele«, bedeutet die Reinigung deiner Seele, deines Herzens, deines Geistes und deines Körpers. Heile zuerst die Seele, dann wird die Heilung des Geistes und des Körpers folgen. Diese erste Zeile ist ein Seelenmantra zur Genesung von all deinen Krankheiten. Man muss oft und regelmäßig singen, um die Gesundheit bei chronischen und lebensbedrohenden Zuständen – begleitend zu den anderen erforderlichen Maßnahmen – wiederherzustellen, aber es funktioniert auf jeden Fall. Dieses Seelenmantra ist so kraftvoll, dass es das Verständnis übersteigt. Liebe schmilzt alle Blockaden und transformiert alles Leben.

Die zweite Zeile, »Ich liebe die gesamte Menschheit«, bedeutet, der Menschheit seinen Dienst anzubieten. Diene anderen! Das Göttliche wird es dir mit gutem Karma lohnen. Dieses Karma wird deine spirituelle Schuld begleichen. Lektionen, Blockaden und Katastrophen, die von schlechtem Karma herrühren, werden verhindert. Sing »Ich liebe die gesamte Menschheit« aus vollem Herzen. Dieses Seelenmantra wird der Menschheit, der Erde und allen Universen eine Seelenheilungswelle bringen. Dies kann deiner Karma-Reinigung sehr dienlich sein. Es mag viele Jahre dauern, dein Karma auf diese Art zu reinigen, aber es ist immer noch einer der kraftvollsten Wege, das zu tun.

Die dritte Zeile, »Verbinde Herzen und Seelen miteinander«, ist eine göttliche Anrufung. Anrufen bedeutet hier so viel wie dienen. Diese Anrufung wird große »Tugend« in Form »spiritueller Währung« erschaffen, um dein negatives Karma aufzulösen.

Die vierte und fünfte Zeile, »Liebe, Frieden und Harmonie«, benennt das Ziel deines Dienens, nämlich Liebe, Frieden und Harmonie für die Menschheit, unsere Erde und alle Universen hervorzubringen.

Dieses Seelenlied ist einfach, und doch ist es ein göttliches Mantra für Heilung, Lebenstransformation und Seelenerleuchtung. Es hat große Kraft, um Karma aufzulösen. Du kannst meine Webseite (www.MasterShaSoulSong.com) besuchen, um dieses Seelenlied anzuhören.

Im März 2008 bot das Göttliche dieses göttliche Seelenlied als Geschenk eines Seelentransplantats an die gesamte Menschheit und alle Seelen an. Deine Seele, jedermanns Seele und jede Seele im Universum haben diesen unbezahlbaren und immerwährenden Schatz für Heilung, Verjüngung und Lebenstransformation erhalten. Und hier folgt die Übung, um die Wohltat dieses göttlichen Geschenks zu empfangen:

Liebe Seele, lieber Geist und Körper des göttlichen Seelenliedes »Love, Peace and Harmony«, das zu meiner Seele heruntergeladen wurde.
Ich liebe dich, ich ehre dich, und ich anerkenne dich.
Bitte heile meinen _____ (stell eine Bitte für deinen physischen, deinen emotionalen, deinen mentalen und deinen spirituellen Körper).
Bitte läutere meine Seele, mein Herz, meinen Geist und meinen Körper.
Bitte löse mein negatives Karma auf.
Bitte verjünge meine Seele, mein Herz, meinen Geist und meinen Körper.
Bitte transformiere mein Leben, einschließlich meiner Beziehungen und finanziellen Umstände.
Bitte erleuchte meine Seele, mein Herz, meinen Geist und meinen Körper.
Ich bin sehr dankbar.
Danke.

Dann sing einige Minuten lang »Liebe, Frieden und Harmonie« aus vollem Herzen und ganzer Tiefe deiner Seele. Je länger du singst, desto besser wirkt der Song.

Du wirst dich vielleicht fragen: »Hat dieses Seelenlied wirklich die Kraft, all dies zu bewirken?« Meine Antwort ist ganz klar: »Ja, natürlich! Dieses Seelenlied hat eine Kraft, die alle Worte und Gedanken übersteigt.« Um dies zu erklären, möchte ich meine persönliche Geschichte erzählen, wie ich dieses Seelenlied empfangen habe.

Am Samstag, dem 10. September 2005, besuchte ich mit drei meiner fortgeschrittenen Schüler die Redwoods in Marin County/Kalifornien. Einer von ihnen fragte mich: »Meister Sha, könntest du das Göttliche um ein Lied für deine Mission bitten?«

Ich antwortete: »Aber sicher! Ich frage gern nach einem Lied vom Göttlichen.« Ich hob meine Arme zum Himmel und sagte: »Liebes Göttliches, könntest du mir ein Seelenlied für unsere Mission geben?«

Sofort schoss ein Strahl regenbogenfarbenes Licht vom Göttlichen herunter und durchdrang von Kopf bis Fuß meinen Körper. Ich öffnete meinen Mund, und diese Töne kamen heraus:

Lu la lu la li.
Lu la lu la la li.
Lu la lu la li lu la.
Lu la li lu la.
Lu la li lu la.

Ich hatte keine Ahnung, was diese Töne bedeuteten, aber ich wusste, es handelte sich um die Seelensprache, die universelle Sprache aller Seelen. Ich bat das Göttliche sofort um eine Übersetzung, die mir auf Chinesisch gegeben wurde.

Wo ai wo xin he ling.
Wo ai quan ren lei.
Wan ling rong he mu shi sheng.
Xiang ai ping an he xie.
Xiang ai ping an he xie.

Und das heißt übersetzt eben:

Ich liebe mein Herz und meine Seele.
Ich liebe die gesamte Menschheit.
Verbinde Herzen und Seelen miteinander.
Liebe, Frieden und Harmonie.
Liebe, Frieden und Harmonie.

Dann bat ich das Göttliche, mir eine Melodie für diese Worte zu geben. Diese erhielt ich sofort. Ich war so aufgeregt, als ich mit meinen drei Schülern sang. Während wir sangen, ging ein kleines Mädchen von etwa zwei oder drei Jahren vorbei. Sie war fasziniert davon, diesem ersten göttlichen Seelenlied zuzuhören, das ich je empfangen hatte. Sie fing an zu lachen und hob beide Arme über ihren Kopf, schüttelte sie und rief glücklich: »Yaaaay!« Ein paar Minuten später hatte sie sich mit ihrer Mutter etwa hundert Meter entfernt. Wir sangen immer noch mit großer Freude. Das Mädchen ging weiter. Plötzlich hielt die Kleine wieder an, drehte sich zu uns um und hob ihre beiden Hände nochmals, schüttelte ihre beiden Arme und schrie: »Yaaaay!« Meine Schüler und ich sangen mehr als eine Stunde zusammen. Wir verließen die Redwoods und gingen zu einem Strand am Ozean. Wir sangen die ganze Zeit. Da wir Hunger hatten, gingen wir in die Stadt, um in einem vollen und beliebten Restaurant zu Abend zu essen. Ich sang weiter. Drei Kellnerinnen unterbrachen ihre Arbeit und kamen an unseren Tisch, um meinem Gesang zu lauschen. Sie standen einige Minuten nur da, ohne sich zu bewegen oder zu sprechen, und hörten zu.

Dann fragten sie mich: »Was singen Sie denn da?«

Ich erklärte ihnen: »Ich singe ein Seelenlied.«

Sie sagten: »Das ist ja wunderschön! Wir haben noch nie zuvor ein Seelenlied gehört.«

In dieser Zeit, als ich mein erstes Seelenlied vom Göttlichen erhielt, begann ich, das Lied in jedem Workshop und in jedem Seminar, die ich weltweit anbiete, weiterzugeben. Wohin ich auch gehe, ich stimme dieses Seelenlied an. Wo immer ich lehre, ich vermittle dieses Seelenlied. Kurz: Wo immer ich die Gelegenheit dazu habe, gebe ich dieses Seelenlied weiter. Ich bat das Göttliche, es für die gesamte Menschheit und alle Seelen herunterzuladen. Dieses Seelenlied ist in deinem Herzen und in deiner Seele. Es hat der Menschheit eine bemerkenswerte Heilung und Transformation ihres Lebens beschert. Ich habe Hunderte von Schülern auf der ganzen Welt, welche die CD dieses Seelenliedes in ihren Häusern oder ihren Büros ständig abspielen, um göttliches Feng Shui zu erschaffen.

Ich lehre meine Schüler, dass Feng Shui für das Leben wichtig ist. Feng Shui hat mit dem Gleichgewicht und der Bewegung von Energie an einem Ort zu tun. Wörtlich bedeutet Feng Shui »Wind [und] Wasser«. Wind ist Yang. Wasser ist Yin. Feng Shui ist eine Yin-Yang-Bewegung. Gleichzeitig repräsentiert Feng Shui den Zustand der Seele. Viele Menschen studieren Feng Shui und stimmen die energetischen Verhältnisse in Heimen und Büros ab. Sie passen also die Energie an. Es ist jedoch wichtiger, die *Seele* des Heims oder des Büros zu regulieren. *Die Seele ist der »Boss« des Lebens*. Das ständige Singen und Abspielen der CD des göttlichen Seelenliedes »Love, Peace and Harmony« kann Heilung, Verjüngung sowie Lebenstransformation bringen und göttliches Feng Shui erschaffen. Ich bin außerordentlich dankbar, dass das Göttliche der Menschheit diesen unbezahlbaren Schatz geschenkt hat.

Natürlich gibt es viele weitere Wege, anderen zu dienen, etwa ehrenamtliche Arbeit. Biete anderen deine Liebe, deine Fürsorge und dein Mitgefühl an. Spende dein Geld, um Armut und Hunger zu bekämpfen. Biete Menschen auf der ganzen Welt Heilung und Unterricht an. Transformiere das Bewusstsein der Menschheit und mehr. Dies alles sind Wege, um dein eigenes negatives Karma aufzulösen.

Es gibt noch einen speziellen Weg, dein Karma aufzulösen: Das Göttliche kann dein Karma sehr schnell beseitigen. Im Juli 2003 bat es mich, der Menschheit die Karma-Reinigung anzubieten. Wenn ich diesen Karma-Reinigungsdienst anbiete, bin nicht ich derjenige, der das Karma reinigt. Das Göttliche leistet diesen Dienst. Als es mich im Juli 2003 als seinen Diener erwählte, sprach es zu mir: »Du rufst mich, und ich werde heilen. Du rufst mich, und ich werde dienen.« Das Göttliche bietet alle Arten von Segnungen an, einschließlich göttlicher Seelentransplantate und Karma-Reinigungen. Ich frage an. Das Göttliche segnet. Ich bin außerordentlich geehrt, ein Diener des Göttlichen und der Menschheit zu sein.

Gutes Karma durch bedingungslosen universellen Dienst

In diesem Abschnitt möchte ich die beste Art, gutes Karma zu vermehren, diskutieren. Das bedeutet, bedingungslosen universellen Dienst anzubieten. Zum universellen Dienst, dem Sinn des Lebens, gehören sieben Aspekte:

- Universelle Liebe,
- Universelle Vergebung,
- Universeller Frieden,
- Universelle Heilung,
- Universelle Segnung,
- Universelle Harmonie und
- Universelle Erleuchtung.

Universelle Liebe

Universelle Liebe bedeutet, jedem menschlichen Wesen und jedem Wesen im Universum Liebe anzubieten. Es ist sehr leicht, jemanden zu lieben, den man mag. Es ist schwierig, einen Menschen zu lieben, den man ablehnt. Es ist noch viel schwieriger, deine Feinde zu lieben. Diese Lehre hier besagt, dass du jedermann lieben musst. Liebe hat eine unglaubliche Kraft, zu heilen, zu verjüngen und Leben zu transformieren.

Ich möchte dazu eine Geschichte erzählen, die sich 2004 in Toronto ereignete. In einem Workshop lehrte ich Schüler, wie man Liebe für Heilung anwendet. Eine ältere Dame litt an schwerer Arthritis. Ihr rechtes Knie war geschwollen. Sie konnte kaum gehen. Ich bat die Teilnehmer des Workshops, sich auf den Körperbereich zu fokussieren, der Heilung nötig hat, und dann eine einfache Übung auszuführen. Ich bitte nun auch dich, mit mir diese heilende und lebenstransformierende Übung durch die bewusste Anwendung von Liebe für einige Minuten zu praktizieren. Sag mit mir *hallo* wie folgt:

Liebe Seele, lieber Geist und lieber Körper meines
_____ (wähle ein Organ oder einen Körperteil),
ich liebe dich.

Du hast die Kraft, dich selbst zu heilen.
Mach deine Sache gut.
Liebe hat die Kraft, dich zu heilen.
Erlaube es der Liebe, dich zu heilen.
Danke.

Oder, um Beziehungen zu transformieren, sag zum Beispiel *hallo* wie folgt:

Liebe Seele, lieber Geist und lieber Körper von
_____ (nenn eine Person),
ich liebe dich.
Liebe hat die Kraft, unsere Beziehung zu transformieren.
Erlaub es der Liebe, unsere Beziehung zu transformieren.
Danke.

Du kannst diese »Sag-*hallo*«-Formel anwenden, um jede Art von Segnung zu erbitten, die du durch die Kraft der Liebe empfangen möchtest.
Chante dann drei Minuten lang stumm: »Liebe.« Öffne dein Herz und deine Seele, um dem Organ, dem Körperteil oder der anderen Person – worum auch immer du gebeten hast – aufrichtig Liebe anzubieten.
Schließ leicht deine Augen. Setz dich aufrecht hin und chante jetzt mit mir:

Liebe,
liebe,
liebe,
liebe,
liebe,
liebe

…

Heile,
heile,
heile,
heile,
heile,
heile
…

Transformiere,
transformiere,
transformiere,
transformiere,
transformiere,
transformiere
…

Schon nach ein paar Minuten des Übens kannst du von den Resultaten sehr überrascht sein. Du setzt die Seelenkraft des »Liebe, heile, transformiere« ein. Wenn du keine Veränderung verspürst, bedeutet dies jedoch keineswegs, dass die Übung nicht funktioniert. Mach sie einige weitere Male. Du kannst dann eine Verbesserung verspüren. Manchmal braucht es mehr Zeit und Übung, um deinen Zustand zu optimieren.

Um nochmals auf die Frau mit dem Arthritisleiden im rechten Knie zurückzukommen, die an meinem Workshop teilgenommen hatte: Nach einigen Minuten dieser Übung stand sie auf und ging ungehindert im Raum umher. Sie war zu Tränen gerührt. Sie sagte: »Ich habe nie zuvor eine solche Erlösung von der Arthritis in meinem Knie verspürt.«

Als Erweiterung dieser Übung kannst du die gleiche Technik auch einsetzen, um Liebe zur Heilung anderer anzubieten. Wenn zum Beispiel ein Freund Rückenschmerzen hat, kannst du auf die folgende Art arbeiten:

Liebe Seele, lieber Geist und Körper des Rückens von

_____ (nenn deinen Freund bzw. deine Freundin),

ich liebe dich.
Du hast die Kraft, dich selbst zu heilen.
Liebe hat die Kraft, dich zu heilen.
Mach deine Sache gut.
Danke.

Dann konzentrier dich auf den Rücken deines Freundes und chante stumm:

Liebe,
liebe,
liebe,
liebe,
liebe,
liebe
…

Heile,
heile,
heile,
heile,
heile,
heile
…

Danke,
danke,
danke,

danke,
danke,
danke …

Du kannst diese Technik anwenden, um einer jeden Seele Heilung anzubieten. Du kannst dies auch aus der Ferne tun, wenn dein Freund sich irgendwo in der weiten Welt befindet. Seelenkraft ist nicht durch Raum oder Zeit eingeschränkt.

Diese Technik ist so einfach, dass man es kaum glauben mag. Möchtest du wissen, ob diese Technik funktioniert, wende sie an, denn: »Probieren geht über Studieren …«

Nun kommen wir zur ersten göttlichen Seelen-Übertragung in diesem Buch. Ich werde das Göttliche bitten, jedem Leser ein göttliches Seelentransplantat anzubieten. Dieses göttliche Seelentransplantat heißt:

das göttliche Seelentransplantat der göttlichen Liebe.

Dies ist eine riesige goldene Lichtseele, die verbleibend in deine Seele heruntergeladen wird. Jedes Mal, wenn ich göttliche Seelentransplantate anbiete, muss ich eine aufrichtige Bitte aussprechen, um das Göttliche zu ehren. Um göttliche Seelen in einem Buch zu übertragen, muss ich die Übertragungen mit dem Göttlichen zuvor programmieren. Bitte nicht um etwas anderes oder um mehr. Es wird nicht funktionieren.

Setz dich aufrecht hin. Leg die Spitze deiner Zunge nah an den Gaumen. Entspann dich. Öffne dein Herz und deine Seele.

Sei bereit!

Göttliches Seelentransplantat der göttlichen Liebe. Stille Übertragung!

Schließ deine Augen für dreißig Sekunden, um diesen wichtigen göttlichen Seelenschatz zu empfangen.

Hao! Hao! Hao!
Danke, danke, danke.

Wir sind außerordentlich geehrt, dass das Göttliche jedem Leser die Seelenschätze des Göttlichen anbietet. Gratulation zum Empfang dieses Schatzes! Wenn dies das erste Mal ist, dass du ein göttliches Seelentransplantat empfängst, sage ich dir dreimal: »Herzlichen Glückwunsch!« Eine göttliche Seele trägt göttliche Liebe, Vergebung, Mitgefühl, Licht und Transformation in sich. Göttliche Liebe schmilzt alle Blockaden und transformiert alles Leben. Göttliche Vergebung bringt inneren Frieden und innere Freude. Göttliches Mitgefühl fördert Energie, Ausdauer, Vitalität und Immunität. Göttliches Licht heilt, beugt Krankheiten vor, verjüngt, verlängert Leben und transformiert das Bewusstsein und jeden Aspekt des Lebens.

Eine göttliche Seele ist so kraftvoll, dass man sie sofort für die Heilung, Verjüngung und Transformation des Lebens anwenden kann. Du hast eben eine göttliche Seele der göttlichen Liebe empfangen. Du kannst diesen unbezahlbaren Schatz jederzeit und überall aufrufen. Und so übt man es. Mach es jetzt mit mir zusammen:

Liebe göttliche Seele der göttlichen Liebe,
ich liebe, ehre und wertschätze dich.
Bitte schalte dich ein. (So aktiviert man diesen verbleibenden
göttlichen Schatz, der jetzt deinem Körper innewohnt.)

Bitte gib mir eine Heilung für _____
(nenn das funktionelle System, das Organ, den Körperteil oder
den Zustand, für das oder den du eine Heilung erbittest).

Oder:

Bitte gib mir eine Segnung für meine Beziehung mit
_____ (nenn die Person).

Oder:

Bitte segne mein Geschäft _____
(Name des Geschäfts) *und meine finanziellen Angelegenheiten.*

Dann entspann dich und chante stumm und wiederholt:

Die Seele der göttlichen Liebe heilt mich.
Die Seele der göttlichen Liebe heilt mich.
Die Seele der göttlichen Liebe heilt mich.
Die Seele der göttlichen Liebe heilt mich ...

Oder:

Die Seele der göttlichen Liebe segnet mich.
Die Seele der göttlichen Liebe segnet mich.
Die Seele der göttlichen Liebe segnet mich.
Die Seele der göttlichen Liebe segnet mich ...

Chante mindestens drei bis fünf Minuten lang, um die
Kraft deiner Seele der göttlichen Liebe zu erfahren, je länger, desto besser. Für chronische und lebensbedrohende
Zustände chante jedes Mal zwanzig bis dreißig Minuten
lang, alles in allem mindestens zwei Stunden am Tag.

Nachdem ich im Juli 2003 die göttliche Seelen-Übertragung an Walter weitergegeben hatte, übte er jeden Tag mehr als zwei Stunden. Wie du weißt, machte er zweieinhalb Monate später einen CT-Scan und eine MRT. Es gab keine Anzeichen von Leberkrebs mehr. Drei Jahre später, 2006, traf ich ihn wieder. Er hatte keinen Leberkrebs mehr. Ich freute mich, Walter ein drittes Mal im Jahr 2008 zu treffen. Nach fünf Jahren war er immer noch frei von Leberkrebs. In den letzten Jahren habe ich Hunderte von Nachrichten auf meiner Webseite erhalten, die von derart bemerkenswerten Heilungen durch göttliche Seelen-Übertragungen berichteten.

Das Empfangen einer göttlichen Seelen-Übertragung bedeutet nicht automatisch, dass du dich erholst. Du musst wie gesagt Zeit aufwenden, um zu üben, indem du die göttliche Seele anrufst und chantest, wie es auch Walter mit Hingabe getan hat. Sobald du zu chanten beginnst, wird die göttliche Seele Liebe, Vergebung, Mitgefühl und Licht für Heilung, Segnung und die Transformation des Lebens ausstrahlen. Diese Seele der göttlichen Liebe kann für die Heilung und Prävention von Krankheit, Verjüngung, die Verlängerung des Lebens und die Transformation des Bewusstseins und jedes Aspekts im Leben eingesetzt werden. Diese Seele der göttlichen Liebe bleibt immer bei dir. Du magst in deinem Leben Familienmitglieder bei dir haben. Sie sind deine Yang-Begleiter. Diese göttliche Seele ist dein Yin-Begleiter. Jedes göttliche Seelentransplantat, das du bekommst, wird für immer zu deinem Yin-Begleiter. Diese bleiben auf ewig bei deiner Seele, sogar durch alle deine zukünftigen Leben. Dies ist die Ehre und die Segnung, die du und deine Seele erhalten haben. Es ist unbeschreiblich.

Du kannst Segnungen von dieser göttlichen Seele durch

das Chanten des Satzes »Die Seele der göttlichen Liebe heilt mich« empfangen. Wiederhole ihn immer wieder, wenn du Auto fährst, spazierst, kochst, fernsiehst, duschst oder während einer kurzen Pause.

Man kann auf zwei Arten chanten: stumm oder laut. Wenn man stumm chantet, vibrieren die kleineren Zellen und Zwischenräume im Körper; dies ist Yin-Chanting. Durch lautes Chanten vibrieren die größeren Zellen und Zwischenräume; dies ist Yang-Chanting. Beide Arten sind zweckmäßig. Du kannst die eine oder die andere wählen – oder beide.

Du kannst chanten: »Die Seele der göttlichen Liebe verjüngt meine Seele, meinen Geist und meinen Körper. Die Seele der göttlichen Liebe verjüngt meine Seele, meinen Geist und meinen Körper. Die Seele der göttlichen Liebe verjüngt meine Seele, meinen Geist und meinen Körper. Die Seele der göttlichen Liebe verjüngt meine Seele, meinen Geist und meinen Körper ... Von dieser Art des Chantens kann deine Verjüngung sehr profitieren.

Du kannst auch chanten: »Die Seele der göttlichen Liebe verstärkt meine Energie, Ausdauer, Vitalität und Immunität. Die Seele der göttlichen Liebe verstärkt meine Energie, Ausdauer, Vitalität und Immunität. Die Seele der göttlichen Liebe verstärkt meine Energie, Ausdauer, Vitalität und Immunität. Die Seele der göttlichen Liebe verstärkt meine Energie, Ausdauer, Vitalität und Immunität ...«
Auf diese Art zu chanten kann deine Energiebasis aufbauen, wovon dein ganzes Leben profitiert. Eine starke Energiebasis ist für jedermann sehr wichtig.

Die Seele der göttlichen Liebe hat unendliche Kraft. Setz sie oft ein, um alles Leben zu transformieren. Sag am Ende von jeder Übung (stumm oder laut):

Hao! Hao! Hao!
Danke, danke, danke.

Ich nutze die Seele der göttlichen Liebe als erstes Beispiel dafür, wie man göttliche Seelen für Heilung, Verjüngung, Verstärkung von Energie und Transformation einsetzt. Du kannst diese Weisheit nutzen, um jedes nützliche Seelentransplantat, das du erhältst, zum Heilen, Segnen und zur Transformation deines Lebens einzusetzen.

Universelle Vergebung

Universelle Vergebung bedeutet, der gesamten Menschheit und allen Seelen Vergebung anzubieten. Vergebung bringt innere Freude und inneren Frieden. Denk über dein eigenes Leben nach. Wenn du mit jemandem in Konflikt stehst und du dieser Person vergibst, bist *du* erleichtert. Wenn umgekehrt dir jemand vergibt, schließt auch du Frieden und zollst dem Vergebenden Anerkennung. Lass mich nun eine spirituelle Übung anführen, mit der du Vergebung anbieten kannst:

Liebe(r) _____ (nenn die Person),
ich liebe dich.
Bitte komm.
Lass uns miteinander Vergebung üben.

Dann chante:

Universelle Vergebung.
Universelle Vergebung.
Universelle Vergebung.
Universelle Vergebung …

Chante mindestens drei bis fünf Minuten lang stumm oder laut, je länger, desto besser.

Vergebung hat unvorstellbare Kraft. Viele Menschen sind infolge eines emotionalen Ungleichgewichts krank. Emotionales Ungleichgewicht ist oft direkt verbunden mit jemandem oder etwas, der, die oder das dich stört und den, die oder das du nicht loslassen kannst. Vergebung kann deine Emotionen ausgleichen, was dir auch helfen wird, deinen Körper zu heilen. Genau wie deine Seele, dein Herz, dein Geist und dein Körper miteinander verbunden sind, sind auch dein physischer, emotionaler, mentaler und spiritueller Körper miteinander verbunden.

Lass mich nun ein zweites göttliches Seelentransplantat anbieten:

**das göttliche Seelentransplantat
der göttlichen Vergebung.**

Setz dich aufrecht hin, leg die Spitze der Zunge in die Nähe des Gaumens und entspann dich. Öffne dein Herz und deine Seele.

Sei bereit!

**Göttliches Seelentransplantat der göttlichen Vergebung.
Stille Übertragung!**

Schließ deine Augen dreißig Sekunden lang, um diesen wichtigen göttlichen Seelenschatz zu empfangen.

Hao! Hao! Hao!
Danke, danke, danke.

Ich danke dir, Göttliches.

Du hast nun diesen zweiten unbezahlbaren göttlichen Schatz erhalten. Er kann wieder Heilung, die Prävention von Krankheit, Verjüngung, Lebensverlängerung und Transformation von Bewusstsein, Beziehungen, finanziellen Angelegenheiten und mehr anbieten. Lasst uns üben, diesen Schatz anzuwenden:

> *Liebe Seele, lieber Geist und lieber Körper von* _____
> (ruf jemanden, mit dem du Vergebung üben willst),
> *ich liebe dich.*
> *Bitte komm. (Die Seele der Person, die du gerufen hast, wird*
> *sich unterteilen, und ein Teil der Seele wird zu dir kommen.)*
> *Lass uns eine Segnung von der göttlichen Seele der göttlichen*
> *Vergebung empfangen.*
> *Wir sind dankbar.*
> *Liebe göttliche Seele der göttlichen Vergebung,*
> *ich liebe, ehre und wertschätze dich.*
> *Bitte schalte dich ein.*
> *Bitte segne* _____ (Name der Person, deren
> Seele du gerufen hast) *und mich.*
> *Wir sind sehr dankbar.*

Dann chante stumm oder laut:

> *Seele der göttlichen Vergebung, segne uns.*
> *Seele der göttlichen Vergebung, segne uns.*
> *Seele der göttlichen Vergebung, segne uns.*
> *Seele der göttlichen Vergebung, segne uns …*

Chante mindestens drei bis fünf Minuten lang stumm oder laut, je länger, desto besser. Dann schließe:

Hao! Hao! Hao!
Danke, danke, danke.
Bitte kehr zurück. (Sende den Seelenteil der Person, die du
gerufen hast, zurück.)

Die Seele der göttlichen Vergebung hat schon Tausende
von Menschenleben transformiert und wird in Zukunft
Millionen von Leben transformieren. Du kannst deine
Seele der Göttlichen Vergebung an jeden Menschen in der
Welt senden, etwa wenn du in Deutschland bist und dein
Freund in den Vereinigten Staaten. Biete deinem Freund
die Segnung auf folgende Art an:

Meine liebe göttliche Seele der göttlichen Vergebung,
ich liebe, ehre und wertschätze dich.
Bitte geh und segne meinen Freund in den Vereinigten Staaten.
Biete ihm Heilung und Segnung an.
Ich bin tief geehrt.
Ich würdige dich sehr.

Die Seele der göttlichen Vergebung wird aus deinem Botschaftenzentrum kommen und zu deinem Freund in den
USA gehen, um den Heilungs- und Segnungsdienst anzubieten. Chante »Seele der göttlichen Vergebung, segne
uns« drei bis fünf Minuten lang stumm oder laut.
Um diese Fernsegnungsübung abzuschließen, ruf deine
Seele der göttlichen Vergebung zurück:

Meine liebe göttliche Seele der göttlichen Vergebung,
bitte kehr zurück.
Ich bin sehr dankbar.
Hao! Hao! Hao!
Danke, danke, danke.

112

Du kannst deinen Freund ermuntern, diese und andere Schätze zu empfangen, indem er dieses Buch liest.

Die Seele der göttlichen Vergebung wird der Menschheit einen außerordentlichen Dienst leisten. Wir sind sehr geehrt und gesegnet. Du kannst die gleichen Techniken, die ich dir im vorhergegangenen Abschnitt über universelle Liebe mitgeteilt habe, einsetzen, um Wohltaten von dieser göttlichen Seele zu empfangen.

Sende Vergebung.
Empfange Vergebung.
Heile.
Verhüte Krankheit.
Verjünge.
Verlängere Leben.
Transformiere Bewusstsein und jeden Aspekt des Lebens.
Hao! Hao! Hao!
Danke, danke, danke.

Universeller Frieden

Universeller Frieden bedeutet, der gesamten Menschheit, allen Rassen, allen Religionen, allen Gesellschaften, allen Nationen und allen Universen Frieden anzubieten. Vergebung bringt Frieden, der Konfliktfreiheit und das Fehlen jeglichen bösen Willens bedeutet. Ohne universellen Frieden ist universelle Harmonie nicht möglich. Universeller Frieden ist ein unabdingbarer Schritt, um den Zustand des *Wan ling rong he* (»Alle Seelen verbunden als eine«) zu erreichen.

Universeller Frieden ist eine Seele. Universeller Frieden ist ein Mantra. Seine Kraft ist unvorstellbar. Hier folgt eine einfache Übung für Universellen Frieden. Ruf die Seele von jemandem, dem du Universellen Frieden zukommen lassen möchtest:

Liebe Seele meines Freundes (meiner Freundin)
_____ (Name der Person),
ich liebe dich.
Bitte komm und empfang die Segnung des Universellen Friedens.
Ich bin geehrt, dir zu dienen.

Dann chante mindestens drei bis fünf Minuten lang »universeller Frieden, universeller Frieden, universeller Frieden, universeller Frieden ...«, je länger, desto besser. Sende dann die Seele deines Freundes bzw. deiner Freundin zurück.
Lass mich dir jetzt ein drittes göttliches Seelentransplantat anbieten:

das göttliche Seelentransplantat des göttlichen Friedens.

Setz dich aufrecht hin. Leg die Spitze der Zunge in die Nähe des Gaumens. Entspann dich. Öffne dein Herz und deine Seele.
Sei bereit!

Göttliches Seelentransplantat des göttlichen Friedens.
Stille Übertragung!

Schließ deine Augen für dreißig Sekunden, um diesen wichtigen göttlichen Seelenschatz zu empfangen.

Hao! Hao! Hao!
Danke, danke, danke.

Ich danke dir, Göttliches.
Du kannst so üben:

*Liebe Seelen aller Nationen, aller Rassen, aller Religionen und
aller Gesellschaften auf Mutter Erde,
ich liebe euch.
Bitte kommt, um die Segnung meiner göttlichen Seele des
göttlichen Friedens zu empfangen.
Wir sind geehrt und gesegnet.*

*Liebe göttliche Seele des göttlichen Friedens,
Ich liebe, ehre und wertschätze dich.
Bitte schalt dich ein.
Bitte biete eine Segnung für den Weltfrieden an.
Ich bin sehr dankbar.*

Dann chante:

*Die Seele des göttlichen Friedens erschafft Frieden für die Welt.
Die Seele des göttlichen Friedens erschafft Frieden für die Welt.
Die Seele des göttlichen Friedens erschafft Frieden für die Welt.
Die Seele des göttlichen Friedens erschafft Frieden für die
Welt …*

Chante mindestens drei bis fünf Minuten lang stumm
oder laut, je länger, desto besser. Schließ dann mit den
Worten:

*Hao! Hao! Hao!
Danke, danke, danke.
Bitte kehrt zurück.*

Universelle Heilung

Millionen von Menschen auf der ganzen Welt leiden an den verschiedensten Krankheiten des physischen, des emotionalen, des mentalen und des spirituellen Körpers. Die Seele hat die Kraft, sich selbst zu heilen. Universelle Heilung hat unglaubliche Fähigkeiten, zu heilen. Hier ist eine einfache Seelenheilungsübung unter Anwendung von Universeller Heilung.

Wähle einen Teil deines Körpers, der Heilung braucht, und sprich folgende Worte:

Liebe Seele, lieber Geist und lieber Körper von
_____ (nenne einen Teil deines Körpers),
ich liebe dich.
Du hast die Kraft, dich selbst zu heilen.
Liebe universelle Heilung,
ich liebe dich.
Du hast die Kraft, mein _____
(nenne denselben Körperteil) *zu heilen.*
Ich bin sehr dankbar.
Danke.

Dann chante:

Ich habe die Kraft, mich selbst zu heilen.
Die universelle Heilung hat die Kraft, mich zu heilen.
Ich habe die Kraft, mich selbst zu heilen.
Die universelle Heilung hat die Kraft, mich zu heilen.
Ich habe die Kraft, mich selbst zu heilen.
Die universelle Heilung hat die Kraft, mich zu heilen.
Ich habe die Kraft, mich selbst zu heilen.
Die universelle Heilung hat die Kraft, mich zu heilen …

Chante wieder mindestens drei bis fünf Minuten lang stumm oder laut, je länger, desto besser. Dann schließ die Übung wie üblich:

Hao! Hao! Hao!
Danke, danke, danke.

Hier ist ein Beispiel einer Seelenheilungsübung für den mentalen Körper unter Anwendung von universeller Heilung:

Liebe Seele, lieber Geist und lieber Körper meines Geistes
und meines Egos,
ich liebe euch.
Ihr habt die Kraft, euch selbst zu heilen.
Ihr habt die Kraft, eure Konzentration, euren Fokus und eure
Klarheit zu verbessern.
Ihr habt die Kraft, Geisteshaltungen, Gesinnungen und
Meinungen loszulassen, die für mich oder andere nicht
hilfreich sind.
Liebe universelle Heilung,
ich liebe dich.
Du hast die Kraft, meinen Geist und mein Ego zu heilen.
Ich bin sehr dankbar.
Danke.

Dann chante:

Ich habe die Kraft, mich selbst zu heilen.
Die universelle Heilung heilt mich.
Ich habe die Kraft, mich selbst zu heilen.
Die universelle Heilung heilt mich.
Ich habe die Kraft, mich selbst zu heilen.

Die universelle Heilung heilt mich.
Ich habe die Kraft, mich selbst zu heilen.
Die universelle Heilung heilt mich ...

Chante mindestens drei bis fünf Minuten lang stumm oder laut, je länger, desto besser. Dann schließ die Übung wie üblich.

Du kannst diese Technik zur Heilung jedes Teils deines physischen, emotionalen, mentalen oder spirituellen Körpers anwenden. Du kannst diese Technik anwenden, um Krankheiten vorzubeugen, dich und andere zu verjüngen, dein Leben zu verlängern und dein Bewusstsein und jeden Aspekt deines Lebens zu transformieren. Wenn du zum Beispiel spürst, dass eine Erkältung im Anzug ist, mach umgehend die folgende Seelenübung zur Prävention von Krankheiten. In dieser Übung nutzen wir die universelle Heilkraft des universellen Lichts.

Klopf mit beiden Handflächen leicht auf deine Brust, während du sagst:

Liebe Seele, lieber Geist und lieber Körper meiner Lungen,
ich liebe euch.
Ihr habt die Kraft, eine Erkältung zu verhindern.
Macht eure Sache gut.
Danke.

Liebe Seele, lieber Geist und lieber Körper meiner Handfläche,
ich liebe euch.
Ihr habt die Kraft, eine Erkältung zu verhindern.
Bitte klopft auf meine Brust, um sie zu verhindern.
Macht eure Sache gut.
Danke.

Liebe Seele, lieber Geist und lieber Körper des universellen Lichts,
ich liebe euch.
Ihr habt die Kraft, eine Erkältung zu verhindern.
Macht eure Sache gut.
Danke.

Dann klopf mehrmals mit beiden Handflächen sanft auf deine Brust und chante:

Universelles Licht heilt mich.
Universelles Licht heilt mich.
Universelles Licht heilt mich.
Universelles Licht heilt mich …

Klopf und chante mindestens drei bis fünf Minuten lang stumm oder laut, je länger, desto besser. Schließ die Übung wie üblich.

Universelle Segnung

Das Universum hält die verschiedensten Kräfte bereit, um dein Leben zu segnen. Die universelle Segnung ist an sich schon ein Mantra. Sie ist auch ein universeller Aufruf. Chante: »Universelle Segnung …«, und du wirst außerordentliche Segnungen empfangen. Um zum Beispiel ein Geschäft zu segnen, kannst du folgende Übung ausführen:

Liebe Seele, lieber Geist und lieber Körper des
_____ (Name des Geschäfts),
ich liebe euch.
Ihr habt die Kraft, euch zu verbessern.

Macht eure Sache gut.
Danke.

Liebe universelle Segnung,
ich liebe dich.
Du hast die Kraft, mein Geschäft zu segnen.
Ich bin sehr dankbar.
Danke.

Dann chante:

Die universelle Segnung segnet mein Geschäft.
Die universelle Segnung erschafft großen Erfolg für mein Geschäft.
Die universelle Segnung segnet mein Geschäft.
Die universelle Segnung erschafft großen Erfolg für mein Geschäft.
Die universelle Segnung segnet mein Geschäft.
Die universelle Segnung erschafft großen Erfolg für mein Geschäft.
Die universelle Segnung segnet mein Geschäft.
Die universelle Segnung erschafft großen Erfolg für mein Geschäft …

Chante mindestens drei bis fünf Minuten lang stumm oder laut, je länger, desto besser. Dann schließ die Übung wie üblich.

Wende die universelle Segnung für jeden Aspekt deines Lebens an. Du wirst von der Wirkung dieses Mantras und dieser Übung sehr überrascht sein. Ich wünsche dir, dass du davon die größte Segnung erhältst.

Universelle Harmonie

Um universelle Harmonie zu erreichen, muss man mit der persönlichen Harmonie beginnen, dann weitergehen zur Harmonie der Familie, der Gemeinde, der Stadt, des Landes, der Erde, aller Planeten, aller Sterne, aller Galaxien und schließlich zur Harmonie aller Universen.

Lass mich dir nun ein viertes göttliches Seelentransplantat anbieten:

**das göttliche Seelentransplantat
der göttlichen Harmonie.**

Setz dich aufrecht hin. Leg die Spitze der Zunge in die Nähe des Gaumens. Entspann dich. Öffne dein Herz und deine Seele.

Sei bereit!

**Göttliches Seelentransplantat der göttlichen Harmonie.
Stille Übertragung!**

Schließ deine Augen für dreißig Sekunden, um diesen wichtigen göttlichen Seelenschatz zu empfangen.

Hao! Hao! Hao!
Danke, danke, danke.

Ich danke dir, Göttliches.
Du kannst auf diese Art für Heilung üben:

Meine liebe göttliche Seele der göttlichen Harmonie,
ich liebe, ehre und wertschätze dich.
Bitte bring Heilung zu _____ (nenn das
Organ oder die Krankheit, die Heilung empfangen sollen).

121

Ich bin sehr geehrt und dankbar.
Danke.

Dann chante:

Die göttliche Harmonie-Seele heilt mich.
Die göttliche Harmonie-Seele heilt mich.
Die göttliche Harmonie-Seele heilt mich.
Die göttliche Harmonie-Seele heilt mich …

Chante mindestens drei bis fünf Minuten lang, je länger, desto besser.
Hier ist eine Übung für Harmonie in der Familie:

Meine liebe göttliche Seele der göttlichen Harmonie,
ich liebe, ehre und wertschätze dich.
Bitte bring Heilung zu all meinen Familienmitgliedern

_____

(nenn sie alle, wenn du möchtest).
Ich bin sehr geehrt und dankbar.
Danke.

Dann chante:

Die göttliche Harmonie-Seele bringt Harmonie der Familie.
Die göttliche Harmonie-Seele bringt Harmonie der Familie.
Die göttliche Harmonie-Seele bringt Harmonie der Familie.
Die göttliche Harmonie-Seele bringt Harmonie der Familie …

Chante für mindestens drei bis fünf Minuten, je länger, desto besser.
Hier ist ein weiteres Beispiel dafür, wie man die gesamte Menschheit harmonisieren helfen kann:

Meine liebe göttliche Seele der göttlichen Harmonie,
ich liebe, ehre und wertschätze dich.
Bitte harmonisiere die gesamte Menschheit.
Ich bin sehr geehrt und dankbar.
Danke.

Dann chante:

Die göttliche Harmonie-Seele harmonisiert die gesamte
Menschheit.
Die göttliche Harmonie-Seele harmonisiert die gesamte
Menschheit.
Die göttliche Harmonie-Seele harmonisiert die gesamte
Menschheit.
Die göttliche Harmonie-Seele harmonisiert die gesamte
Menschheit ...

Chante mindestens drei bis fünf Minuten lang stumm oder laut, je länger, desto besser.

Hao! Hao! Hao!
Danke, danke, danke.

Universelle Erleuchtung

Universelle Erleuchtung ist das Ziel der 15 000 Jahre dauernden Ära des Seelenlichts. Der Vorgang ist:

- Erleuchte zuerst die Seele eines Menschen.
- Erleuchte dann den Geist des Menschen.
- Erleuchte den Körper des Menschen.
- Erleuchte alle menschlichen Wesen.
- Erleuchte alle Seelen.

Dies ist die größte Aufgabe der gesamten Ära des Seelenlichts. Dies ist die göttliche Anweisung und ein göttlicher Aufruf. Die Erfüllung der Aufgabe wird von vielen Herausforderungen begleitet sein. Um Seelenerleuchtung zu erlangen, müssen wir zuerst das Bewusstsein der Menschheit transformieren. Über die Transformation der Menschheit gibt es viele verschiedene Lehren von vielen großen Lehrern weltweit. Wir machen diesen Schritt, um die Seelenerleuchtung vorzubereiten und zu erreichen.

Die wichtigste Übung hierzu ist die tiefgreifende Reinigung von Seele, Herz und Geist. Transformiere das Bewusstsein von Seele, Herz und Geist vollständig. Eine einfache, jedoch kraftvolle Art, dies zu tun, ist das Singen des zweiten göttlichen Seelenliedes, das ich empfangen habe. Es heißt »God gives his heart to me«:

Lu la lu la la li.
Lu la lu la la li.
Lu la lu la li.
Lu la lu la li.

Gott gibt mir sein Herz.
Gott gibt mir seine Liebe.
Mein Herz vereint sich mit seinem Herzen.
Meine Liebe vereint sich mit seiner Liebe.

Auf meiner Webseite kannst du dir einige Minuten dieses Seelenlied als Beispiel anhören. Das Chanten des Lieds bedeutet, deine Seele, dein Herz und deinen Körper vollständig mit dem Göttlichen zu vereinen. Die Kraft ist unermesslich. Du kannst sie folgendermaßen anwenden:

Liebes göttliches Seelenlied »God gives his heart to me«,
ich liebe, ehre und wertschätze dich.
Du hast die Kraft, mein _____
(nenne, was geheilt werden soll) *zu heilen.*
Du hast die Kraft, mein Leben zu transformieren.
Du hast die Kraft, meine Seele, mein Herz, meinen Geist und
meinen Körper zu läutern.
Ich bin außerordentlich geehrt und dankbar.
Danke.

Dann sing dieses Seelenlied.

Lu la lu la la li.
Lu la lu la la li.
Lu la lu la li.
Lu la lu la li.

Gott gibt mir sein Herz.
Gott gibt mir seine Liebe.
Mein Herz vereint sich mit seinem Herzen.
Meine Liebe vereint sich mit seiner Liebe.

Sing dies mindestens drei bis fünf Minuten lang stumm
oder laut, je länger, desto besser.

Zusammenfassend lässt sich sagen, dass zum universellen
Dienst universelle Liebe, Vergebung, Frieden, Heilung,
Segnung, Harmonie und Erleuchtung gehören. Sie alle
sind universelle Mantras. Ein Mantra ist ein spezieller
Klang und eine spezielle Botschaft, die Kraft für Hei-
lung, Segnung und die Transformation des Lebens mit

sich tragen. Es gibt viele bekannte und vielfach bewährte Mantras, zum Beispiel die folgenden:

- *Wong Ar Hong.*
- *Wong Ma Ni Ba Ma Hong.*
- *Na Mo Shi Jia Mo Ni Fuo.*
- *Na Mo Ar Mi Tuo Fuo.*
- *Na Mo Guan Shi Yin Pusa.*
- *Na Mo Yao Shi Fuo.*
- *Ling Guang Pu Zhao.*
- *Tao Fa Zi Ran.*[17]

Seit Urzeiten haben diese altehrwürdigen Mantras Millionen von Menschen auf der ganzen Welt gedient. Sie sind kraftvoll und außergewöhnlich. Universelle Liebe, Vergebung, Frieden, Heilung, Segnung, Harmonie und Erleuchtung sind neue Mantras für das Zeitalter des Seelenlichts. Auch sie sind außergewöhnlich kraftvoll. Übe immer weiter, und du wirst bemerkenswerte Resultate erzielen.

Wie funktioniert ein Mantra? Ein Mantra trägt Seelenkraft und Klangschwingungen in sich. Wenn du ein Mantra chantest, rufst du erleuchtete Seelen an wie jene, die ich eben genannt habe. Diese Seelen erscheinen sofort vor dir. Sie werden deine Energieblockaden für die Heilung entfernen. Sie werden Blockaden in deinen Beziehungen beseitigen. Sie werden Reinigung für deine Seele, dein Herz, deinen Geist und deinen Körper anbieten. Wenn man ein Mantra chantet, ruft man diese Seelenkraft für Heilung, Segnung und Lebenstransformation an.

Warum biete ich eine solch einfache Lehre an, um dein Leben zu heilen, zu segnen und zu transformieren? Warum biete ich solch einfache Techniken an, um deine Seele, dein Herz, deinen Geist und deinen Körper zu erleuchten? Diese Techniken kommen nicht aus dem Reich des Geistes. Das Prinzip »Geist über Materie« ist großartig. Was ich jedoch anbiete, ist die Kraft der *Seele* über die Materie. »Geist über Materie« bedeutet, dass der Geist etwas geschehen machen kann, einschließlich Heilung, Segnung und Lebenstransformation. »Seele über Materie« bedeutet, dass auch die Seele die Kraft hat, dies zu tun. Ich biete göttliche Seelentransplantate an, verbleibende Seelenschätze, die an dich heruntergeladen werden. In der gesamten Geschichte bis in unsere Tage haben nur einige fortgeschrittene spirituelle Führer göttliche Seelen-Übertragungen erhalten. Dies ist historisch definitiv das erste Mal, dass das Göttliche entschieden hat, seine Seelenschätze an die gesamte Menschheit zu geben, damit wir unser Leben heilen, segnen und transformieren. Dies ist definitiv das erste Mal, dass die Menschheit die Möglichkeit hat, göttliche Seelen zu empfangen und anzuwenden, um das Bewusstsein und jeden Aspekt im Leben zu heilen, zu segnen und zu transformieren und die Seele, das Herz, den Geist und den Körper zu erleuchten.

Warum verbreite ich keine komplizierten Theorien? Weil es nicht kompliziert ist! Das Heilen, Vorbeugen von Krankheiten, Verjüngen, Verlängern des Lebens, Transformieren des Bewusstseins und jedes Aspekts im Leben, einschließlich Beziehungen und finanzieller Verhältnisse, sowie die Erleuchtung der Seele, des Herzens, des Geistes und des Körpers sind nicht kompliziert. Wenn du Seelenkraft einsetzt, gehst du direkt auf den Punkt zu. Erinnere dich an die Essenz der Lehre dieses Buches:

- Heile zuerst die Seele, dann wird die Heilung von Geist und Körper folgen.

- Beuge zuerst der Krankheit der Seele vor, dann wird die Prävention der Krankheiten von Geist und Körper folgen.
- Verjünge zuerst die Seele, dann wird die Verjüngung von Geist und Körper folgen.
- Verlängere zuerst das Leben der Seele, dann wird ein langes Leben für Geist und Körper folgen.
- Transformiere zuerst das Bewusstsein der Seele, dann wird die Transformation des Bewusstseins von Herz, Geist und Körper folgen.
- Transformiere zuerst die Seele einer Beziehung, dann wird die Transformation der Beziehung folgen.
- Transformiere zuerst die Seele deiner finanziellen Angelegenheiten und deines Berufs, dann wird die Transformation deiner Finanzen und deines »Business« folgen.
- Erleuchte zuerst die Seele, dann wird die Erleuchtung von Herz, Geist und Körper folgen.

Diese Geheimnisse in jeweils einem Satz sind die Geheimnisse und heiligen göttlichen Lehren für das Zeitalter des Seelenlichts. Stell sicher, dass du die Techniken in diesem Buch und in meinen anderen Büchern über die Seelenkraft durchführst, um dein Leben zu heilen, zu segnen, zu transformieren und zu erleuchten.

Bedenke, dass ich dieses Buch vom Göttlichen direkt erhalte. Jeder Satz, jedes Wort fließt aus dem Herzen des Göttlichen. Was ich vernehme, ist, was ich weitergebe.

Es gibt in der taoistischen Lehre die sehr bekannte Aussage »*Da tao zhi jian*«: »Der große Weg ist außerordentlich einfach.« Such nicht nach komplizierten Wegen für Heilung, Segnung, Transformation und Erleuchtung. Der einfachste Weg ist der beste. Was ich lehre und anbiete, ist der Weg der göttlichen Seele – für Heilung, Segnung, Transformation und Erleuchtung. Geh von A nach B in einer geraden Linie. Dreh dich nicht ständig um, damit du von A nach B gelangst. Erfreu dich an der göttlichen Einfachheit und Kreativität in diesem Buch.

Erinnere dich: Ein göttliches Seelentransplantat ist die sofortige göttliche Schöpfungskraft. Das Göttliche hat die Transplantate in speziellen Abschnitten dieses Buches programmiert und lädt sie in dem Moment an dich herunter, da du diese Abschnitte liest. Die Leser können die göttlichen Seelentransplantate jederzeit und überall empfangen. Dies ist göttliche Schöpfungskraft. Nachdem du diese göttlichen Seelenschätze empfangen hast, kannst du sie umgehend anwenden für Heilung, Reinigung, Verjüngung, Transformation und Erleuchtung.

Halt einen Moment inne. Denk darüber nach. Wie einfach hat es das Göttliche für uns gemacht!

Viele Menschen auf der ganzen Welt haben sich immerzu gefragt: »Wer ist Gott, und wo befindet er sich?« Das Göttliche hat nun einen Weg geschaffen, um seine permanenten Seelenschätze an dich herunterzuladen, während du dieses Buch liest. Das ist göttliche Schöpfungskraft und göttliche Gegenwart, nicht wahr? Das Göttliche bietet uns diese unbezahlbaren Schätze als Geschenk an. Wie sehr geehrt und gesegnet wir doch sind!

Nimm die Gelegenheit wahr, indem du die hier angebotenen Schätze anwendest. Die Lehre ist außerordentlich einfach. Die Techniken sind ungemein praktisch. Die Ergebnisse können überwältigend sein.

Lern sie.

Verdaue sie und nimm sie auf.

Übe sie.

Erlebe sie.

Profitiere von ihnen.

Transformiere jeden Aspekt deines Lebens.

Erleuchte deine Seele, dein Herz, deinen Geist und deinen Körper.

Erleuchte die gesamte Menschheit.

Erleuchte Mutter Erde.

Erleuchte alle Seelen.

Erleuchte alle Universen.

Hao!

Wir *können* es tun. Wir *müssen* es tun.

Richte dein Bewusstsein auf das göttliche Bewusstsein aus. Jedes menschliche Wesen, jede Seele, lasst uns unsere Herzen und Seelen verbinden, um Liebe, Frieden und Harmonie für die Menschheit, Mutter Erde und alle Universen zu erschaffen.

Die göttlichen Seelenlieder »Love, Peace and Harmony« und »God gives his heart to me« sind göttliche Mantras. Göttliche Liebe, göttliche Vergebung, göttlicher Frieden und göttliche Harmonie, deren Seelen dir in diesem Kapitel gegeben wurden, sind auch wichtige göttliche Mantras für Heilung, Segnung, Lebenstransformation und Erleuchtung. Jeder dieser Schätze hat eine unglaubliche Kraft, um die Menschheit, unsere Erde und alle Universen zu segnen. Wir sind außerordentlich geehrt, dass das Göttliche seine Seelenschätze im Zeitalter des Seelenlichts vermehrt herunterlädt. Ich bin außerordentlich gesegnet, ein Diener der Menschheit und des Göttlichen zu sein.

Dieses Kapitel hat viele Seelengeheimnisse aufgedeckt und

göttliche Seelenschätze angeboten. Nutze diese Geheimnisse und Schätze, um dein Leben zu verbessern.

Mehre dein gutes Karma. Biete bedingungslosen universellen Dienst an. Die Segnungen, die du erhalten wirst, sind grenzenlos.

Danke dir, Göttliches.

Danke an die gesamte Menschheit.

Danke dir, Mutter Erde.

Danke an alle Universen.

Danke dir, lieber Leser, dass du mir die Gelegenheit gabst, zu teilen und zu dienen.

Danke, danke, danke.

3

Die Kraft der Seele entwickeln

Der Geist hat die Kraft, zu heilen, zu segnen und Leben zu transformieren. Die Seele hat eine größere Kraft, zu heilen, zu segnen und Leben zu transformieren. Ich habe dieses Buch geschrieben, um die Menschheit die Kraft der Seele zu lehren und das Wissen mit ihr zu teilen.

Was ist die Kraft der Seele?

Erinnern wir uns: Jedes menschliche Wesen hat eine Seele. Jedes System im Körper, jedes Organ, jede Zelle, jede Zellgruppe, jede DNS und jede RNS hat eine Seele. Tiere haben auch eine Seele. Ein Ozean hat eine Seele. Ein Baum hat eine Seele. Ein Stern hat eine Seele. Eine Galaxis hat eine Seele. Viele Menschen fragen sich noch immer, ob ein Stein eine Seele besitzt. Die Antwort lautet: »Ja!« Ein Stein hat eine Seele. Vor einigen Jahren sah ich in einer Zeitung eine Schlagzeile: »Hat ein Geschäft eine Seele?« Aber klar doch! Ein Geschäft hat eine Seele.

In den alten spirituellen Lehren gibt es den berühmten Satz *Wan wu jie you ling:* »Alles hat eine Seele.«[18]

Lass mich dir ein Beispiel dafür geben. Wenn du über fortgeschrittene Fähigkeiten des Dritten Auges verfügst, könntest du überrascht sein, wenn du ein Stück einer Pflanze hältst: Möglicherweise siehst du in der Pflanze ein kleines goldenes Lichtwesen. Dieses kleine goldene Lichtwesen ist die Seele der Pflanze.

Die meisten Menschen denken, das Transformieren des Bewusstseins sei das Transformieren des Geistes. Es ist großartig, das Bewusstsein des Geistes zu transformieren, aber es reicht nicht. Die Kraft der Seele lehrt uns, dass wir auch das Bewusstsein der Seele zu transformieren haben.

Der Mensch hat eine Seele, ein Herz, einen Geist und einen Körper. Herz und Geist existieren, wenn eine Person körperlich existiert. Wenn sie stirbt, sterben auch ihr Herz und ihr Geist. Ihre Seele wird jedoch zur Akasha-Chronik gehen, um sich zu registrieren. Nach der Vollendung des Lebens in der physischen Welt wird die Seele für 49 Tage in der Akasha-Chronik bleiben. Dann wird sie ihrem nächsten Leben zugewiesen. Die Seele kann fünf, zwanzig, hundert, drei- oder fünfhundert Jahre im Himmel verbleiben, bevor sie sich wieder inkarniert. Du fragst dich vielleicht: »Ist es besser, kürzer oder länger im Himmel zu bleiben?« Die Antwort lautet: »Je länger du im Himmel bleibst, desto besser.«

Eine Seele hat ein Leben nach dem anderen durchlebt. Eine Seele lebt das Leben in der physischen Welt in einem materiellen Körper. Dieselbe Seele erlebt das Leben im spirituellen Reich in einem formlosen Zustand. Ob sie inkarniert ist oder nicht, eine Seele lernt, macht Lebenserfahrungen, vergrößert ihre Weisheit und ihr Wissen, sie gewinnt immerfort weitere Fähigkeiten, zu dienen.

Jede Seele hat ihre eigene Frequenz. Jede Seele hat ihr eigenes Bewusstsein. Im Kapitel 1 habe ich die Charakteristik der Seele beschrieben. Jede Seele hat ihre eigenen

Wünsche, ihre eigenen Vorlieben und Abneigungen. Jede Seele hat ihre eigenen Fähigkeiten, zu dienen. Dies ist leicht zu verstehen. Denk an menschliche Wesen. Menschen haben unterschiedliche Berufe, weil jeder andere Fähigkeiten hat. Mit der Seele ist es genauso. Einige Seelen haben große Fähigkeiten in einem bestimmten Bereich. Andere Seelen haben weitere Fähigkeiten in anderen Bereichen. Seelen sind genau wie menschliche Wesen. Sie haben auf ihrer Seelenreise unterschiedliche Kompetenzen. Ebenso, wie es für bestimmte Bereiche des menschlichen Lebens Experten gibt, gibt es Seelenexperten auf verschiedenen Gebieten. Genau wie Menschen ihre Fähigkeiten entwickeln können, kann auch eine Seele ihre eigenen Fähigkeiten kultivieren. Das menschliche Leben ist kurz. Das Leben einer Seele ist ewig. Deshalb bin ich hier, damit ich dir helfe, die potenzielle Kraft deiner Seele zu entwickeln – was die wesentliche Lehre dieses Buches ist.

Die Bedeutung der Seelenkraft

Das Geheimnis der Seelenkraft lässt sich wie gesagt in einem Satz zusammenfassen:

Die Kraft der Seele liegt im Prinzip »Seele über Materie«, was bedeutet, die Seele kann heilen, die Energie, Ausdauer, Vitalität und Immunität stärken, Krankheiten vorbeugen, verjüngen, Leben verlängern und jeden Aspekt des Daseins transformieren, einschließlich aller Beziehungen und finanziellen Angelegenheiten – und sie kann Erleuchtung erlangen.

Seelenkraft vermag zu heilen. Dieses Buch wird aufzeichnen, wie du sie für deine eigene wie für die Genesung anderer einsetzen kannst. Ich werde ebenso Seelengeheimnisse zur Heilung einer Gruppe von Menschen, auch auf Distanz, preisgeben. In Kapitel 7 spreche ich über die essenziellen Seelengeheimnisse für die Seelenheilung.

Seelenkraft kann Krankheiten vorbeugen. In Kapitel 8 werde ich zuerst die Techniken zur Prävention von Krankheiten der Seele anführen. Dann wird die Prophylaxe aller Krankheiten folgen.

Die Seelenkraft kann verjüngen und Leben verlängern. In Kapitel 9 werde ich die dazu wichtigen Seelengeheimnisse aufdecken.

Seelenkraft kann Beziehungen und die finanziellen Verhältnisse transformieren. In den Kapiteln 10 und 11 werde ich die essenziellen Seelengeheimnisse bekanntgeben, um dies zu bewerkstelligen.

Seelenkraft kann deine Seele erleuchten. In Kapitel 13 werde ich diese sehr wichtige Seelenweisheit und dieses Seelenwissen mit dir teilen.

Das Prinzip »Seele über Materie« kann auch jeden Beruf transformieren. Ich werde ein Beispiel geben. Im Februar 2008 lehrte und heilte ich in Frankfurt am Main. Ich bot göttliche Seelentransplantate von göttlichen Berufen an, um göttliche Berufstätige zu erschaffen. Ich fragte, ob jemand willens sei, zu Demonstrationszwecken eines dieser göttlichen Seelentransplantate zu empfangen. Eine Frau bot sich an, und sie kam zu mir. Ich fragte sie: »Was ist dein Beruf?«

Sie antwortete: »Ich bin Opernsängerin.«

Ich fragte: »Kannst du für uns eine Arie aus einer Oper singen?«

Sie sagte: »Ich singe sehr gern für alle.«

Ihr Gesang war wunderbar, und sie sang sehr kraftvoll. Alle applaudierten ihr kräftig.

Dann sagte ich: »Darf ich dir das göttliche Seelentransplantat ›göttliche Opernsängerin‹ anbieten?«

Sie antwortete: »Es wäre mir eine Ehre, das Transplantat ›göttliche Opernsängerin‹ zu empfangen.«

Ich bat sie, ihre Augen zu schließen und für den Empfang bereit zu sein. Dann hob ich meine rechte Hand zum Himmel und sagte: »Liebes Göttliches, ich erbitte ein göttliches Seelentransplantat namens ›göttliche Opernsängerin‹ für sie.«

Das Göttliche antwortete sofort auf meine Bitte und lud eine »göttliche Opernsängerinnen-Seele« an sie herunter. Ich sagte ihr, sie solle die Augen öffnen, und erklärte ihr: »Wenn du wieder eine Arie singst, wirst du von deiner ›göttlichen Opernsängerinnen-Seele‹ aus singen.«

Sie sang dieselbe Arie noch einmal. Die Schwingung war offensichtlich anders und noch kraftvoller. Die Welle ihres Klangs ergoss sich über alle zweihundert Menschen im Raum. Als sie zu Ende gesungen hatte, jubelten die Zuhörer frenetisch! Ich fragte die Teilnehmer: »Habt ihr die unterschiedliche Schwingung nach der göttlichen Seelentransplantation verspürt?«

Die Menschen schrien ihre Antworten förmlich: »*Jaaaaa! Kraftvoll! Extrem stark! Erstaunlich!*« Viele von ihnen erbaten sofort ihre eigene göttliche Seelentransplantation für göttliche Berufe.

Wir würdigen alle Berufe. Das Göttliche erschafft göttliche Berufstätige durch die Übertragung spezieller göttlicher Seelen für den betreffenden Beruf. Es gibt zum Beispiel viele Sänger. Aber nur das Göttliche überträgt die entsprechenden Seelen, um göttliche Sänger zu erschaffen. Es gibt viele Komponisten. Das Göttliche hat göttliche Seelen übertragen, um einen göttlichen Komponisten zu erschaffen. Es gibt viele Schriftsteller. Das Göttliche hat göttliche Seelen übertragen, um über die vergangenen vier Jahre etwa hundert göttliche Schriftsteller zu erschaffen. Es gibt viele Heiler. Das Göttliche hat göttliche Seelen übertragen, um während der letzten fünf Jahre mehr als siebenhundert Göttliche Heiler zu erschaffen.

Die Seele hat die Kraft, das Bewusstsein und jeden Aspekt des Lebens zu transformieren. Göttliche Seelen tragen göttliche Schöpfungs- und Manifestationskraft in sich, um das Bewusstsein und jeden Aspekt des Lebens zu transformieren. Jedes göttliche Seelentransplantat *ist* eine göttliche Schöpfung und Manifestation.

Seit Juli 2003 habe ich unzähligen Seelen göttliche Seelentransplantate vermittelt. Ich werde das auch weiterhin tun. Ich biete nun in meinen Büchern und in Radio- und Fernsehprogrammen göttliche Seelentransplantate an. Göttliche Seelen können die Transformation des Bewusstseins der Menschheit und aller Seelen beschleunigen.

Um eine göttliche Seele zu bekommen, muss man bereit sein, ihre Unterstützung für Heilung und die Transformation des Lebens zu empfangen. Du musst diese göttlichen Seelen jedoch aufrufen und mit ihnen üben. Was du empfängst, ist das, was du chanten sollst. Zum Beispiel, wenn du eine göttliche Heilerseele empfängst, dann chante:

Göttliche Heilerseele heilt mich.
Göttliche Heilerseele heilt mich.
Göttliche Heilerseele heilt mich.
Göttliche Heilerseele heilt mich …

Wenn du eine göttliche Künstlerseele empfängst, chante:

Göttliche Künstlerseele transformiert meine Kunst.
Göttliche Künstlerseele transformiert meine Kunst.

Die göttliche Schöpfungs- und Manifestationskraft ist grenzenlos. Wir sind außerordentlich geehrt, dass das Göttliche weltweit Berufstätige des Göttlichen erschafft. Wir sind außerordentlich gesegnet, dass das Göttliche den Menschen göttliche Seelen herunterlädt, um ihr Leben zu heilen, zu segnen und zu transformieren. Wir sind außerordentlich demütig, da das Göttliche der Menschheit die Aufgabe gesandt hat, unser Bewusstsein zu transformieren, um Liebe, Frieden und Harmonie für die Menschheit, Mutter Erde und alle Universen zu erschaffen.

Danke, danke, danke.

Heilige und geheime Übungen für die Entwicklung der potenziellen Kraft der Seele

In diesem Moment sagt mir das Göttliche, dass die meisten Wesen, die sich zurzeit auf Mutter Erde befinden, mehr als sechshundert Lebenszeiten erfahren haben. Einige von euch haben mehr als tausend Leben gehabt. Eine sehr alte Seele kann Tausende von Leben gelebt haben. In jeder Inkarnation kannst du einen anderen Beruf ausgeübt haben. Deshalb hat deine Seele eine große Vielfalt von Lebenserfahrungen und alle Arten von Weisheit, Wissen, Fähigkeiten und potenzieller Kraft gewonnen.

Die potenzielle Kraft deiner Seele zu entwickeln, wird die Weisheit, das Wissen und die Fähigkeiten, die dir in deinem Leben zur Verfügung stehen, enorm erhöhen. Ich habe zum Beispiel viele Schüler, die nicht Schriftsteller waren. Nachdem sie ihr Seelenpotenzial entwickelt hatten, wurden sie zu Autoren, aus denen die Texte geradezu herausfließen. Viele meiner Schüler waren keine Heiler. Nachdem sie ihre Seelenfähigkeiten entwickelt hatten, wurden sie kraftvolle Heiler. Du magst in diesem Leben kein Schriftsteller sein. Dies bedeutet nicht, dass du nicht doch in einem vergangenen Leben einer warst. Du magst in diesem Leben kein Heiler sein. Dies bedeutet nicht, dass du nicht doch in einem vergangenen Leben einer warst.

Nachdem du die potenzielle Kraft deiner Seele entwickelt hast, kannst du Fähigkeiten an den Tag legen, die du in diesem Leben noch nicht von dir kanntest, die deine Seele jedoch in früheren Leben erfahren hat. Ich habe viele Schüler, die keine Sänger waren. Nachdem sie ihr Seelenpotenzial entwickelt hatten, konnten sie wunderschön singen. Unsere Seelen haben außerordentliche potenzielle Kräfte und Fähigkeiten, die nur darauf warten, hervorgeholt zu werden.

Wenn du diese Belehrung über die potenzielle Kraft der Seele verstehst, bist du bereit für die Weisheit, das Wissen und praktische Techniken zur Entwicklung der potenziellen Kraft deiner Seele. Und so geht es:

Setz dich aufrecht hin. Leg deine linke Hand über deine Brust mit der Handfläche zu deinem Botschaftenzentrum (Herzchakra). Halt deine rechte Hand in der Gebetsposition mit den Fingern nach oben. Diese Handhaltung ist ein spezielles Signal, deine Seele mit dem Göttlichen und der Seelenwelt zu verbinden. Ich nenne sie die »Zeitalter-des-Seelenlichts-Gebetshaltung« (siehe Seite 140). Sie fokussiert sich auf dein Botschaftenzentrum, weil dies das Hauptenergiezentrum für die potenzielle Kraft deiner Seele ist.

Gebetshaltung im Zeitalter des Seelenlichts

Als Nächstes setzt du das Mantra »San San Jiu Liu Ba Yao Wu«, das für die chinesische heilige Zahl für Heilung steht: 3396815. Dieses Mantra, gesprochen »Sahn Sahn Dschoe Liu Bah Jau Wuh«, ist der göttliche Code für die Öffnung deiner Seelenkommunikationskanäle und für das Erschließen der gesamten potenziellen Kraft deiner Seele. Chante 3396815 wiederholt, so schnell du kannst. Mach es gleich mit mir:

San San Jiu Liu Ba Yao Wu.
San San Jiu Liu Ba Yao Wu.
San San Jiu Liu Ba Yao Wu.
San San Jiu Liu Ba Yao Wu …

Chante schneller und schneller. Lass jede bewusste Absicht los, die einzelnen Wörter klar auszusprechen. Wenn du immer schneller chantest – so schnell du kannst –, fließt eine besondere Stimme, die du zuvor noch nie gehört hast, plötzlich aus dir heraus. Dies ist die Stimme deiner Seele, die die Seelensprache spricht. Ich habe diese Weisheit in meinem Buch *Seelenweisheit*[19] dargelegt, mit zusätzlichen Erläuterungen in meinem Buch *Seelensprache*[20]. Tausende von Menschen auf der ganzen Welt haben diese Technik eingesetzt, um ihre Seelensprache aufzurufen. Wenn du ein neuer Schüler bist, ist das Hervorbringen deiner Seelensprache der erste Schritt, um die potenzielle Kraft deiner Seele zu entwickeln.

Du kannst im Buch *Seelenweisheit* viele tiefgreifende Geheimnisse über die Seelensprache lernen. Die meisten Menschen können sie sehr schnell »öffnen«. Wenn deine sich nicht offenbart, geh zurück zur *Seelenweisheit*. In diesem Buch biete ich göttliche Seelen-Übertragungen an, um jeden zu ermächtigen, seine Seelensprache zu sprechen und sie zu übersetzen. Das Öffnen und Übersetzen der Seelensprache ist für die Entwicklung der potenziellen Kraft deiner Seele essenziell.

Der zweite Schritt zur Entwicklung der potenziellen Kraft deiner Seele ist es, deine Seelensprache in ein Seelenlied zu verwandeln. Das Seelenlied ist der Gesang deiner Seelensprache. Es ist dein persönliches Seelenmantra. Und dies ist die Weiterentwicklung der Seelensprache. Dein Seelenlied trägt eine noch größere Frequenz und Schwingung in sich als deine Seelensprache. Es ist eine reine und kraftvolle Verbindung mit dem Göttlichen, den höchsten Heiligen und den höchsten Reichen. Deshalb ist das Seelenlied für die Entwicklung der potenziellen Kraft deiner Seele so wichtig.

Solange du deine Seelensprache sprechen kannst, kann deine Seelensprache leicht in ein Seelenlied verwandelt werden. Dies ist ein Geheimnis in einem Satz. Ich bevorzuge es, »Ein-Satz-Geheimnisse« weiterzugeben und zu lehren. Wenn du eine Weisheit in einem Satz zusammenfassen kannst, dann musst du diese Zusammenhänge tiefgreifend verstanden und gemeistert haben. So lautet zum Beispiel das Ein-Satz-Geheimnis für den Gebrauch der Geisteskraft für Heilung: »Visualisiere Licht.« Das Ein-Satz-Geheimnis für Chanting lautet: »Du *bist* das Mantra.«

Lass mich dir jetzt ein Ein-Satz-Geheimnis weitergeben, um deine Seelensprache in ein Seelenlied zu verwandeln.

Liebe Seele, lieber Geist und lieber Körper meiner
Seelensprache,[21]
ich liebe, ehre und wertschätze dich.
Bitte verwandle meine Seelensprache
in ein Seelenlied.
Ich bin sehr dankbar.
Danke.

Dann *sing* umgehend deine Seelensprache. Sie wird sich sofort in das Seelenlied verwandeln.

Der dritte Schritt zur Entwicklung der potenziellen Kraft deiner Seele ist es, dein Seelenlied zu nutzen, um deine versteckten potenziellen Seelenfähigkeiten zu entwickeln, zum Beispiel:

Mein liebes Seelenlied, kannst du bitte meine potenzielle Seelenheilungskraft hervorbringen?
Ich bin sehr dankbar.
Danke.

Dann sing ein Seelenlied. Wenn du diesmal singst, wird dein Seelenlied anders sein als zuvor. Es wird deine verborgene Seelenheilungskraft hervorbringen. Sing einige Minuten lang, je länger, desto besser. Dies ist das Ein-Satz-Geheimnis, um deine versteckte Seelenheilungskraft hervorzubringen.

Nachdem du deine versteckte Seelenheilungskraft hervorgebracht hast, kannst du sie aufrufen und anwenden.

Mein liebes Seelenlied,
ich liebe, ehre und wertschätze dich.
Wenn du Heilung anbietest, bring bitte meine volle
potenzielle Seelenheilungskraft hervor, um Heilung
anzubieten.
Ich möchte Heilung anbieten an _____
(nenn den Anfragenden). Oder:
Ich möchte _____ *(nenn jemand anderen)*
Heilung anbieten.
Ich bin sehr dankbar.
Danke.

Dann sing ein Seelenlied, um die erbetene Seelenheilung anzubieten. Deine Seelenheilungskraft wird entscheidend verändert sein.

Hier ist ein weiteres Beispiel:

Mein liebes Seelenlied,
ich liebe, ehre und wertschätze dich.

Kannst du meine versteckten potenziellen Seelen-Schreibfähigkeiten hervorbringen?
Ich bin sehr dankbar.
Danke.

Dann sing ein Seelenlied. Wenn du diesmal singst, wird dein Seelenlied wieder anders sein. Es wird deine versteckten Seelen-Schreibfähigkeiten hervorbringen. Sing einige Minuten lang, je länger, desto besser. Dies ist das Ein-Satz-Geheimnis, um deine versteckten Seelen-Schreibfähigkeiten hervorzubringen.

Nachdem du diese hervorgebracht hast, ruf sie folgendermaßen auf:

Liebe potenzielle Seelen-Schreibfähigkeiten,
ich liebe, ehre und wertschätze euch.
Könntet ihr mich beim Schreiben anleiten?
Ich bin sehr dankbar.
Danke.

Dann bestimm den Titel dessen, was du gern schreiben möchtest. Dieser kann von deinem logischen Denken kommen. Er mag von einem Wunsch deiner Seele kommen. Er kann in einer Botschaft kommen, die du hörst, siehst oder einfach weißt. Dann schreib das, was du hörst. Genauso verfasse ich dieses Buch jetzt. Was ich vom Göttlichen vernehme, ist, was ich schreibe.

Das Verfassen von Seelentexten auf diese Art profitiert von weiterem Trainieren und Üben. Wenn du nicht sofort etwas von deiner Seele hören und herausfließen lassen kannst, sei nicht enttäuscht. Übe einige Male mehr. Diese Fähigkeit kommt meist unerwartet und manchmal eben nicht sofort. Sie kann jeden Moment auftreten. Sei erfreut und nicht überrascht, wenn sie kommt. Sei dem Göttlichen und deiner eigenen Seele dankbar.

Der vierte Schritt zur Entwicklung der potenziellen Kraft deiner Seele sind göttliche Seelen-Übertragungen. Durch diese permanenten göttlichen Seelenschätze erschafft und überträgt das Göttliche die göttlichen Seelenfähigkeiten. Nimm als Beispiel das Singen eines göttlichen Seelenliedes. Um ein Sänger von göttlichen Seelenliedern zu werden, empfängt man beinah hundert göttliche Seelen-Übertragungen, um wichtige Teile der physischen, emotionalen, mentalen und spirituellen Körper für das Singen zu transformieren.

Nun gebe ich jedem Leser eine weitere göttliche Seelen-Übertragung.

Dies ist die fünfte göttliche Seelen-Übertragung in diesem Buch als göttliches Geschenk an jeden Leser:

das göttliche Seelentransplantat der göttlichen Stimme.

Dieses göttliche Seelentransplantat der göttlichen Stimme wird die ursprüngliche Seele deiner Stimme durch eine neue göttliche Seele ersetzen. Die ursprüngliche Seele deiner Stimme ist normalerweise 2,5 bis 5 Zentimeter hoch. Die neue göttliche Seele deiner göttlichen Stimme ist etwa 240 bis 300 Meter hoch und 3 bis 6 Meter breit. Im Allgemeinen wird diese riesige göttliche Seele sich innerhalb von einem bis vier Tagen, nachdem du sie erhalten hast, so verkleinern, dass sie in deinen Körper passt. Die ursprüngliche Seele deiner Stimme wird sofort zum Göttlichen zurückkehren.

Setz dich aufrecht hin. Leg die Spitze deiner Zunge in die Nähe deines Gaumens. Entspann dich. Öffne dein Herz und deine Seele.

Sei bereit.

Göttliches Seelentransplantat der göttlichen Stimme.
Stille Übertragung!

Schließ deine Augen für dreißig Sekunden, um diesen wichtigen göttlichen Seelenschatz zu empfangen.

Hao! Hao! Hao!
Danke, danke, danke.

Danke dir, Göttliches. Lasst uns dieses neue Geschenk aufrufen und üben:

Liebe göttliche Seele der göttlichen Stimme,
ich liebe, ehre und wertschätze dich.
Bitte sende Heilung an mein _____
(nenn deinen Wunsch). Oder:
Bitte sende eine Segnung für _____
(nenn deinen Wunsch).

Dann sing ein Seelenlied, um die Seelenkraft deiner göttlichen Stimme hervorzubringen. Du wirst umgehend einen großen Unterschied in deinem Seelenlied verspüren. Die Schwingungen, die Frequenz und das Licht sind von einer höheren Ebene und Qualität. Die Heilungs- und Segnungskraft, die dein Seelenlied mit sich führt, wurde erhöht.

Göttliche Seelen-Übertragungen sind der göttliche Weg, um die potenzielle Kraft deiner Seele zu entwickeln. Vergiss nicht, deine verbleibenden göttlichen Seelen-Übertragungen aufzurufen und mit ihnen zu üben. Sie sind reine göttliche Diener. Sie freuen sich sehr, zu dienen. Nutz diese Schätze, um dir selbst und anderen zu dienen. Nutz sie oft. Nutz sie gut.

Wir können dem Göttlichen nicht genügend danken, es nicht genügend ehren, dass es diese Schätze der Menschheit und allen Seelen zu dieser Zeit zur Verfügung stellt. Danke, danke, danke.

4
Seelenanordnungen

Im alten China musste jeder Untertan gehorchen, wenn der Kaiser eine Anordnung gab. Wenn deine jungen Kinder in deiner Familie etwas Falsches tun, sagst du ihnen: »Halt! Lass das bleiben.« Du gibst ihnen eine Anordnung, und sie sollten nicht mehr unartig sein. In einer Organisation ist es der Chef, der die Anordnungen gibt. Er hat eine Entscheidung getroffen. Dies soll in die Richtung führen, in die er gehen will. Alle Untergebenen müssen den Wünschen des Anführers folgen. Ein Richter kann anordnen, dass jemand etwas tut oder etwas lässt. Wenn der Betreffende der Anordnung nicht folgt, kann er bestraft, festgenommen und gegebenenfalls sogar ins Gefängnis gesteckt werden.

In diesem Kapitel führe ich neue Seelengeheimnisse und neue Seelenweisheit ein, die ich zuvor noch nicht offenbart habe. Diese Geheimnisse und diese Weisheit handeln von Seelenanordnungen für die Heilung und Vorbeugung von Krankheiten, für die Verjüngung, die Transformation und Erleuchtung des Lebens. Es ist dies das erste Mal, dass das Göttliche mich angeleitet hat, diese Geheimnisse und diese Weisheit zu offenbaren.

Was Seelenanordnungen sind und
wie man sie gibt

Eine Seelenanordnung ist genau das: eine von einer Seele gegebene Anordnung, etwas zu tun, was einen guten Dienst darstellt, wie eben die Heilung und Vorbeugung von Krankheiten, die Verjüngung, Transformation und Erleuchtung des Lebens. Eine Seelenanordnung kann von der Seele deines Körpers gegeben werden. Eine Seelenanordnung kann von jeder deiner inneren Seelen gegeben werden, einschließlich der Seelen deiner funktionellen Körpersysteme, deiner Organe, deiner Zellen, deiner Zelleinheiten, deiner DNS und RNS.

Eine Seelenanordnung kann für die Selbstheilung gegeben werden. Nehmen wir an, du hast Rückenschmerzen. Der Rücken hat eine Seele. Die Seele deines Rückens kann eine Anordnung geben, deinen Rücken zu heilen. Und so kannst du dies tun:

Liebe Seele meines Rückens,
ich liebe, ehre und wertschätze dich.
Du hast die Kraft, eine Anordnung auszusenden, um meinen
Rücken zu heilen.
Bitte sende eine Anordnung, meinen Rücken zu heilen.
Die Anordnung lautet:
Die Seele meines Rückens gibt meinem Rücken die Anord-
nung, heil zu werden.

Dann aktiviere die Anordnung, indem du wiederholt chantest:

Die Seele meines Rückens gibt meinem Rücken die Anord-
nung, heil zu werden.

Die Seele meines Rückens gibt meinem Rücken die Anord-
nung, heil zu werden.
Die Seele meines Rückens gibt meinem Rücken die Anord-
nung, heil zu werden.
Die Seele meines Rückens gibt meinem Rücken die Anord-
nung, heil zu werden ...

Wiederhole diese Anordnung mindestens drei bis fünf Minuten lang stumm oder laut, je länger, desto besser.
Hier ist ein anderes Beispiel. Wenn du Verdauungsbeschwerden hast, gib eine Seelenanordnung wie folgt:

Liebe Seele meines Verdauungssystems,
ich liebe, ehre und wertschätze dich.
Gib eine Anordnung an den Geist und den Körper meines
Verdauungssystems, mein Verdauungssystem zu heilen.

Dann aktiviere die Anordnung:

Die Seele meines Verdauungssystems gibt meinem
Verdauungssystem die Anordnung, heil zu werden.
Die Seele meines Verdauungssystems gibt meinem
Verdauungssystem die Anordnung, heil zu werden.
Die Seele meines Verdauungssystems gibt meinem
Verdauungssystem die Anordnung, heil zu werden.
Die Seele meines Verdauungssystems gibt meinem
Verdauungssystem die Anordnung, heil zu werden ...

Wiederhole diese Anordnung mindestens drei bis fünf Minuten lang stumm oder laut, je länger, desto besser.
Und hier kommt ein weiteres Beispiel. Wenn du Schmerzen im Knie hast, kannst du eine Seelenanordnung wie folgt geben:

Die Seelen meiner Knie geben meinen Knien die Anordnung,
heil zu werden.
Die Seelen meiner Knie geben meinen Knien die Anordnung,
heil zu werden.
Die Seelen meiner Knie geben meinen Knien die Anordnung,
heil zu werden.
Die Seelen meiner Knie geben meinen Knien die Anordnung,
heil zu werden ...

Als Seelenanordnung für Heilung und Transformation kannst du eine der folgenden Techniken einsetzen:

• **Jede Seele deines Systems, deiner Organe, deiner Zellen, deiner DNS und RNS kann eine Seelenanordnung für Heilung und Transformation an sich selbst geben.**

Zum Beispiel:

Die Seele meines Immunsystems gibt meinem Immunsystem
die Anordnung, heil zu werden.
Die Seele meines Immunsystems gibt meinem Immunsystem
die Anordnung, heil zu werden.
Die Seele meines Immunsystems gibt meinem Immunsystem
die Anordnung, heil zu werden.
Die Seele meines Immunsystems gibt meinem Immunsystem
die Anordnung, heil zu werden ...

Oder:

Die Seele meiner Leber gibt meiner Leber die Anordnung, heil
zu werden.
Die Seele meiner Leber gibt meiner Leber die Anordnung, heil
zu werden.

Die Seele meiner Leber gibt meiner Leber die Anordnung, heil zu werden.

Die Seele meiner Leber gibt meiner Leber die Anordnung, heil zu werden …

Oder:

Die Seelen meiner Lungenzellen geben meinen Lungenzellen die Anordnung, heil zu werden.

Die Seelen meiner Lungenzellen geben meinen Lungenzellen die Anordnung, heil zu werden.

Die Seelen meiner Lungenzellen geben meinen Lungenzellen die Anordnung, heil zu werden.

Die Seelen meiner Lungenzellen geben meinen Lungenzellen die Anordnung, heil zu werden …

Oder:

Die Seelen meiner Nieren-DNS und -RNS geben meiner Nieren-DNS und -RNS die Anweisung, heil zu werden.

Die Seelen meiner Nieren-DNS und -RNS geben meiner Nieren-DNS und -RNS die Anweisung, heil zu werden.

Die Seelen meiner Nieren-DNS und -RNS geben meiner Nieren-DNS und -RNS die Anweisung, heil zu werden.

Die Seelen meiner Nieren-DNS und -RNS geben meiner Nieren-DNS und -RNS die Anweisung, heil zu werden …

- **Ein wichtiges Geheimnis ist, dass die Seele deines Herzens der »Boss« für die Seelen all deiner Systeme, anderen Organe, Zellen, DNS und RNS ist. Die Seele deines Herzens kann eine Seelenanordnung an deine Systeme, Organe, Zellen, DNS und RNS geben.**

Zum Beispiel:

Die Seele meines Herzens gibt meinem Immunsystem die Anordnung, heil zu werden.
Die Seele meines Herzens gibt meinem Immunsystem die Anordnung, heil zu werden.
Die Seele meines Herzens gibt meinem Immunsystem die Anordnung, heil zu werden.
Die Seele meines Herzens gibt meinem Immunsystem die Anordnung, heil zu werden …

Oder:

Die Seele meines Herzens gibt meiner Leber die Anordnung, heil zu werden.
Die Seele meines Herzens gibt meiner Leber die Anordnung, heil zu werden.
Die Seele meines Herzens gibt meiner Leber die Anordnung, heil zu werden.
Die Seele meines Herzens gibt meiner Leber die Anordnung, heil zu werden …

Oder:

Die Seele meines Herzens gibt meinen Lungenzellen die Anordnung, heil zu werden.
Die Seele meines Herzens gibt meinen Lungenzellen die Anordnung, heil zu werden.
Die Seele meines Herzens gibt meinen Lungenzellen die Anordnung, heil zu werden.
Die Seele meines Herzens gibt meinen Lungenzellen die Anordnung, heil zu werden …

Oder:

Die Seele meines Herzens gibt meiner Nieren-DNS und -RNS
die Anordnung, heil zu werden.
Die Seele meines Herzens gibt meiner Nieren-DNS und -RNS
die Anordnung, heil zu werden.
Die Seele meines Herzens gibt meiner Nieren-DNS und -RNS
die Anordnung, heil zu werden.
Die Seele meines Herzens gibt meiner Nieren-DNS und -RNS
die Anordnung, heil zu werden …

- Deine Seele wiederum (deine »Körperseele«) ist der »Chef« der Seele deines Herzens und aller anderen Seelen in deinem Körper. Die Seele deines Körpers kann eine Anordnung an alle anderen inneren Seelen geben.

Zum Beispiel:

Die Seele meines Körpers gibt meinem Bewegungsapparat
die Anordnung, heil zu werden.
Die Seele meines Körpers gibt meinem Bewegungsapparat
die Anordnung, heil zu werden.
Die Seele meines Körpers gibt meinem Bewegungsapparat
die Anordnung, heil zu werden.
Die Seele meines Körpers gibt meinem Bewegungsapparat
die Anordnung, heil zu werden …

Oder:

Die Seele meines Körpers gibt meiner Brust die Anordnung,
heil zu werden.
Die Seele meines Körpers gibt meiner Brust die Anordnung,
heil zu werden.

154

*Die Seele meines Körpers gibt meiner Brust die Anordnung,
heil zu werden.*
*Die Seele meines Körpers gibt meiner Brust die Anordnung,
heil zu werden ...*

Oder:

*Die Seele meines Körpers gibt meinen Hirnzellen die
Anordnung, heil zu werden.*
*Die Seele meines Körpers gibt meinen Hirnzellen die
Anordnung, heil zu werden.*
*Die Seele meines Körpers gibt meinen Hirnzellen die
Anordnung, heil zu werden.*
*Die Seele meines Körpers gibt meinen Hirnzellen die
Anordnung, heil zu werden ...*

Oder:

*Die Seele meines Körpers gibt der DNS und RNS meines
Herzens die Anordnung, heil zu werden.*
*Die Seele meines Körpers gibt der DNS und RNS meines
Herzens die Anordnung, heil zu werden.*
*Die Seele meines Körpers gibt der DNS und RNS meines
Herzens die Anordnung, heil zu werden.*
*Die Seele meines Körpers gibt der DNS und RNS meines
Herzens die Anordnung, heil zu werden ...*

Diese Beispiele zeigen, wie einfach es ist, Seelenanordnungen für die Heilung einzusetzen. Du kannst Seelenanordnungen nutzen, um jedes Organ, jeden Teil deines
Körpers oder jeden Zustand zu kurieren. Versuch es. Erfahre es. Profitiere davon. Du wirst über die Resultate erstaunt sein. Die Kraft der Seelenanordnungen geht

allerdings weit über das hinaus, was sie für die Heilung tun können.

Die Kraft von Seelenanordnungen

Eine Seelenanordnung kann für die Heilung genutzt werden. Sie kann auch zur Prävention von Krankheiten zum Einsatz kommen, sogar zur Verjüngung und Lebensverlängerung. Schließlich kann sie auch zur Transformation des Bewusstseins und jedes Aspekts im Leben dienen. Wie kann ich eine Seelenanordnung für die Prävention einer Krankheit geben?

Es ist überhaupt nicht schwierig. Wenn du beispielsweise das Gefühl hast, dass eine Erkältung im Anzug ist, gib die folgende Seelenanordnung:

Die Seelen meiner Lungen geben meinen Lungen die
Anordnung, eine Erkältung zu verhindern.
Die Seelen meiner Lungen geben meinen Lungen die
Anordnung, eine Erkältung zu verhindern.
Die Seelen meiner Lungen geben meinen Lungen die
Anordnung, eine Erkältung zu verhindern.
Die Seelen meiner Lungen geben meinen Lungen die
Anordnung, eine Erkältung zu verhindern …

Lass mich dir jetzt zeigen, wie man eine Seelenanordnung für die Verjüngung aussendet:

Die Seele meines Körpers gibt meinem Körper die Anordnung,
sich zu verjüngen.
Die Seele meines Körpers gibt meinem Körper die Anordnung,
sich zu verjüngen.

Die Seele meines Körpers gibt meinem Körper die Anordnung,
sich zu verjüngen.
Die Seele meines Körpers gibt meinem Körper die Anordnung,
sich zu verjüngen …

Übe immer mindestens drei bis fünf Minuten lang, je länger, desto besser. Wenn du feinfühlig bist, könntest du erstaunt feststellen, dass dein ganzer Körper mitschwingt und vibriert, wenn die Seelenanordnung gegeben wird.

Die Seele ist der »Boss« von Geist und Körper. Wenn deine Seele eine Anordnung aussendet, werden dein Geist und dein Körper folgen. Dies ist die Kraft der Seele. Dies ist die Kraft der Seele über die Materie. Dies ist die Seelenheilung, -verjüngung und -transformation deines Geistes und deines Körpers.

Und so sendest du eine Seelenanordnung aus, um deine Beziehung zu jemand anderem zu transformieren:

Die Seele meines Körpers gibt meinem Herzen und meinem
Geist die Anordnung, meine Beziehung mit _____
(nenn die Person) *zu transformieren.*
Die Seele meines Körpers gibt meinem Herzen und meinem
Geist die Anordnung, meine Beziehung mit _____
zu transformieren.
Die Seele meines Körpers gibt meinem Herzen und meinem
Geist die Anordnung, meine Beziehung mit _____
zu transformieren.
Die Seele meines Körpers gibt meinem Herzen und meinem
Geist die Anordnung, meine Beziehung mit _____
zu transformieren …

Lass mich die Weisheit weitergeben, wie man eine Seelenanordnung macht, um dein Business zu transformieren:

Die Seele meines Geschäfts gibt meinem Geschäft die
Anordnung, sich zu transformieren.
Die Seele meines Geschäfts gibt meinem Geschäft die
Anordnung, sich zu transformieren.
Die Seele meines Geschäfts gibt meinem Geschäft die
Anordnung, sich zu transformieren.
Die Seele meines Geschäfts gibt meinem Geschäft die
Anordnung, sich zu transformieren ...

Dies ist das erste Mal, dass Seelenanordnungen für die Heilung, Segnung und Transformation des Lebens für die Menschheit eingeführt wurden. Übe. Übe. Übe. Erfahre. Erfahre. Erfahre. Du wirst viele »Aha«-Momente haben, die dir die Kraft der Seelenanordnungen immer besser zu verstehen helfen. Ich wünsche dir, dass du deinen ersten »Aha«-Moment sehr bald haben wirst. Ich wünsche dir, dass du danach mehr und mehr solcher Erfahrungen haben wirst.

Die spirituellen Werte der Seele sind entscheidend

Ich habe eben die Seelenanordnung erklärt und Beispiele gegeben, um dich im Erteilen von Seelenanordnungen für die Heilung, Prävention von Krankheit, Verjüngung und Lebenstransformation anzuleiten. Ich werde nun den Schlüssel zur Kraft von Seelenanordnungen erklären. In unserem Arbeitsalltag haben unterschiedliche Positionen in einer Firma unterschiedliche Autoritäts- und Verantwortungsstufen. In einer Bank zum Beispiel trifft der Vorstand die Entscheidungen über die Ausrichtung des Unternehmens. Der Vorsitzende ist verantwortlich für den

Geschäftsbetrieb. Die stellvertretenden Vorsitzenden sind für die verschiedenen Abteilungen zuständig. Die Abteilungsleiter haben ihre eigenen Autoritäten und Verantwortlichkeiten. Die Struktur der Regierung eines Landes ist vergleichbar. Je höher die Stellung ist, die man in einer Firma oder in einem Land einnimmt, desto mehr Autorität und Verantwortung trägt man.

Ähnlich verhält es sich in der spirituellen Welt. Hier ist das Göttliche der höchste Leiter. Es gibt verschiedene Komitees, die dem Göttlichen ihre Berichte vorlegen. Es gibt verschiedene spirituelle Gruppen, die sich in verschiedenen Teilen des Himmels versammeln. Jede Gruppe hat ihren Leiter, und der wiederum hat Assistenten. Jede Gruppe hat ihren Gründer mit dessen Abstammungslinie. Der Gründer und seine Abkömmlinge sind für diese Gruppe verantwortlich. In der Ära des Seelenlichts gibt es in diesem Moment ein Komitee von Heiligen in Jiu Tian, den neun Ebenen des Himmels, dies ist das Reich, in dem sich unsere Seelen aufhalten. Dieses Komitee besteht aus zwölf Heiligen, die von der spirituellen Welt gewählt und vom Göttlichen bestätigt worden sind. Jede Gruppe im Himmel muss auf dieses Komitee hören, das genauso handelt wie der Verwaltungsrat einer Bank.

Die Seele deines Körpers kann Seelenanordnungen an deinen Geist und deinen Körper geben. Es funktioniert! Und zwar deswegen, weil die Seele deines Körpers ja der »Boss« deiner anderen inneren Seele ist. Wenn deine Seele einen höheren Stand hat als die Seele eines anderen menschlichen Wesens, dann funktioniert es auch, wenn du eine Seelenanordnung ausschickst, um jene Person zu heilen. Wenn der Stand deiner Seele tiefer ist als der einer anderen Person, dann wird es im Allgemeinen nicht

funktionieren. Deshalb muss, um die Kraft deiner Seelenanordnungen zu erhöhen, auch der spirituelle Stand deiner Seele erhöht werden.

Die Geschichten aus der Bibel sind erstaunlich und herzbewegend, weil Jesus der auserwählte Sohn des Göttlichen war. Er hatte einen sehr hohen spirituellen Stand.
Wenn er sagte: »Du bist geheilt«, gab er damit eine Seelenanordnung. Er war der erwählte Diener des Göttlichen. Wenn er sprach, heilte das Göttliche. Wie erhöhst
du den Stand deiner Seele? Der einzige Weg ist es, bedingungslosen universellen Dienst anzubieten. In Kapitel 2
über das Karma habe ich von der geheimen Weisheit,
dem geheimen Wissen und den geheimen Übungen des
universellen Dienens gesprochen. Wenn du dienst, wird
dir das Göttliche spirituelle Werte zuerkennen. Diene bedingungslos, und das Göttliche wird dies tun. Spirituelle
Werte werden deinen spirituellen Stand erhöhen. Nur
spirituelle Werte sind dazu in der Lage. Je höher dein spiritueller Stand ist, desto mehr Seelenkraft wird dir gegeben. Dann werden deine Seelenanordnungen kraftvoller
sein.

Welche Prinzipien wichtig sind,
wenn man Seelenanordnungen gibt

Um eine Seelenanordnung auszusenden, musst du die
nachstehenden wichtigen Prinzipien befolgen:

- Sende immer eine positive Anordnung aus, eine, die
  Liebe, Vergebung, Mitgefühl und Licht vermittelt.
- Sende nie eine verletzende Anordnung an andere. Es
  wird nur negatives Karma für dich auslösen.

- Sende keine Anordnung zu anderen, wenn du dir deines spirituellen Standes nicht sicher bist. In der spirituellen Welt gibt es zwei Seiten, die Helle und die Dunkle. Jede hat ihre Ebenen der spirituellen Stände. Jede hat ihre Kräfte. Jeder wurden vom Göttlichen und dem Universum unterschiedliche Aufgaben zugeteilt. Manchmal sind sie vereint. Manchmal sind sie entgegengesetzt. Manchmal befinden sie sich in Harmonie. Manchmal bekämpfen sie sich. Wenn du eine Anordnung an eine dunkle Seele sendest, könnte diese dunkle Seele in der Dunklen Seite einen höheren spirituellen Stand einnehmen, als du ihn in der Hellen Seite hast. Als Resultat könnte diese dunkle Seele dir schaden.

Wenn du klar verstehst, wo deine Seele in der spirituellen Welt steht, und wenn du die göttliche Autorität erhalten hast, spezielle Seelenanordnungen zu erteilen, dann kannst du diese ausschicken, um anderen zu helfen. Aber sorg dafür, dass du dir ganz klar bist über den Stand deiner Seele und ihre Autorität. Wenn du dir dessen nicht klar bist, sende *keine* Seelenanordnung zu anderen. Aber du magst durchaus eine für dich selbst senden, und das kann auch sonst jedermann für sich selbst tun.

Die Seelenanordnung ist ein wichtiger Seelenschatz für das Zeitalter des Seelenlichts. Sie kann jeden Aspekt deines Lebens transformieren. Dieser Seelenschatz wird dir ausgesprochen dienlich sein für das Heilen, die Prävention von Krankheiten, die Verjüngung, die Verlängerung von Leben und die Transformation von Beziehungen und finanziellen Angelegenheiten.

Die Techniken sind so einfach. Ihre Kraft übersteigt jedes mentale Verstehen.

Nutze sie.
Übe sie.
Profitiere von ihnen.
Danke, danke, danke.

5

Seelenführung für deinen spirituellen Weg

Ein Neugeborenes braucht von seinen Eltern große Fürsorge. Ein Kleinkind muss von ihnen viel lernen. In der Grundschule müssen die Kinder von Lehrern und Eltern angeleitet werden. Selbst Erwachsene brauchen Leitlinien. Menschen mit allen möglichen Schwierigkeiten im Leben suchen Ratgeber auf – Finanz- und Eheberater, Psychologen, Wirtschafts- oder Lebensberater und andere mehr. So ziemlich jedermann braucht zu irgendeiner Zeit Anleitung und Schulung. Leitlinien sind für das Leben sehr wichtig. Genau wie ein körperliches Wesen für das physische Leben Anleitung benötigt, braucht auch ein spirituelles Wesen Anleitungen. Seelenführung kann die Leitlinie sein für dein physisches, dein emotionales, dein mentales oder dein spirituelles Leben. Um Seelenführung zu empfangen, musst du deine spirituellen Kommunikationskanäle öffnen. Du musst einen physischen spirituellen Meister oder die spirituellen Meister des Himmels haben, die dich anleiten.

Was ist Seelenführung?

Seelenführung kommt von deinen spirituellen Meistern. Du musst wahre spirituelle Meister finden. Was ist ein wahrer spiritueller Meister? Es gibt einen Maßstab. Dein spiritueller Meister muss ein Diener des totalen GOLD sein, ein bedingungsloser universeller Diener, um Universelle Liebe, Vergebung, Frieden, Heilung, Segnung, Harmonie und Erleuchtung anzubieten. Dein spiritueller Meister muss ein reiner und gütiger Lehrer sein, der großes Mitgefühl hat. Ein wahrer spiritueller Lehrer wird dich gut anleiten. Ein falscher spiritueller Lehrer wird dich in die falsche Richtung führen.

Deine spirituellen Führer des Himmels können dich auch anleiten. Nachdem du deine spirituellen Kanäle geöffnet hast, kannst du dir ihre Anleitungen anhören. Buddhas, christliche Heilige und Heilungsengel im Himmel finden ihre Schüler auf Mutter Erde. Sie bieten ihren Schülern ihre Lehren an, um sie anzuleiten. Deine spirituellen Lehrer im Himmel können mit dir reden oder dir spirituelle Bilder zeigen, um dich zu führen. Dazu segnen und schützen sie dich. Sie geben dir große Liebe, Fürsorge und Mitgefühl.

Auf deiner spirituellen Reise musst du auch spirituelle Prüfungen verstehen und bestehen. Du musst den Reinigungsvorgang erfassen. Wenn du die spirituelle Prüfung nicht bestehst, kommst du auf deiner spirituellen Reise nicht weiter voran. Viele Schüler können ihre spirituellen Prüfungen nicht bestehen. Sie verlassen ihre Reise auf halbem Wege. Das ist sehr schade.

Jedes spirituelle Wesen muss durch ernsthafte Prüfungen gehen. Als ich auf meiner Reise von meinem geliebten spirituellen Meister und Adoptivvater, dem Meister Dr. Zhi Chen Guo in China, lernte, kamen einige zu mir, um mir zu sagen, Meister Guo sei nicht der richtige Lehrer für mich. Ich dachte er, sei ein großer Lehrer. Seine Heilungstechniken funktionierten. Er lehrte alle seine Schüler, das

Herz zu läutern, die Persönlichkeit zu transformieren und spirituelle Verdienste zu sammeln, um ein wahrer Diener zu sein. Ich war entschlossen, weiter von ihm zu lernen, und ließ mich von diesen äußeren Einflüssen nicht beeindrucken.

Später wurde ich von meinen spirituellen Führern im Himmel spirituell geprüft. Während einiger Wochen im Jahr 1994 erfasste mein Drittes Auge viele Bilder. Diese zeigten mir auch, dass Meister Guo nicht der richtige Lehrer war. Sie wiesen mich an, ihm nicht zu folgen. Ich wusste, dass mein Lehrer unermüdlich arbeitete und studierte, großen Aufwand in klinischer Forschung betrieb, gegenüber all den Patienten, die zu ihm kamen, großes Mitgefühl und Großzügigkeit bewies und viele »unheilbare« Fälle heilte. Seine tiefe Weisheit hatte großen Einfluss auf mich. Seine Techniken waren unglaublich wirksam. Also hörte ich nicht auf diese falschen Ratschläge.

Zu jener Zeit hatte ich noch nicht begriffen, dass ich vom Himmel geprüft worden war. Aber weil ich nicht auf die falschen Botschaften hörte, hatte ich die Prüfung bestanden. Beharrlich befolgte ich weiterhin die Anleitungen meines Lehrers. Nachdem meine spirituellen Führer meine Loyalität und meine Verpflichtung gegenüber dem Weg meines Lehrers registriert hatten, segneten sie einmal mehr die spirituelle Reise mit meinem Lehrer. Sie begannen auch Seelengespräche mit mir, um mich direkt Seelengeheimnisse, -weisheit, -wissen und -übungen zu lehren. Schließlich erwählte mich das Göttliche im Juli 2003 als Diener des Göttlichen und einen Diener der Menschheit, um göttliche Heilung, göttliche Segnung und göttliche Schöpfungskraft durch göttliche Seelen-Übertragungen anzubieten.

Essenzielle Seelenführung
für den spirituellen Weg

Seelenführung ist für die Transformation deines Lebens unerlässlich. Dein physischer spiritueller Meister kann dich führen. Deine spirituellen Väter und Mütter im Himmel können dich führen. Das Göttliche kann dich führen. Um auf deinem spirituellen Weg voranzukommen, ist es sehr wichtig für dich, in deinem Herzen und deinem Geist sehr standhaft zu sein und ein Diener des totalen GOLD sein zu wollen. Wenn du diese Entscheidung getroffen hast, lass niemanden und keine Seele dich beeinflussen. Wenn du dich nicht vollständig dem Dienen verpflichtet hast, ist es sehr schwer, auf deiner spirituellen Reise voranzukommen. Das Göttliche braucht engagierte spirituelle Diener.

Lass mich dir wichtige Seelenanleitungen für deine spirituelle Reise geben, indem ich dir wesentliche Lehren im Hinblick auf einige Schlüsselthemen anbiete.

1. Warum willst du auf einer spirituellen Reise sein?

Millionen von Menschen auf der ganzen Welt befinden sich auf einer spirituellen Reise. Wenn du einer von ihnen bist, hast du dich dann auch gefragt, warum du das willst? Du denkst vielleicht: »Ich will mehr Liebe für mich selbst und andere.« Andere mögen denken: »Ich will meine Beziehungen transformieren.« Wiederum andere mögen denken: »Ich will den Armen, den Kranken und den Obdachlosen helfen.« Und wieder andere: »Ich möchte meine Seele erleuchten.«

Lass mich die Schlüsselweisheit mitteilen. Die spirituelle

Reise ist die Reise für die Seele. Wenn du dich auf der spirituellen Reise befinden willst, musst du dir zuerst und sofort bewusst sein, dass du deine Seele und dein Herz läutern musst. Du transformierst deine Seele und dein Herz, damit sie liebender, vergebender, mitfühlender, aufrichtiger, gütiger, großzügiger und dankbarer sein werden.

Deine spirituelle Reise ist nicht nur für dich und deine Seele gut. Sie ist auch eine Reise des Dienens. Du befindest dich auf deinem Weg, anderen besser und häufiger zu dienen. Du bist auf einem Weg, sie zu transformieren. Du dienst der göttlichen Mission, die zum Ziel hat, Liebe, Frieden und Harmonie für die Menschheit, Mutter Erde und alle Universen zu erschaffen.

Der Schlüssel dazu ist, dass du dich dem Weg des Dienens an anderen verpflichtest. Deine Seele will dies tun, weil das Göttliche ein Gesetz erlassen hat: Anderen zu dienen bedeutet, den spirituellen Entwicklungsstand deiner Seele zu erhöhen.

Diese Erhöhung deines spirituellen Entwicklungsstands bedeutet, dich näher zum Göttlichen zu bewegen, was heißt, ihm näherzukommen. Jede Seele wünscht sich dies. Warum? Was bringt es dir, wenn deine Seele in einem höheren Reich angesiedelt ist?

Je näher du dem Göttlichen bist, desto mehr geheime und heilige Lehren und Weisheiten werden dir gegeben. Es werden dir auch größere göttliche Fähigkeiten übertragen, zu heilen, zu segnen und das Leben anderer zu transformieren. Jesus, Maria, berühmte Buddhas und viele große spirituelle Väter und Mütter haben ihre göttlichen Fähigkeiten schon demonstriert, weil sie sich dabei engagiert haben, der Menschheit zu dienen. Ihre Seelen sind in einer sehr hohen Position im Himmel. Ihnen wurden die göttliche Weisheit und göttliche Fähigkeiten gegeben, zu heilen und andere zu transformieren. Deshalb führte ihr Dienst zu vielen herzbewegenden Geschichten. Millionen von Menschen ehren die Lehren und bewundern die Heilungen, die Segnungen und die Liebe von diesen sehr hochstehenden Seelen.

Deshalb lautet das Ein-Satz-Geheimnis über die spirituelle Reise folgendermaßen:

Das Ziel der spirituellen Reise ist es, anderen zu dienen.

Das Göttliche gab mir im Juli 2003 ein spirituelles Gesetz, das universelle Gesetz des universellen Dienstes. Dieses Gesetz besagt:

Ich bin ein universeller Diener.
Du bist ein universeller Diener.
Alles und jedes ist ein universeller Diener.
Ein universeller Diener bietet universellen Dienst einschließ-
lich universeller Liebe, Vergebung, Frieden, Heilung, Segnung,
Harmonie und Erleuchtung an.
Wenn jemand einen kleinen Dienst anbietet, erhält er einen
kleinen Segen vom Universum und von mir.
Wenn jemand größere Dienste anbietet, erhält er einen
größeren Segen.
Wenn jemand bedingungslosen Dienst anbietet, bekommt er
grenzenlosen Segen.

Dieses universelle Gesetz des universellen Dienstes drückt das Ziel der eigenen spirituellen Reise und deren Resultate klar aus. Das »Endziel« der spirituellen Reise ist es, das göttliche Reich zu erlangen. Wenn die eigene Seele das göttliche Reich erlangt, empfängt man direkte göttliche

Lehren und gewinnt mehr Weisheiten und Fähigkeiten vom Göttlichen, um der Menschheit und allen Seelen zu dienen.

2. Spirituelle Prüfungen

Wenn du ein spirituelles Wesen bist, beginnen in dem Moment, da du dich deiner Reise verpflichtest, spirituelle Prüfungen. Dies kann sofort von deiner Familie aus kommen. Wenn dein Ehepartner zum Beispiel kein spirituelles Wesen ist, kann er zwischen euch beiden Disharmonie hervorrufen. Ihr könntet dann keine gemeinsame Sprache mehr finden, selbst wenn ihr zuvor eine gepflegt habt. Dein Ehepartner wird vieles von dem, was du dir zu tun erwählt hast, nicht begreifen und damit nicht einverstanden sein. Er mag dich als befremdlich und schwer zu verstehen empfinden. Dann kann ein Ehestreit nach dem anderen entstehen.

Wenn du auf deiner spirituellen Reise bist, können deine nahen Freunde sofort denken, dass du dich komisch oder seltsam benimmst. Sie spüren, dass du anders bist. Sie denken vielleicht, ihr entfremdet euch. Sie werden dir möglicherweise sagen, dir sei von deinem spirituellen Lehrer das Hirn gewaschen worden. Sie werden umgehend versuchen, dich zu beeinflussen.

Wie ich schon sagte: Wenn du dich verpflichtet hast, auf der spirituellen Reise zu sein, musst du begreifen, dass es dein Ziel ist, anderen deinen Dienst anzubieten. Du musst ihnen bedingungslose Liebe, Vergebung, Mitgefühl, Fürsorge, Güte und Großzügigkeit geben. Du kannst nicht länger selbstsüchtig sein. Deshalb *hat* sich deine Sicht der Welt verändert. *Du* hast dich verändert. Deshalb mögen dein Ehepartner, deine Familienmitglieder, deine Freunde und deine Arbeitskollegen denken, du seist ein wenig sonderbar. Du bist tatsächlich verändert. Dies ist leicht verständlich, weil sich dein Bewusstsein transformiert hat und sich wahrscheinlich weiter transformiert. Deine Familie, Freunde und Kollegen teilen nun nicht länger dasselbe Bewusstsein mit dir. Aus diesem Grunde wird das Auftauchen von Widerspruch, Streitigkeiten und alle Arten von Missverständnissen durchaus begreifbar.

Wie geht man mit diesen plötzlichen Veränderungen um? Zuallererst musst du verstehen, dass die Ansichten und Meinungen von anderen für dich eine spirituelle Prüfung darstellen. Sei immer geduldig, liebevoll und mitfühlend mit deiner Familie und deinen Freunden. Das Göttliche hat ein spirituelles Gesetz erlassen. Wer sich auf der spirituellen Reise nach vorn bewegen will, muss geprüft werden. Prüfungen können von jedem Aspekt des Lebens ausgehen. Üblicherweise erscheinen sie in den Gebieten deiner bedeutendsten Schwächen. Wenn du selbstsüchtig bist, wirst du in dieser Hinsicht geprüft werden. Wenn du Angst hast, wirst du dort geprüft. Wenn du ein ausgeprägtes Ego hast, wird dein Ego geprüft werden. Wenn du in deiner Verpflichtung für das Dienen schwankst, wird deine Standhaftigkeit geprüft werden. Kein Wachstum ohne Prüfungen. Kein Gewinn ohne Schmerz. Denk an die Schule, von der Grundschule bis zur Hochschule. Jedes Jahr gibt es eine Prüfung nach der anderen. Wenn du deine Schulprüfung nicht bestehst, kannst du nicht in die nächste Klasse versetzt werden. Genauso geschieht es in der spirituellen Welt. Wenn du deine spirituellen Prüfungen nicht bestehst, wie kann der Himmel dann deine Verpflichtung, der Menschheit zu dienen, bestätigen? Wie kann der Entwicklungsstand deiner Seele auf deiner spirituellen Reise angehoben werden? Wie kannst du erleuch-

tet werden? Es gibt keinen anderen Weg. Ergo sind Prüfungen eine Notwendigkeit.

3. Wie man spirituelle Prüfungen besteht

Das wichtigste Geheimnis für das Bestehen spiritueller
Prüfungen ist, dass du in deinem Herzen und in deinem
Geist ein sehr festes Verlangen haben musst: »*Ich will der
Menschheit dienen. Ich will anderen meine Liebe, meine
Fürsorge, mein Mitgefühl, meine Vergebung, meine Groß-
zügigkeit, meine Güte und meine Reinheit weitergeben.
Ich bin verpflichtet, ein Diener der Menschheit zu sein.*«
Du sollst nie denken: »Ich gebe anderen zu viel.« Du sollst
nie denken: »Warum habe ich keine Mühen gescheut, zu
helfen? Ich muss mich verrannt haben.« Was ist denn
eigentlich bedingungsloses universelles Dienen? Es bedeutet, ohne Wenn und Aber zu dienen. Es bedeutet, ohne
Ausnahmen zu dienen. Wenn du ein so starkes Herz hast,
wirst du standfest sein. Keine liebevolle Handlung ist verschwendet. Keine vergebende Handlung ist vergeudet.
Keine mitfühlende Handlung ist umsonst. Kein Dienst an
anderen und an der Menschheit ist vergebens. Je mehr du
dienst, desto schneller wirst du auf deinem spirituellen
Weg wachsen. Du wirst jede Herausforderung bezwingen
und jede spirituelle Prüfung bestehen.

Das zweite Geheimnis, um eine spirituelle Prüfung zu bestehen, ist, dass du göttliche Mantras chanten musst. Zwei
göttliche Mantras sind wichtig, um dir beim Bestehen von
spirituellen Prüfungen zu helfen. Das erste ist »Love,
Peace and Harmony« (siehe Seiten 93–97). Das andere ist
»God gives his heart to me« (siehe Seite 124). Wann immer du dich herausgefordert fühlst, wann immer du dich
emotional erregst, wann immer du zweifelst, wann immer

du dich komisch fühlst, chante sofort eines dieser göttlichen Mantras. Deine Gedanken und Gefühle werden sich umgehend transformieren.

Denk daran, dies ist deine spirituelle Reise. Niemand sonst kann es für dich tun. Du bist für deine eigene spirituelle Reise verantwortlich. Natürlich ist es in solchen Situationen dennoch sehr wichtig, deinen spirituellen Lehrer und die fortgeschrittenen spirituellen Wesen deines Vertrauens zu kontaktieren. Ihre Hilfe ist essenziell, um deine spirituelle Reise zu transformieren.

Das dritte Geheimnis, um eine Prüfung zu bestehen, ist, dass du eine regelmäßige spirituelle Übung hast. Ich schlage das Singen eines Seelenliedes vor, so oft am Tag wie möglich und solange du kannst. Ein Seelenlied trägt eine seelenheilende Welle mit sich. Es enthält Liebe, Fürsorge und Mitgefühl. Ein Seelenlied ist ein spiritueller Aufruf, ein Schatz für die spirituelle Welt. Sobald du eins singst, wirst du eine große Resonanz von den spirituellen Lehrern und Führern im Himmel erfahren. Wenn sie kommen, wissen sie sofort von deinem Kampf. Sie werden umgehend Liebe und Licht senden, um deine dunklen Gedanken oder dein dunkles Verhalten zu transformieren. Und sofort wird deine spirituelle Reise sich wieder auf den göttlichen Pfad ausrichten.

Ich persönlich habe viele Seelenlieder für meine Schüler und andere Menschen auf der ganzen Welt gesungen, um ihre spirituelle Reise und ihre Heilung, Segnung und Transformation des Lebens zu segnen. Ich lade dich dazu ein, dir meine Seelenlieder anzuhören. Sie tragen göttliche Liebe und göttliches Licht in sich, um dir zu dienen.

Das vierte Geheimnis, um eine spirituelle Prüfung zu bestehen, ist, dass du für solche Prüfungen dankbar bist. Prüfungen sind ein Geschenk des Göttlichen und deiner spirituellen Väter und Mütter. Prüfungen geben dir die Möglichkeit, deine Schwächen zu eliminieren und Dunkelheit durch Liebe und Licht zu ersetzen. Wie könntest du ohne Prüfungen deine Seele, dein Herz, deinen Geist und deinen Körper läutern? Wie kann das Göttliche ohne Prüfungen wissen, dass du ein bedingungsloser universeller Diener des totalen GOLD bist? Die einzige angemessene Antwort auf Prüfungen ist: »Danke.«

Wenn du diesen vier Geheimnissen der Seelenführung folgst, wird dies deinen spirituellen Weg wirkungsvoll unterstützen.

Ich wünsche dir, dass dein spiritueller Weg dich immer höher führen wird.

Besteh spirituelle Prüfungen.

Erhöhe deinen spirituellen Wert.

Schließlich wird deine Seele ins göttliche Reich gelangen.

Danke, danke, danke.

4. Diene der Menschheit und allen Seelen bedingungslos

Es ist einfach, zu sagen: »Diene der Menschheit und allen Seelen bedingungslos.« Es ist schwierig, es auch zu tun. Wenn du beginnst, anderen zu dienen, könntest du gleich denken: »Ich verschwende zu viel Zeit. Dies braucht zu viel Anstrengung. Ist es das wert?« Du magst noch so sehr dienen, und doch fällt es keinem auf. Es wird nicht anerkannt. Da kannst du dich wirklich fragen: »Soll ich weiterhin dienen oder nicht?«

Vergiss nicht, dass sich jedermann auf der spirituellen Reise befindet. Viele Menschen aber realisieren dies nicht. Viele hegen keine reine Liebe, Fürsorge und Güte. Sie denken zuerst an sich. Sie sind nicht bereit, sich für den Dienst an anderen aufzuopfern. Sie denken, ihre Zeit sollte ihrer Familie oder ihnen selbst gehören. Warum so viel Zeit aufwenden, um freiwillige Arbeit zu leisten? Warum so viel Zeit aufwenden, um Mantras zu chanten? Warum stundenlang meditieren? Wenn sie nicht im selben Zustand sind wie du, werden sie nicht verstehen, dass du durch deine Freiwilligenarbeit, dein Chanten und deine Meditation den universellen Dienst anbietest.

Am besten erklärst du deinen Familienmitgliedern, deinen Lieben und deinen Freunden direkt, was du tust. Sie werden es möglicherweise verstehen und dich unterstützen. Wenn sie es nicht verstehen oder sich gegen dich stellen, streite nicht mit ihnen. Gib ihnen Zeit, es zu verarbeiten. Reg dich nicht auf. Sei sanft. Sei »yin«. Wenn jemand streiten will, der andere jedoch still und sanft bleibt, wird es keinen Streit geben. Streitereien ergeben sich dann, wenn eine Seite streiten will und die andere zurückschlägt. Dies ist keine Lösung für ein spirituelles Wesen.

Wenn du ein spirituelles Wesen bist, stell dich auf eine höhere Position. Begreife, dass andere vielleicht nicht die gleiche Verpflichtung haben wie du. Hab Geduld und gib ihnen Zeit, dein Herz zu verstehen. Gib ihnen Liebe und Mitgefühl, um sie zu transformieren. Liebe schmilzt alle Blockaden und transformiert alles Leben. Vergebung bringt inneren Frieden und innere Freude. Mitgefühl vereint. Wenn du Liebe, Vergebung und Mitgefühl in sie trägst, werden dein Lebenspartner, deine Familie und deine Freunde dich immer besser verstehen. Mit der Zeit kann sich deine Situation in Frieden und Harmonie transformieren.

Du hast dich verpflichtet, anderen, der gesamten Menschheit und dem Universum bedingungslosen Dienst anzubieten. Du kannst nicht erwarten, dass andere dies auch tun. Es gibt eine alte spirituelle Regel: »Der Lehrer lehrt nur die, die bereit sind.« Eine andere bekannte spirituelle Regel lautet: »Wenn der Schüler bereit ist, erscheint der Lehrer.« Die beste Art, mit deinen Familienmitgliedern, Freunden und Kollegen umzugehen, ist es, ein Beispiel eines reinen Dieners zu sein. Nutze dein Beispiel, um sie zu beeinflussen und ihre Herzen zu berühren. Versuche gleichzeitig, ihnen Belehrung anzubieten. Das Göttliche braucht Millionen von reinen Dienern und Lehrern für die Menschheit. Wenn jedermann auf unserem Planeten Liebe, Frieden und Harmonie anböte, könnte Mutter Erde sehr schnell durch ihren Übergang gehen. Konflikte würden gelöst. Naturkatastrophen würden vermindert. Denk immer daran: *Liebe schmilzt alle Blockaden und transformiert alles Leben. Vergebung bringt inneren Frieden und innere Freude.* Bedingungslose Liebe und Vergebung sind die goldenen Schlüssel zur Transformation der Menschheit, der Erde und aller Universen.

Du verwendest Zeit, um anderen, der Gesellschaft und der Menschheit zu dienen. Du machst große Anstrengungen, zu chanten, zu meditieren und deine Liebe ans Universum auszusenden. Diese Zeit ist nicht verschwendet. Du wirst dich niemals verirren. Der Himmel und die Akasha-Chronik zeichnen deinen Weg auf. Das Göttliche weiß in seinem Herzen, dass du ein reiner Diener bist. Du wirst vom Göttlichen wertgeschätzt. Deiner Seele werden viele Verdienste angerechnet. Ihr Stand wird erhoben. Jeder Aspekt deines gegenwärtigen Lebens und deiner zukünftigen Leben wird außerordentlich gesegnet sein. Du wirst in jedem Aspekt deines Daseins in Überfluss aufblühen.

Du dienst. Der Himmel segnet dich. Das Göttliche ehrt dich. Wir sind geehrt, Diener zu sein. Wir sind außerordentlich geehrt, bedingungslose universelle Diener zu sein.

5. Transformiere dein Bewusstsein

Wenn die Leute über das Bewusstsein sprechen, denken sie im Allgemeinen, es sei im Gehirn und im Geist zu lokalisieren. Dies ist richtig. Aber die Lehre über das Bewusstsein, die ich in diesem Buch anbiete, geht darüber hinaus. Das Bewusstsein hat drei Aspekte: Seelen-, Geist- und Körperbewusstsein. Jedes System, jedes Organ, jede Zelle, jede Zelleinheit, jede DNS und RNS und jeder Raum zwischen den Zellen hat ein eigenes Bewusstsein.

Das Bewusstsein zu transformieren, bedeutet die Transformation allen Bewusstseins auf jeder Ebene eines menschlichen Wesens. Des Weiteren hat eine Organisation ein Bewusstsein. Eine Stadt hat ein Bewusstsein. Ein Land hat ein Bewusstsein. Mutter Erde hat ein Bewusstsein. Ein Planet hat ein Bewusstsein. Ein Stern hat ein Bewusstsein. Eine Galaxis hat ein Bewusstsein. Ein Universum hat ein Bewusstsein.

Das Bewusstsein zu transformieren bedeutet die Transformation des universellen Bewusstseins. Das universelle Bewusstsein ist göttliches Bewusstsein. Richte jedes Bewusstsein in allen Universen auf das göttliche Bewusstsein aus. Das Bewusstsein des Göttlichen ist unser Bewusstsein. Das Herz des Göttlichen ist unser Herz. Die Seele des Göttlichen ist jede Seele in allen Universen. Verschmelze unsere Herzen mit dem Herzen des Göttlichen. Verschmelze unsere Seele mit der Seele des Göttlichen.

Lass mich dich in einer Übung zur Transformation deines Bewusstseins zusammen mit dem universellen Bewusstsein anleiten. Die Technik ist extrem einfach und durchaus praktisch. Ihre Kraft ist unbeschreiblich.

Chante und sing das göttliche Seelenlied »God gives his heart to me«, das ein göttliches Mantra ist:

Lu la lu la la li.
Lu la lu la la li.
Lu la lu la li.
Lu la lu la li.

Gott gibt mir sein Herz.
Gott gibt mir seine Liebe.
Mein Herz verbindet sich mit seinem Herzen.
Meine Liebe verbindet sich mit seiner Liebe.

Wenn du dieses göttliche Mantra chantest und singst, richtest du dein Herz, deine Seele und dein Bewusstsein auf das Göttliche aus. Beginn damit, dass du *hallo* sagst:

Liebe Seele, liebes Herz, lieber Geist und lieber Körper jedes
menschlichen Wesens auf Mutter Erde,
liebe Seele, liebes Herz, lieber Geist und lieber Körper jedes
Tieres auf Mutter Erde,
liebe Seele, liebes Herz, lieber Geist und lieber Körper von
allem in der Natur,
liebe Seele, liebes Herz, lieber Geist und lieber Körper von
allem und jedem in allen Universen,
ich liebe, ehre und werschätze euch.
Lasst uns Herzen und Seelen zusammenführen, um das gött-
liche Mantra und das göttliche Seelenlied »God gives his heart
to me« miteinander zu chanten.
Um Seele, Herz, Geist, Körper und Bewusstsein der gesamten
Menschheit und aller Seelen in allen Universen zu
transformieren.
Ich bin dankbar und voller Wertschätzung.
Danke.

Dann beginn zu chanten:

Lu la lu la la li.
Lu la lu la la li.
Lu la lu la li.
Lu la lu la li.

Gott gibt mir sein Herz.
Gott gibt mir seine Liebe.
Mein Herz verbindet sich mit seinem Herzen.
Meine Liebe verbindet sich mit seiner Liebe.

Chante, solange du kannst, sooft du kannst. Mit jedem Moment, den du chantest, bietest du der Menschheit und jeder Seele in allen Universen den größten Dienst an. Du wirst unglaubliche spirituelle Verdienste erlangen. Dein Leben wird weiter und weiter transformiert werden. Die Segnung, die du erhalten kannst, ist jenseits allen rationalen Verstehens.

Diese Technik ist so einfach. Hast du sie wirklich begriffen? Ich wünsche es dir. Das wahre Geheimnis ist, dass du, wenn du chantest, das Herz des Göttlichen *bist*. Du *bist* die Seele des Göttlichen. Du *bist* die gesamte Menschheit. Du *bist* alle Seelen in allen Universen.

Die Menschheit ist eins.

Mutter Erde ist eins.

Alle Universen sind eins.

Alle Seelen sind eins.

Das Göttliche ist eins.

Transformiere alle Seelen, alle Herzen, jeden Geist, alle Körper und jedes Bewusstsein zu göttlichem Bewusstsein.

Chante. Chante. Chante.

Übe. Übe. Übe.
Diene. Diene. Diene.
Transformiere. Transformiere. Transformiere.
Einheit. Einheit. Einheit.
Einssein. Einssein. Einssein.
Hao! Hao! Hao!
Danke, danke, danke.

6. *Erleuchte deine Seele*

Das Ziel einer Seelenreise ist es, die Erleuchtung der Seele zu erreichen. Erleuchtung der Seele bedeutet, den Stand deiner Seele auf eine spezielle Ebene anzuheben. Unsere Seelen sind jetzt im Jiu-Tian-Reich im Himmel. Eine Seele in Jiu Tian, den »neun Ebenen des Himmels«, muss wiedergeboren werden. Es gibt einen Himmel oberhalb von Jiu Tian, Tian Wai Tian oder »Himmel jenseits des Himmels«. Das Göttliche wohnt in seinem Tempel im Tian Wai Tian, welches das göttliche Reich ist. Eine Seele, die Tian Wai Tian erreicht, muss nicht wiedergeboren werden. Die gesamte spirituelle Reise jedes menschlichen Wesens und jeder Seele in allen Universen bedeutet, bedingungslosen universellen Dienst anzubieten, um die Seele zu Tian Wai Tian zu erheben.

In Kapitel 13 werde ich die Geheimnisse, die Weisheit, das Wissen und praktische Werkzeuge weitergeben, um die Erleuchtung der Seele zu erreichen. Wenn du möchtest, kannst du das Kapitel 13 jetzt schon lesen. Es könnte sehr förderlich sein. Du kannst aber auch warten und es dir erst später vornehmen.

Die Geheimnisse und die Weisheit der Seelenkraft werden in diesem Buch durch Worte weitergegeben. Aber es gibt auch versteckte Begriffe zwischen den Zeilen. Jedes Mal, wenn du liest, entspann dich. Öffne dein Herz und deine Seele. »Aha«-Momente werden sich einstellen. Je öfter du dieses Buch liest, desto tiefere Erkenntnisse wirst du erlangen, und desto stärker wirst du inspiriert sein. Deine Verpflichtung zu bedingungslosem universellem Dienen wird in deinem Herzen und in deiner Seele stabiler und stabiler werden.

Viele »Aha«-Momente erwarten dich. Dich zu entspannen, während du dieses Buch liest, ist an sich schon eine Seelenmeditation. Jeder Satz und jedes Wort in diesem Buch trägt eine Botschaft, um deiner Seelenreise sowie deiner Heilung, Vorbeugung von Krankheit, Verjüngung, Lebenstransformation und Erleuchtungsreise zu dienen. Mögen die Belehrungen dieses Buches dir gut dienen.

Diene. Diene. Diene.
Liebe. Liebe. Liebe.
Heile. Heile. Heile.
Beuge vor. Beuge vor. Beuge vor.
Verjünge. Verjünge. Verjünge.
Transformiere. Transformiere. Transformiere.
Erleuchte. Erleuchte. Erleuchte.
Hao! Hao! Hao!
Danke, danke, danke.

6
Intelligenz, Weisheit und Wissen der Seele

Man weiß weithin, was man unter Intelligenz zu verstehen hat. Die Leute können sich auch etwas unter dem Intelligenzquotienten (IQ) vorstellen. Einige Kinder haben einen hohen IQ. Sie werden als intelligent angesehen. Im Allgemeinen denken die Leute, dass die Intelligenz vom Hirn stammt, was korrekt, aber nicht vollständig richtig ist.

Vor fünftausend Jahren stand im *Gelben Kaiser,* dem maßgeblichen Buch der Traditionellen Chinesischen Medizin: »Im Herzen wohnt der Geist und die Seele.« Dies lehrt uns, dass das Herz direkt mit Intelligenz verbunden ist. Jeder Leser sollte diese Weisheit beachten, um die Intelligenz besser zu verstehen.

Jenes Buch lehrt die Intelligenz der Seele. Die Seele eines menschlichen Wesens hat Hunderte von Lebenszeiten gehabt. Deine Seele war schon in vielen unterschiedlichen Berufen. In deinen vergangenen Leben kannst du Autor, Wissenschaftler, Lehrer, Philosoph, Geschäftsmann, Musiker, Athlet, Führer eines Landes, Dichter, spiritueller Vater, Arzt oder Anwalt gewesen sein oder viele verschiedene andere Berufe gehabt haben. In jedem Leben hat deine Seele unterschiedliche Weisheit und unterschiedliches

Wissen gelernt. Deine Seele hat mehr und mehr an Intelligenz gewonnen.

Deine Seele hat auch in allen Lebenszeiten Lektionen gelernt. Es gibt eine alte Weisheit: *Chi yi kui, zhang yi zhi.* Dies kann wie folgt übersetzt werden: »Lern eine Lektion einmal, erlange Weisheit einmal.« Dies sagt uns, dass das Leben eine Erfahrung ist. In einem Leben wirst du viele Lektionen lernen und einige Weisheit daraus gewinnen. In Hunderten von Lebenszeiten wirst du viel mehr Lektionen lernen und viel mehr Weisheit erlangen. Deine Seele wird zunehmend an Intelligenz gewinnen.

Eine Seele hat in all ihren Lebenszeiten Intelligenz. Eine Seele hat in all ihren Lebenszeiten Weisheit und Wissen. Deine Seele ist die größte Quelle für deine Intelligenz. Dies zu erkennen ist der erste Schritt. Intelligenz, Weisheit und Wissen von der Seele zu bekommen, um dein Leben zu transformieren, ist der zweite Schritt. Die Intelligenz, die Weisheit und das Wissen deiner Seele weiterzuentwickeln ist der dritte Schritt.

Lass mich dies nach und nach erklären.

Die Seele speichert Intelligenz, Weisheit und Wissen

Es gibt eine bekannte Geschichte aus dem alten China: Malaria hatte sich über ein großes Gebiet des Landes ausgebreitet. Zu jener Zeit fehlte es an Medizin und Kräutern. Es war bekannt, dass ein Kraut namens »Mao Er Chao« Malaria sehr gut heilen konnte. Die Menschen eilten, um es aus dem Boden zu holen, abzukochen und zu trinken. Der Nachschub dieses Krauts ging bald zur Neige.

Ein weiser Mann sagte: »Wenn wir die Kräuter nicht finden können, ›sprechen‹ wir die Kräuter.«

Die Menschen begannen daraufhin zu chanten: »Ich esse Mao Er Chao. Ich esse Mao Er Chao. Bitte heile mich. Bitte heile mich.« Nur dadurch, dass sie dies taten, genasen die Menschen allmählich von der Malaria.

Mein geliebter spiritueller Vater, Meister Dr. Zhi Chen Guo, erschuf die Körper-Raum-Medizin, die sich in China und selbst in fremden Ländern immer weiter ausbreitet. Die Körper-Raum-Medizin hat Millionen von Menschen in China gedient. Ihr wurde zugeschrieben, dass im Jahr 2003 dort die SARS-Epidemie eingedämmt wurde. Es gibt einen Dokumentarfilm mit dem Titel »Soul Masters«, der die Essenz der Körper-Raum-Medizin zeigt (siehe meine Website).

Meister Guo lehrt die Menschen, die *Botschaft* (das ist die »Seele«) der Kräuter für die Heilung zu benutzen. In der Körper-Raum-Medizin gibt es zwei Kräuter, die für die Heilung der verschiedensten Krankheiten wesentlich sind. Eines ist Gong Ying (der Löwenzahn). Das andere ist Du Huo (die Angelikawurzel oder Engelwurz). Ich habe Tausende von Schülern, die die Seelen dieser zwei Kräuter für die Seelenheilung einsetzen, indem sie »Gong Ying, Du Huo, Gong Ying, Du Huo, Gong Ying, Du Huo, Gong Ying, Du Huo …« chanten. Die verschiedensten Leute konnten bemerkenswerte Heilerfolge verzeichnen, nachdem sie die Seelen jener Kräuter auf solche Weise angerufen hatten.

Diese zwei Geschichten zeigen uns, dass die Seele oder Botschaft der Kräuter die Heilkraft der physischen Kräuter in sich trägt. Viele Menschen haben die Botschaft oder Seele der Kräuter zur Heilung angewandt und großartige Ergebnisse erzielt. Dies beweist erneut, dass die Seele

Kraft und Weisheit in sich trägt. Die Seele der Kräuter weiß genau, was für die Heilung getan werden muss. Wir müssen ihr nicht sagen, was zu tun ist. Die Seele hat ihre eigene Intelligenz und Fähigkeit, zu dienen.

Es gibt unzählige Erzählungen über Gebete in der Geschichte der spirituellen Wesen und spirituellen Traditionen, einschließlich aller Religionen und weiterer Überlieferungen. Die Menschen bitten Gott, Jesus, Maria, die Buddhas, taoistische und christliche Heilige, Lamas, Gurus sowie andere um Heilung und Segnung.

Es gibt zahllose Erzählungen über daraufhin empfangene Heilungen, Segnungen und Lebenstransformationen. Zu beten bedeutet, eine Seele zu bitten, sie möge heilen, segnen und transformieren. In der gesamten Menschheitsgeschichte haben die Resultate von Gebeten uns gezeigt, dass die Seele die Kraft zu dienen hat. Die Zeit hat bewiesen, dass Gebete wirken. Wie könnten sie sonst Tausende von Jahren in der Geschichte überdauert haben?

Beten ist großartig. Nun hat das Göttliche mich angeleitet, dir und der gesamten Menschheit zwei neue Wege weiterzugeben, um spirituelle Segnungen zu erhalten. Der eine ist die Sag-*hallo*-Heilung. Diese Weisheit hatte ich in meinem Buch *Seele Geist Körper Medizin*[22] weitergegeben. Der andere sind die Seelenanordnungen, die ich in Kapitel 4 erklärt habe. Diese zwei neuen Wege sind kraftvolle Seelengeheimnisse.

Das Ein-Satz-Geheimnis der Intelligenz, der Weisheit und des Wissens der Seele lautet:

*Die Seele trägt Kraft, Intelligenz, Weisheit und Wissen in sich,
zu heilen und Leben zu transformieren; wir müssen nur
danach fragen.*

Bitte die Intelligenz, die Weisheit und das Wissen der Seele, Kraft an dein Herz und deinen Geist zu übertragen

Wir wissen, dass die Seele Kraft hat. Unsere eigene Seele hat Kraft. Christliche Heilige, Buddhas, Heilungsengel und alle »Schichten« der spirituellen Väter und Mütter haben ihre Kraft, uns zu segnen. Die einfache und wichtige Weisheit ist es, dass du deine Seele direkt danach fragst, dein Leben zu segnen und dir Seelenweisheit und -wissen zu liefern. Wir können auch die verschiedensten spirituellen Väter und Mütter bitten, ihre Intelligenz, ihre Weisheit und ihr Wissen an uns zu übertragen. Wir können uns sogar direkt an das Göttliche wenden, es möge uns Weisheit und Wissen senden. Das Göttliche sagte mir im Jahr 2003, es sei ein universeller Diener. Wenn das Göttliche ein universeller Diener ist, sind wir alle universelle Diener. Jede Seele ist ein universeller Diener. Eine Seele liebt es, zu dienen. Eine Seele liebt es, zu teilen. *Der Schlüssel ist, zu bitten.*

Lass mich einige Beispiele aufführen, um mit dir zu schauen, wie man fragt. Dann, im weiteren Verlauf dieses Kapitels, werde ich dir praktische Werkzeuge geben, um nach Intelligenz, Weisheit und Wissen der Seele zu fragen.

Das erste Beispiel:

Liebe Seelen meiner Knie,
ich liebe euch.
Ihr habt die Kraft, euch selbst zu heilen.
Bitte heilt meine Knie.
Danke.

Dann chante:

Meine Knieseelen heilen meine Knie.
Meine Knieseelen heilen meine Knie.
Meine Knieseelen heilen meine Knie.
Meine Knieseelen heilen meine Knie …

Wenn du Knieprobleme hast, chante jeweils drei bis fünf Minuten lang drei- bis fünfmal am Tag für die Heilung deiner Knie. Wenn du ein ernsthaftes oder chronisches Knieproblem hast, chante länger und öfter – je länger, desto besser. Dies ist die Sag-*hallo*-Heilung.

Wenn du kein Knieproblem hast, aber zur Prophylaxe etwas tun willst, wie wendest du dann diese Weisheit an? So geht es:

Liebe Seelen meiner Knie,
ich liebe euch.
Ihr habt die Kraft, Knieproblemen vorzubeugen und meine
Knie zu verjüngen und ihr Leben zu verlängern.
Bitte macht eure Sache gut.
Danke.

Dann chante:

Meine Knieseelen beugen meinen Knieproblemen vor,
verjüngen und verlängern das Leben meiner Knie.
Meine Knieseelen beugen meinen Knieproblemen vor,
verjüngen und verlängern das Leben meiner Knie.
Meine Knieseelen beugen meinen Knieproblemen vor,
verjüngen und verlängern das Leben meiner Knie.
Meine Knieseelen beugen meinen Knieproblemen vor,
verjüngen und verlängern das Leben meiner Knie …

Chante drei- bis fünfmal am Tag jeweils drei bis fünf Minuten lang für die Prävention von Knieproblemen und für die Verjüngung und Verlängerung des Lebens deiner Knie.

Im zweiten Beispiel werde ich wieder die Knie benutzen, um die Weisheit zu vermitteln. Dieses Exempel wiederholt, was du über Seelenanordnungen gelernt hast. Und so macht man es.

Wenn du ein Knieproblem hast, sende eine Seelenanordnung wie folgt aus:

Liebe Seelen meiner Knie,
ich ordne an, dass ihr meine Knie heilt.
Danke.

Dann wiederhole:

Meine Seele gibt den Seelen meiner Knie die Anordnung,
meine Knie zu heilen.
Meine Seele gibt den Seelen meiner Knie die Anordnung,
meine Knie zu heilen.
Meine Seele gibt den Seelen meiner Knie die Anordnung,
meine Knie zu heilen.
Meine Seele gibt den Seelen meiner Knie die Anordnung,
meine Knie zu heilen …

Erweise am Ende der Übung deine große Dankbarkeit:

Danke, danke, danke.

Übe drei- bis fünfmal am Tag jeweils drei bis fünf Minuten, je länger, desto besser.

Diese Seelenanordnung kommt von deiner Seele. In Kapi-

tel 4 habe ich dir weitere Weisheiten und Prinzipien mitgeteilt, die zu befolgen sind, um eine Seelenanordnung zu
geben. Diese zwei Beispiele beleuchten die Weisheiten und
Übungen der Sag-*hallo*-Heilung und der Techniken der
Seelenanordnung. Die Seele hat Intelligenz, Kraft und
Kompetenz. Du kannst die Seele um etwas bitten. Du
kannst eine Anordnung von deiner Seele aussenden. So
oder so wird die Seele antworten. Die Seele wird dir
dienen.

Vergiss nie Dankbarkeit und Respekt. Selbst wenn du
eine Anordnung an die Seelen deiner Knie aussendest,
denk immer daran, Dankbarkeit und Respekt zu zeigen.
Wenn du den Seelen deiner Knie keine aufrichtige Dankbarkeit und keinen aufrichtigen Respekt zeigst, werden
die Seelen deiner Knie nicht auf deine Anordnung hören
und nicht gut dienen.

Indem du die Weisheit dieser zwei Beispiele ausweitest,
kannst du auf dieselbe Art und Weise Heilung, Prävention und Verjüngung an jeden Teil deines Körpers senden.

Bei meinem dritten Beispiel geht es darum, jeden Aspekt
deines Lebens zu transformieren. Hier ist eine Art, dies zu
tun:

Liebe göttliche Liebesseele und liebe göttliche Vergebungs-
seele (verbleibende göttliche Seelenschätze, die du bekamst,
als du Kapitel 2 über das Karma gelesen hast),
ich liebe, ehre und wertschätze euch.
Bitte heilt und transformiert mein _____
(erbitte jede Heilung oder Transformation, die du dir für einen
Aspekt deines Lebens erwünschst, einschließlich Beziehungen
und finanzieller Angelegenheiten).

Dann chante stumm oder laut:

Göttliche Liebesseele und göttliche Vergebungsseele, heilt und transformiert mein _____.
Göttliche Liebesseele und göttliche Vergebungsseele, heilt und transformiert mein _____.
Göttliche Liebesseele und göttliche Vergebungsseele, heilt und transformiert mein _____.
Göttliche Liebesseele und göttliche Vergebungsseele, heilt und transformiert mein _____ …

Übe drei- bis fünfmal am Tag jeweils drei bis fünf Minuten lang, je länger, desto besser.

Dieses dritte Beispiel ist der göttliche Weg, um jeden Aspekt deines Lebens zu heilen und zu transformieren. Diese göttlichen Seelenschätze sind unbezahlbar. Wir sind geehrt und voller Bewunderung. Wir sind sprachlos, unsere Herzen sind tief berührt.

Wie man die Intelligenz, die Weisheit und das Wissen der Seele entwickelt

Jede Seele hat Kraft, Intelligenz, Weisheit und Wissen. Jede Seele kann ihre Kraft, ihre Intelligenz, ihre Weisheit und ihr Wissen immer weiter entwickeln. Wie? Dieser Abschnitt wird dir Seelengeheimnisse über die Entwicklung der Intelligenz, der Weisheit und des Wissens der Seele aufzeigen.

Sei ein Diener des totalen GOLD

Um die Intelligenz der Seele zu entwickeln, gibt es nur ein wichtiges Ein-Satz-Geheimnis: *Diene der Menschheit und allen Seelen.*

Das Göttliche dient. Jeder Heilige dient. Jeder spiritueller Vater und jede spirituelle Mutter dienen. Jedes menschliche Wesen dient. Jede Seele dient.

Es gibt verschiedene Ebenen des Dienens. Diene ein wenig, diene mehr oder diene bedingungslos. Die verschiedenen Ebenen des Dienens bringen jeweils völlig andere Resultate.

Diene ein wenig. Gewinne ein wenig Seelenintelligenz und -kraft.

Diene mehr. Gewinne mehr Seelenintelligenz und -kraft.

Diene bedingungslos. Gewinne unbegrenzte Seelenintelligenz und -kraft.

Was ist bedingungsloses Dienen an der Menschheit und allen Seelen? Es bedeutet, all deine Selbstsucht, dein Ego, deine Anhaftungen und negativen Einstellungen und Emotionen zu überwinden. Dein Herz und deine Seele sind der Erschaffung von Liebe, Frieden und Harmonie für andere, für die Menschheit und alle Seelen geweiht.

Der Himmel ist außerordentlich gerecht.

Du dienst. Der Himmel schaut zu.

Du dienst. Der Himmel zeichnet auf.

Du dienst. Der Himmel belohnt.

Du dienst. Der Himmel lädt dich mit Licht, Flüssigkeit und Nährstoffen des Himmels auf, um deine Energie, Ausdauer, Vitalität und Immunität zu kräftigen.

Du dienst. Der Himmel heilt deinen physischen, emotionalen, mentalen und spirituellen Körper.

Du dienst. Der Himmel beugt Krankheiten in all deinen Körpern vor.

Du dienst. Der Himmel verjüngt und verlängert dein Leben.

Du dienst. Der Himmel transformiert jeden Aspekt deines Lebens, einschließlich Beziehungen und finanzieller Angelegenheiten.

Du dienst. Der Himmel läutert deine Seele, dein Herz, deinen Geist und deinen Körper.

Du dienst. Der Himmel erhöht die Intelligenz, die Weisheit und das Wissen deiner Seele.

Du dienst. Der Himmel überträgt Seelenkraft und -fähigkeiten, um zu segnen und zu dienen.

Besonders wichtig:

Du dienst. Der Himmel erhöht den Stand deiner Seele.

Den Stand deiner Seele zu erhöhen bedeutet, Seelenerleuchtung zu erlangen. Es gibt verschiedene Ebenen der Seelenerleuchtung. Jesus, Maria, die Buddhas, taoistische Heilige und alle großen Lehrer dienen weiterhin, um ihren Seelenstand eine Stufe um die andere zu erhöhen. Ich werde in Kapitel 13 die wichtigsten Geheimnisse, Weisheit, Wissen und Übungen für die Seelenerleuchtung weitergeben.

Um die Intelligenz, die Weisheit und das Wissen deiner Seele erhöhen zu helfen, werde ich jetzt zwei wichtige Seelengeheimnisse für die Menschheit enthüllen:

1. Die Seele hat ein Gehirn.
2. Es gibt zwei geheime Seelenzentren im Körper für die Intelligenz, die Weisheit und das Wissen der Seele.

Die Seele hat ein Gehirn

Die Seele eines Menschen ist ein goldenes Lichtwesen. Innerhalb der Seele gibt es verschiedene Teile. Die Seele hat ein Gehirn. Die Seele hat ein Herz. Die Seele hat Nieren, Leberzellen sowie Lungen-DNS und -RNS.

Das Hirn der Seele trägt die Intelligenz, die Weisheit und das Wissen der Seele aus allen Leben in sich. Das Hirn der Seele kann seine Intelligenz, seine Weisheit und sein Wissen weiterentwickeln. Es gibt zwei geheime Seelenzentren im Körper zur Bewahrung und Weiterentwicklung der Intelligenz, der Weisheit und des Wissens der Seele.

Das erste geheime Seelenzentrum der Intelligenz, der Weisheit und des Wissens der Seele

Das erste geheime Seelenzentrum ist das Botschaftenzentrum. Geh vom Mittelpunkt deines Sternums oder Brustbeins (in der Traditionellen Chinesischen Medizin ist dies der Akupunkturpunkt namens »Shan Zhong«) 2,5 *cun*[23] in deinen Körper hinein. Dies ist die Mitte deines Botschaftenzentrums (Herzchakras), das ein faustgroßes Energiezentrum ist.

Das Botschaftenzentrum ist eines der wichtigsten Energiezentren, weil es das Zentrum ist für Seelenkommunikation, -sprache, Heilung, Emotionen, Liebe, Vergebung, Mitgefühl, Karma, Lebenstransformation und Seelenerleuchtung.

Dieses erste geheime Seelenzentrum der Intelligenz, der Weisheit und des Wissens der Seele speichert alle Botschaften aus all deinen Lebenszeiten. Wenn dein Botschaftenzentrum hoch entwickelt ist, kannst du alle Informationen aus all deinen früheren Leben aufrufen. Und was vor allem wichtig ist, du kannst die Intelligenz, die Weisheit und das Wissen der Seele aus all deinen früheren Leben aufrufen.

Wie bekommst du Zugang zu diesem unglaublichen »Lagerhaus«? So wird es gemacht:

Liebe Seele meines Botschaftenzentrums,
ich liebe, ehre und wertschätze dich.
Kannst du mir Intelligenz, Weisheit und Wissen der Seele liefern?
Ich bin sehr dankbar.
Danke.

Dann chante:

Die Seele meines Botschaftenzentrums liefert meinem Herzen
und meinem Geist Intelligenz, Weisheit und Wissen der Seele.
Die Seele meines Botschaftenzentrums liefert meinem Herzen
und meinem Geist Intelligenz, Weisheit und Wissen der Seele.
Die Seele meines Botschaftenzentrums liefert meinem Herzen
und meinem Geist Intelligenz, Weisheit und Wissen der Seele.
Die Seele meines Botschaftenzentrums liefert meinem Herzen
und meinem Geist Intelligenz, Weisheit und Wissen der Seele …

Übe jeweils drei bis fünf Minuten lang stumm oder laut, je länger, desto besser. Nach dem Ausführen dieser Übungen wirst du positiv überrascht sein. Deine Intelligenz, deine Weisheit und dein Wissen werden sich sehr wahrscheinlich so stark verbessern, dass es dein Verständnis übersteigt. Die Art, wie du mit deinem Leben umgehst, einschließlich Heilung, Beziehungen und finanzieller Angelegenheiten, kann dramatisch transformiert worden sein. Die Intelligenz, die Weisheit und das Wissen deiner Seele sind grenzenlos. Je mehr du übst, desto mehr wirst du von deiner Seele empfangen.

Lass mich diese Belehrung ausweiten. Ich werde den göttlichen Weg zur Entwicklung der Intelligenz, der Weisheit und des Wissens deiner Seele weitergeben.

Bereite dich vor, das sechste göttliche Seelentransplantat in diesem Buch zu empfangen:

**das göttliche Seelentransplantat des
göttlichen Botschaftenzentrums.**

Setz dich aufrecht hin. Leg die Spitze deiner Zunge in die Nähe deines Gaumens. Entspann dich. Öffne dein Herz und deine Seele.

Sei bereit!

**Göttliches Seelentransplantat des
göttlichen Botschaftenzentrums.
Stille Übertragung!**

Schließ deine Augen für dreißig Sekunden, um diesen wichtigen göttlichen Seelenschatz zu empfangen.

Hao! Hao! Hao!
Danke, danke, danke.

Ich danke dir, Göttliches.

Lass mich dir jetzt zeigen, wie der göttliche Weg zur Entwicklung der Intelligenz, der Weisheit und des Wissens der Seele angewendet wird.

Meine liebe göttliche Seele des göttlichen Botschaftenzentrums,
ich liebe, ehre und wertschätze dich.
Bitte liefere deine Intelligenz, deine Weisheit und dein Wissen
an meine Seele, mein Herz, meinen Geist und meinen Körper.

Ich bin sehr dankbar.
Danke.

Dann chante:

Das göttliche Botschaftenzentrum überträgt göttliche
Seelenintelligenz, göttliche Seelenweisheit und göttliches
Seelenwissen an meine Seele, mein Herz, meinen Geist und
meinen Körper.
Das göttliche Botschaftenzentrum überträgt göttliche
Seelenintelligenz, göttliche Seelenweisheit und göttliches
Seelenwissen an meine Seele, mein Herz, meinen Geist und
meinen Körper.
Das göttliche Botschaftenzentrum überträgt göttliche
Seelenintelligenz, göttliche Seelenweisheit und göttliches
Seelenwissen an meine Seele, mein Herz, meinen Geist und
meinen Körper.
Das göttliche Botschaftenzentrum überträgt göttliche
Seelenintelligenz, göttliche Seelenweisheit und göttliches
Seelenwissen an meine Seele, mein Herz, meinen Geist und
meinen Körper ...

Übe jeweils drei bis fünf Minuten lang stumm oder laut,
je länger, desto besser.

Hao! Hao! Hao!
Danke, danke, danke.

Die Seele des göttlichen Botschaftenzentrums verfügt über
Intelligenz, Weisheit und Wissen jenseits von Verständnis
und Vorstellungskraft. Grenzenlose Kraft und Weisheit
liegen im göttlichen Botschaftenzentrum. Deshalb ist diese Übung unbegrenzt möglich. Je mehr du übst, desto

mehr Gewinn wirst du erhalten. Danke dir, Göttliches, dass du dein Botschaftenzentrum an jeden Leser überträgst. Kannst du dir vorstellen, wie großzügig es vom Göttlichen ist, seine Seelenschätze an die Menschheit zu geben, damit wir unsere Seelenintelligenz, -weisheit und unser Seelenwissen entwickeln? Wir sind außerordentlich geehrt. Es fehlen die Worte, um unsere größte Dankbarkeit an das Göttliche auszudrücken.

Das zweite geheime Seelenzentrum der Intelligenz, der Weisheit und des Wissens der Seele

Das zweite geheime Seelenzentrum ist das Abdomen, der Unterbauch. Das Abdomen ist das fundamentale Energiezentrum für ein menschliches Wesen, weil es die Bereiche der Akupunkturpunkte Unteres Dan Tian sowie Schneeberg umfasst. Es ist auch die fundamentale Quelle der Materie für ein menschliches Wesen, weil dort Verdauung und Absorption stattfinden.

Materie und Energie wechseln und transformieren sich ständig ineinander. Gewöhnlich befindet sich Materie innerhalb der Zellen. Fortwährend schwingen die Zellen, ziehen sich zusammen und dehnen sich aus. Wenn sich Zellen zusammenziehen, transformiert sich die Materie in den Zellen zu Energie außerhalb der Zellen. Wenn sich Zellen ausdehnen, transformiert sich die Energie außerhalb der Zellen zu Materie in den Zellen.

Die Transformation zwischen der Materie in den Zellen und der Energie außerhalb von ihnen ist fortlaufend. Jedes Mal, wenn die Transformation geschieht, werden die Frequenzen der Energie und der Materie transformiert. Seit jeher haben energetisch und spirituell Übende auf der ganzen Welt bewusste Übungen entwickelt, um die Frequenzen ihrer Materie und Energie zu verfeinern. Zu diesen Übungen, die alle Teil des Xiu Lian, der »Reinigungsübung«, sind, gehören die Meditation, das Chanting, der Energieaustausch mit dem Universum und anderes mehr.

In meinem bereits erwähnten Buch *Seele Geist Körper Medizin* habe ich eine neue Meditation gelehrt, die universelle Meditation. Während der universellen Meditation werden die gesamte Konzentration und der Fokus deines Geistes, jedes spirituelle Bild, das du sehen wirst, und alle Seelen, die du anrufst, in deinen Unterleib gelenkt. In jenem Buch habe ich jedoch das wichtige Seelengeheimnis über das Abdomen noch nicht aufgedeckt, weil die Zeit noch nicht reif war. Nun ist es so weit, der Menschheit zu sagen, dass unser Abdomen das zweite geheime Seelenzentrum der Seelenintelligenz, -weisheit und des Seelenwissens ist.

Warum ist das Abdomen das zweite geheime Seelenzentrum? Es hat sehr viel mehr Platz als das Botschaftenzentrum. Das Abdomen ist der größte Raum im Körper, speziell für energetisch und spirituell Übende, bereit, die Frequenzen der eigenen Energie und Materie zu transformieren. Das Ziel eines Xiu Lian Praktizierenden ist es, die Frequenzen immer kleiner zu machen. Wenn dies geschieht, wird die Kraft stärker und stärker. Mit der richtigen energetischen und spirituellen Übung geschieht die Verjüngung der eigenen Seele, des Geistes und Körpers auf natürliche Weise. Das eigene System, die Organe, die Zellen, die DNS und RNS werden sich auf natürliche Art verbessern und verjüngen. Die Intelligenz der eigenen Seele, des Herzens, des Geistes und des Körpers wird auf natürliche Weise erhöht werden.

Deshalb ist der Unterbauch nicht nur das fundamentale Energiezentrum und ein Zentrum der Materie. Es ist auch ein Zentrum der spirituellen Reinigung und der Verjüngung. Es kommuniziert mit dem Universum durch den größten Raum und mit dem größten Potenzial. Durch universelle Meditation wird die Seelenkommunikation mit dem Universum, dem Göttlichen und den spirituellen Vätern und Müttern aus allen Ebenen des Himmels die eigene Seelenintelligenz Schritt um Schritt verbessern. Deshalb ist der Unterbauch das zweite geheime Seelenzentrum für das eigene Leben.

Der Unterbauch enthält viele potenzielle Botschaften der Seele, welche die Intelligenz, die Weisheit und das Wissen deiner Seele anheben können. Um dieses Geheimnis zu verstehen, musst du universelle Meditation ausüben. Das Potenzial für die universelle Meditation ist unbegrenzt. Der Schlüssel ist, all deine spirituellen Väter und Mütter aus allen Ebenen des Himmels und auch andere Seelen anzurufen, in dein Abdomen zu kommen. Dann bitte sie einfach, deiner Seele, deinem Herzen, deinem Geist und deinem Körper Seelenintelligenz, -weisheit und -wissen zu geben.

Jedermann hat unbegrenztes Potenzial, die Seelenintelligenz zu erhöhen. Ich hoffe, du wirst dein zweites geheimes Seelenzentrum entwickeln. Erhöhe deine Seelenintelligenz; die Herz-, Geist- und Körperintelligenz werden folgen. Verjünge deine Seele, dein Herz, deinen Geist und deinen Körper. Erhöhe deine Energie, Ausdauer, Vitalität und Immunität. Erfülle deine Seelen- und deine Reise in der materiellen Welt.

Lass mich dir zeigen, wie du in diesem zweiten geheimen Seelenzentrum üben kannst, um deine Seelenintelligenz, deine Seelenweisheit und dein Seelenwissen zu entwickeln:

Liebe Seele, lieber Geist und lieber Körper meines Abdomens,
ich liebe, ehre und werschätze euch.
Ich danke euch sehr, dass ihr mein zweites geheimes
Seelenzentrum seid.
Bitte gebt mir eure potenziellen Botschaften der Seele, um
meine Seelenintelligenz, meine Seelenweisheit und mein
Seelenwissen zu entwickeln.
Ich bin euch sehr dankbar.
Danke.

Dann kannst du Jesus, Maria, Heilige, die Buddhas und deine spirituellen Väter und Mütter in allen Ebenen des Himmels anrufen, in dein Abdomen zu kommen, um dir Seelenintelligenz, -weisheit und -wissen zu geben. Sag *hallo* wie folgt:

Lieber Jesus, liebe Maria, liebe Heilige, liebe Buddhas und alle
meine spirituellen Väter und Mütter,
ich liebe, ehre und wertschätze euch.
Bitte kommt und setzt euch in mein Abdomen.
Bitte gebt meiner Seele, meinem Herzen, meinem Geist und
meinem Körper eure Seelenintelligenz, eure Seelenweisheit
und euer Seelenwissen.
Danke.

Dann chante, still oder laut:

Bitte gebt meiner Seele, meinem Herzen, meinem Geist und
meinem Körper eure potenziellen Botschaften der Seele und
eure Seelenintelligenz, eure Seelenweisheit und euer
Seelenwissen.
Bitte gebt meiner Seele, meinem Herzen, meinem Geist und
meinem Körper eure potenziellen Botschaften der Seele und

eure Seelenintelligenz, eure Seelenweisheit und euer
Seelenwissen.

Bitte gebt meiner Seele, meinem Herzen, meinem Geist und
meinem Körper eure potenziellen Botschaften der Seele und
eure Seelenintelligenz, eure Seelenweisheit und euer
Seelenwissen.

Bitte gebt meiner Seele, meinem Herzen, meinem Geist und
meinem Körper eure potenziellen Botschaften der Seele und
eure Seelenintelligenz, eure Seelenweisheit und euer
Seelenwissen …

Chante jeweils mindestens drei Minuten lang, je länger,
desto besser.

Hao! Hao! Hao!
Danke, danke, danke.
Bitte kehrt zurück.

Du kannst jeden großen Lehrer auffordern, in dein Abdomen zu kommen, um dir Seelenintelligenz, -weisheit und
-wissen zu geben. Du kannst die Seelen von Planeten,
Sternen, Galaxien und Universen anrufen, um dir Seelenintelligenz, -weisheit und -wissen zu geben.

Und lass mich dir schließlich den göttlichen Weg aufzeigen,
um göttliche Seelenintelligenz, -weisheit und göttliches Seelenwissen durch dein zweites Seelenzentrum zu empfangen.
Wir werden alle unsere göttlichen Geschenke nutzen.

Bis hierher habt ihr sechs göttliche Seelen-Übertragungen
in diesem Buch als Geschenke erhalten:

- das göttliche Seelentransplantat der göttlichen Liebe,
- das göttliche Seelentransplantat der göttlichen Vergebung,

- das göttliche Seelentransplantat des göttlichen Friedens,
- das göttliche Seelentransplantat der göttlichen Harmonie,
- das göttliche Seelentransplantat der göttlichen Stimme und
- das göttliche Seelentransplantat des göttlichen Botschaftenzentrums.

Der eine oder andere Leser mag schon früher andere göttliche Seelen-Übertragungen erhalten haben. Viele meiner zertifizierten Lehrer und fortgeschrittenen Schüler haben Hunderte von göttlichen Seelen-Übertragungen empfangen.
Und so übt man mit ihnen:

Liebe göttlichen Seelen, die ich bisher empfangen habe,
ich liebe, ehre und wertschätze euch.
Bitte geht in mein Abdomen, um meiner Seele, meinem Herzen, meinem Geist und meinem Körper göttliche Seelenintelligenz, göttliche Seelenweisheit und göttliches Seelenwissen zu übertragen.
Ich bin sehr dankbar.
Danke.

Dann chante:

Göttliche Seelen übergeben göttliche Seelenintelligenz,
göttliche Seelenweisheit und göttliches Seelenwissen an
meine Seele, mein Herz, meinen Geist und meinen Körper.
Göttliche Seelen übergeben göttliche Seelenintelligenz,
göttliche Seelenweisheit und göttliches Seelenwissen an
meine Seele, mein Herz, meinen Geist und meinen Körper.

Göttliche Seelen übergeben göttliche Seelenintelligenz,
göttliche Seelenweisheit und göttliches Seelenwissen an
meine Seele, mein Herz, meinen Geist und meinen Körper.
Göttliche Seelen übergeben göttliche Seelenintelligenz,
göttliche Seelenweisheit und göttliches Seelenwissen an
meine Seele, mein Herz, meinen Geist und meinen Körper ...

Übe mindestens drei Minuten lang, je länger, desto besser.

Hao! Hao! Hao!
Danke, danke, danke.
Bitte kehrt zurück.

Diese Techniken sind grundlegend. Sie kommen direkt auf den Punkt. Sie decken tiefgreifende Geheimnisse auf, wie du deine Seelenintelligenz und -weisheit sowie dein Seelenwissen entwickeln kannst. Und, ganz wichtig, sie zeigen das »Hauptgeheimnis« auf, wie du göttliche Seelenintelligenz, -weisheit und göttliches Seelenwissen empfangen kannst.

Diese Techniken mögen unglaublich einfach scheinen, aber dies sind die Techniken und die Weisheit, die das Göttliche durch mich hindurchfließen lässt, während ich dieses Buch schreibe.

Ergreife sie.

Wende sie an.

Profitiere von ihnen.

Ich danke dir, Göttliches.

Ich danke euch, Seelen im Universum.

Hao! Hao! Hao!

7

Seelenheilung: Bahnbrechende Heilung für das 21. Jahrhundert

Es gibt viele Heilungsmethoden. Wir haben die moderne konventionelle, die Traditionelle Chinesische, die ayurvedische und die ganzheitliche Medizin, die Naturheilkunde, die Geist-Körper- und die energetische Medizin, Reiki, die Medizin der Liebe, Zhi-Neng-, Körper-Raum-, Seele-Geist-Körper-Medizin und weitere mehr. Es gibt weltweit Tausende von Heilungsmethoden. Wir respektieren jede Art von Medizin. Wir ehren jede Heilmethode. Wir danken ihnen für ihren Beitrag, die Leiden der Menschheit, der Tiere und aller Seelen lindern zu helfen. Während fünftausend Jahren hat die Traditionelle Chinesische Medizin das Chi, die vitale Energie oder die Lebensenergie, hervorgehoben. Das klassische Buch *Der Gelbe Kaiser* meint dazu:

> *Wenn das Chi fließt, ist man gesund.*
> *Wenn das Chi blockiert ist, ist man krank.*
> *Wenn das Chi fließt, folgt das Blut.*
> *Wenn das Chi blockiert ist, stagniert das Blut.*

Diese Grundtheorie hat die Traditionelle Chinesische Medizin während fünftausend Jahren gelenkt. Die Traditionelle Chinesische Medizin hat in ihrer langen Geschichte Millionen von Menschen mit außerordentlichen Heilerfolgen gedient. Die konventionelle moderne Medizin hat auch für Millionen von Menschen auf der ganzen Welt große Beiträge geleistet. Jede Medizin und jede Heilmethode hat viel geleistet, um der Menschheit zu dienen. Meine Bücher wie *Seele Geist Körper Medizin* und *Seelenkraft* unterstreichen die Seelenheilung. Die Seele-Geist-Körper-Medizin bietet der Menschheit ein komplettes Seelenheilungssystem an. Viele der Geheimnisse, der Weisheiten, viel Wissen und viele Übungen der Seele-Geist-Körper-Medizin werden der Menschheit weiterhin dienen. In diesem Kapitel wie im gesamten Buch fasse ich immer die wichtigsten Geheimnisse, die Weisheit und das Wissen der Seelenheilung zusammen. Ich möchte mit dir jetzt noch mal eine geheime Seelenheilungstechnik besprechen, die sehr einfach und doch kraftvoll und tiefgreifend ist.

Heile zuerst die Seele, dann wird die Heilung des Geistes und des Körpers folgen

Nachdem ich mein ganzes Leben lang moderne, Traditionelle Chinesische, Zhi-Neng-, Körper-Raum-Medizin und die energetischen und spirituellen Heilungsgeheimnisse und Weisheit von fünftausend Jahren studiert hatte, erhielt ich die göttliche Belehrung und Inspiration, um das Schlüsselgeheimnis und die allerwichtigste Weisheit der Seelenheilung zusammenzufassen:

Heile zuerst die Seele; dann wird die Heilung des Geistes und des Körpers folgen.

Der Mensch hat eine Körperseele. Jedes System hat eine Seele. Jedes Organ hat eine Seele. Jede Zelle hat eine Seele. Jede DNS und RNS hat eine Seele. Jeder Raum zwischen den Zellen hat eine Seele. Wenn ein Organ krank ist, ist die Seele des Organs auch krank. Das Geheimnis der Seelenheilung ist es, die Seele des Organs zu heilen. Wenn die Seele des Organs geheilt ist, wird auch das Organ geheilt werden.

Wenn ein System gestört ist, ist die Seele des Systems krank. Heile die Seele des Systems. Die Heilung des Systems wird folgen.

Wenn die Zellen nicht normal funktionieren, sind die Seelen der Zellen angegriffen. Heile zuerst die Seelen der Zellen, dann wird die Funktion der Zellen wiederhergestellt.

Dies ist das neue Konzept der Seelenheilung. Warum bin ich mir so sicher, wenn ich sage, dass die Seelenheilung eine bahnbrechende Heilungsmethode für das 21. Jahrhundert ist? Weil die Seelenheilung bemerkenswerte Heilung für chronische Schmerzen und lebensbedrohende Zustände bringen wird. Seelenheilung wird die Menschheit dazu ermächtigen, sich selbst zu heilen. Meine Lehre ist:

Ich habe die Kraft, mich selbst zu heilen.
Du hast die Kraft, dich selbst zu heilen.
Gemeinsam haben wir die Kraft, die Welt zu heilen.

Weil alles eine Seele hat, ist diese Art der Heilung nicht auf menschliche Wesen beschränkt. Eine Firma hat eine Seele. Wenn in einem Unternehmen Störungen auftreten, ist seine Seele krank. Um seine Leistung zu erhöhen, musst du seine Seele heilen. Eine Stadt hat eine Seele. Ein Land hat eine Seele. Wenn eine Stadt oder ein Land gestört ist,

ist die Heilung der Seele der Stadt oder des Landes Voraussetzung für die Heilung der Stadt oder des Landes.

Die Seele ist der »Boss« eines menschlichen Wesens. In gleicher Weise sind die Seele einer Stadt, die Seele eines Landes jeweils der »Boss« der Stadt oder des Landes. Sei dir dieser Weisheit gewahr. Wenn du deine spirituellen Fähigkeiten hoch entwickelst, kannst du direkt mit dem Göttlichen kommunizieren, um diese Weisheit zu bestätigen.

Heilige und geheime Formeln
für die Seelenheilung

Die kraftvollste Technik ist hier die Seelenanordnung. Ich habe diese Weisheit und ihre Prinzipien in Kapitel 4 erklärt. Du kannst dir selbst eine Seelenanordnung senden, oder dein Organ kann sich eine schicken. Im Allgemeinen sollst du anderen keine Seelenanordnungen senden. Du hast eventuell nicht die Autorität, dies zu tun. Dein spiritueller Stand ist möglicherweise nicht hoch genug dafür.

Um anderen Heilenergien zu senden – dazu gehören Gruppen- und Seelenheilungen –, kannst du die Techniken nutzen, die ich in meinem Buch *Seele Geist Körper Medizin* weitergegeben habe.

Sagen wir, du willst deiner Schwester in Kanada, deinem Onkel in Europa und deinem Freund in Australien Heilung anbieten. Du kannst dann diesen drei Menschen gleichzeitig und aus der Ferne eine Gruppen-Seelenheilung bringen. Du musst sie dazu nicht anrufen. Du musst sie nicht mit Hilfe von Webcams sehen. Du kannst ihnen jederzeit und von überall her eine Fern-Gruppenheilung anbieten.

Hier ist ein einfaches Beispiel dafür, wie du eine Fern-Gruppenheilung mit der Sag-*hallo*-Heilung durchführen kannst. Dies soll dir als Grundvorbild für die Seelenheilung an anderen dienen.

Sag *hallo: Liebe Seele, lieber Geist und lieber Körper von*

_____

(nenn die drei Personen; du kannst auch ihre Organe oder Körperteile, die Heilung benötigen, nennen).
Gib Liebe: *Ich liebe euch.*
Mach eine Affirmation: *Ihr habt die Kraft, euch selbst zu heilen.*
Gib eine Anordnung: *Macht eure Sache gut!*
Bring Dankbarkeit zum Ausdruck: *Danke.*

Dann chante einige Minuten ein Heilungsmantra wie das Mantra San San Jiu Liu Ba Yao Wu, chinesisch für die heilende Zahl 3396815 (siehe auch Seite 140):

San San Jiu Liu Ba Yao Wu.
San San Jiu Liu Ba Yao Wu.
San San Jiu Liu Ba Yao Wu.
San San Jiu Liu Ba Yao Wu …

Dies ist die Kraft der Töne.
Visualisiere gleichzeitig goldenes Licht, das in den Körpern der drei Menschen strahlt. Visualisiere sie als Wesen in perfekter Gesundheit. Dies ist die Kraft des Geistes.

Hao! Hao! Hao!
Danke, danke, danke.

Du kannst dieses Beispiel anpassen, um Gruppen von Hunderten oder sogar Tausenden Menschen gleichzeitig

Seelenheilung anzubieten. So einfach kann Seelenheilung für andere sein. Die übrigen Seelenheilungstechniken der Seele-Geist-Körper-Medizin sind ebenso einfach, und doch sind sie alle kraftvoll und wirkungsvoll.

Seelenanordnungen sind der einfachste und kraftvollste Weg, Seelenselbstheilung zu machen. Wenn du zum Beispiel dein Kreislaufsystem heilen willst, ist dies die heilige und geheime Formel zur Seelenheilung:

Die Seelenanordnung heilt die Seele, den Geist und den Körper meines Kreislaufsystems.
Die Seelenanordnung heilt die Seele, den Geist und den Körper meines Kreislaufsystems.
Die Seelenanordnung heilt die Seele, den Geist und den Körper meines Kreislaufsystems.
Die Seelenanordnung heilt die Seele, den Geist und den Körper meines Kreislaufsystems …

Übe, indem du mindestens drei bis fünf Minuten lang stumm oder laut chantest, je länger, desto besser.

Dies ist das Ein-Satz-Seelenheilungsgeheimnis. Das Chanten dieses Mantras aktiviert eine Seelenanordnung, um dein Kreislaufsystem zu heilen. Diese Seelenanordnung wird von der Seele deines Körpers an die Seele, das Herz, den Geist und den Körper deines Kreislaufsystems gegeben.

Wie funktioniert das? Beherzige die Weisheit »Heile zuerst die Seele, dann wird die Heilung des Geistes und des Körpers folgen«.

Du kannst dies wiederholt üben, bis du genesen bist. Chante viele Male am Tag, und das so viele Tage wie nötig. Chronischer Schmerz und lebensbedrohende Zustände können etliche Stunden und Tage gewissenhaften Übens erfordern. Sei beharrlich. Hab Vertrauen.

Viele Menschen können eine sofortige Linderung erfahren. Wenn du keine umgehenden Resultate erreichst, sei nicht enttäuscht. Keine Ergebnisse zu empfangen oder wahrzunehmen heißt nicht, dass sich nichts verändert hat. Es bedeutet keineswegs, dass die Heilung nicht geschehen wäre. Blockaden auf der Ebene der Seele, des Geistes und des Körpers können schon bewegt worden sein, du hast diese Veränderungen nur noch nicht in deinem Körper gespürt oder gesehen. Übe weiter. Du wirst die Veränderungen wohl bald spüren. Dass du dich besser fühlst, heißt jedoch nicht, dass du schon geheilt bist. Du musst weiterhin üben, bis du vollständig genesen bist.

Dies ist die Kraft der Seele. Dies ist die bahnbrechende Heilungsmethode für die Menschheit. Du magst noch nicht genügend Erfahrung mit der Seelenkraft gemacht haben. Versuch es. Erfahr es. Profitiere davon. Während der letzten Jahre wurden mir Tausende Geschichten über bemerkenswerte Heilungsresultate durch Seelenheilung zugetragen. Ich teile diese Seelenheilungsgeheimnisse freigebig mit der Menschheit, um jeden zu ermächtigen, sich selbst zu heilen. Die Resultate sprechen für sich selbst.

Seelenheilung für Systeme, Organe, Zellen, Zelleinheiten, DNS, RNS und Zwischenräume des Körpers

Nutze das Ein-Satz-Seelenheilungsgeheimnis, um jeden Teil deines Körpers zu kurieren. Wenn in einem deiner Systeme eine Störung auftritt, zum Beispiel im Immunsystem, dann chante wie folgt:

Die Seelenanordnung heilt die Seele, den Geist und den Körper meines Immunsystems.
Die Seelenanordnung heilt die Seele, den Geist und den Körper meines Immunsystems.
Die Seelenanordnung heilt die Seele, den Geist und den Körper meines Immunsystems.
Die Seelenanordnung heilt die Seele, den Geist und den Körper meines Immunsystems …

Übe, indem du jeweils mindestens drei bis fünf Minuten stumm oder laut chantest, je länger, desto besser. Übe jeden Tag und täglich so oft, wie du kannst – bis du wieder völlig gesund bist.

Wenn du mit einem Organ Probleme hast, zum Beispiel mit deinem Herzen, dann chante wie folgt:

Die Seelenanordnung heilt die Seele, den Geist und den Körper meines Herzens.
Die Seelenanordnung heilt die Seele, den Geist und den Körper meines Herzens.
Die Seelenanordnung heilt die Seele, den Geist und den Körper meines Herzens.
Die Seelenanordnung heilt die Seele, den Geist und den Körper meines Herzens …

Wenn du mit deinen Zellen und Zelleinheiten Probleme hast, zum Beispiel in deinem Hirn leichte degenerative Veränderungen verspüren solltest, chante wie folgt:

Die Seelenanordnung heilt und verjüngt die Seele, den Geist und den Körper der Zellen und Zelleinheiten meines Hirns.
Die Seelenanordnung heilt und verjüngt die Seele, den Geist und den Körper der Zellen und Zelleinheiten meines Hirns.

Die Seelenanordnung heilt und verjüngt die Seele, den Geist
und den Körper der Zellen und Zelleinheiten meines Hirns.
Die Seelenanordnung heilt und verjüngt die Seele, den Geist
und den Körper der Zellen und Zelleinheiten meines Hirns …

Übe, indem du jeweils mindestens drei bis fünf Minuten
stumm oder laut chantest, je länger, desto besser. Übe jeden Tag und täglich so oft, wie du kannst – bis du wieder
völlig gesund bist.

Wenn du mit deiner DNS und RNS ein Problem hast, sagen wir ein genetisches Problem deines Blutes, so chante
wie folgt:

Die Seelenanordnung heilt die Seele, den Geist und den Körper
der DNS und RNS meiner Blutzellen.
Die Seelenanordnung heilt die Seele, den Geist und den Körper
der DNS und RNS meiner Blutzellen.
Die Seelenanordnung heilt die Seele, den Geist und den Körper
der DNS und RNS meiner Blutzellen.
Die Seelenanordnung heilt die Seele, den Geist und den Körper
der DNS und RNS meiner Blutzellen …

Übe, indem du jeweils mindestens drei bis fünf Minuten
stumm oder laut chantest, je länger, desto besser. Übe jeden Tag und täglich so oft, wie du kannst – bis du wieder
völlig gesund bist.

Alle Krankheiten kommen von energetischen und spirituellen Blockaden in den Zwischenräumen des Körpers,
und zwar sowohl in den größeren Räumen zwischen den
Organen als auch den kleineren zwischen den Zellen. Du
kannst Seelenheilung anbieten, indem du die Blockaden
in den Zwischenräumen entfernst. Hier ist ein Beispiel für
die Heilung einer Erkältung:

*Die Seelenanordnung heilt meine Erkältung, indem sie die
Zwischenräume in meinen Lungen frei macht.*
*Die Seelenanordnung heilt meine Erkältung, indem sie die
Zwischenräume in meinen Lungen frei macht.*
*Die Seelenanordnung heilt meine Erkältung, indem sie die
Zwischenräume in meinen Lungen frei macht.*
*Die Seelenanordnung heilt meine Erkältung, indem sie die
Zwischenräume in meinen Lungen frei macht ...*

Übe, indem du jeweils mindestens drei bis fünf Minuten
stumm oder laut chantest, je länger, desto besser. Übe jeden Tag und täglich so oft, wie du kannst – bis du wieder
völlig gesund bist.
Du kannst auch deine Energie, Ausdauer, Vitalität und
Immunität verstärken. Hier ist ein Beispiel:

*Die Seelenanordnung verstärkt meine Energie, Ausdauer,
Vitalität und Immunität.*
*Die Seelenanordnung verstärkt meine Energie, Ausdauer,
Vitalität und Immunität.*
*Die Seelenanordnung verstärkt meine Energie, Ausdauer,
Vitalität und Immunität.*
*Die Seelenanordnung verstärkt meine Energie, Ausdauer,
Vitalität und Immunität ...*

Übe, indem du jeweils mindestens drei bis fünf Minuten
stumm oder laut chantest, je länger, desto besser. Übe jeden Tag und täglich so oft, wie du kannst – bis du wieder
völlig gesund bist.
Übe, wann immer du einen Energieschub willst. Übe,
wann immer du das Gefühl hast, krank zu werden. Wie ist
dein energetischer Zustand jetzt?

Hao! Hao! Hao!
Danke, danke, danke.

Im Allgemeinen ist die Technik der Seelenheilung mit einer Seelenanordnung sehr kraftvoll. Manchmal braucht es allerdings seine Zeit, um vollends zu gesunden.

Eine wichtige Weisheit, die ich hier noch mitteilen muss, ist folgende: Wenn du großes negatives Karma hast, erzielst du eventuell nicht die gewünschten Resultate. Das Göttliche gab mir eine klare Belehrung. Du kannst, wie jeder andere auch, das eigene Karma auflösen. Um das Karma aufzulösen, musst du bedingungslosen universellen Dienst leisten. Aber es braucht Zeit, wenn du das Karma selbst auflösen willst. Die Auflösung eines gewichtigen schlechten Karmas kann Lebenszeiten dauern. Das Göttliche gab mir im Juli 2003 die Ehre, göttliche Karma-Reinigung anzubieten. Seither habe ich Tausenden von Menschen auf der ganzen Welt göttliche Karma-Reinigungen angeboten. Die Resultate sind herzanrührend und machen mich teilweise sprachlos. Versteh mich richtig. Wenn ich den Dienst der Karma-Reinigung anbiete, reinige nicht ich jemandes Karma. Das Göttliche beseitigt das schlechte Karma. Ich bin außerordentlich geehrt, ein Diener zu sein, der diesen Dienst der Menschheit anbietet.

Seelenheilung für Emotionen

Schon vor fünftausend Jahren erkannte die Traditionelle Chinesische Medizin die folgenden Zusammenhänge:

Die Leber ist verbunden mit Zorn.
Das Herz ist verbunden mit Angst und Depression.

Die Milz ist verbunden mit Sorgen.
Die Lungen sind verbunden mit Traurigkeit und Kummer.
Die Nieren sind verbunden mit Gefühlen der Furcht.

Die Leber, das Herz, die Milz, die Lungen und die Nieren sind Teil des physischen Körpers. Zorn, Angst und Depression, Sorgen, Traurigkeit und Kummer sowie Furcht sind Teil des emotionalen Körpers. Du kannst klar erkennen, dass der physische und der emotionale Körper eng verwandt sind. Wenn ein Organ – zum Beispiel die Leber – krank ist, wird man leicht zornig. Andererseits wird, wenn jemand viel Zorn in sich verspürt, dies der Leber schaden.

Indem du die Leber heilst, kannst du den Zorn heilen. Sobald du den Zorn heilst, profitiert deine Leber. Hier zeige ich, wie man die Seelenheilung bei emotionaler Unausgewogenheit einsetzt.

Wende das Ein-Satz-Seelenheilungsgeheimnis zur Heilung von Zorn wie folgt an:

Die Seelenanordnung heilt die Seele, den Geist und den Körper meiner Leber und entfernt meinen Zorn.
Die Seelenanordnung heilt die Seele, den Geist und den Körper meiner Leber und entfernt meinen Zorn.
Die Seelenanordnung heilt die Seele, den Geist und den Körper meiner Leber und entfernt meinen Zorn.
Die Seelenanordnung heilt die Seele, den Geist und den Körper meiner Leber und entfernt meinen Zorn ...

Übe, indem du jeweils mindestens drei bis fünf Minuten stumm oder laut chantest, je länger, desto besser. Übe jeden Tag und täglich so oft, wie du kannst – bis der Zorn wieder völlig verschwunden ist.

Wende das Ein-Satz-Seelenheilungsgeheimnis zur Heilung von Angst und Depression wie folgt an:

Die Seelenanordnung heilt die Seele, den Geist und den Körper meines Herzens und befreit mich von Angst und Depression. Die Seelenanordnung heilt die Seele, den Geist und den Körper meines Herzens und befreit mich von Angst und Depression. Die Seelenanordnung heilt die Seele, den Geist und den Körper meines Herzens und befreit mich von Angst und Depression. Die Seelenanordnung heilt die Seele, den Geist und den Körper meines Herzens und befreit mich von Angst und Depression …

Übe, indem du jeweils mindestens drei bis fünf Minuten stumm oder laut chantest, je länger, desto besser. Übe jeden Tag und täglich so oft, wie du kannst – bis deine Angst und deine Depression verschwunden sind.

Leidest du an Angst, aber nicht an Depression, chante:

Die Seelenanordnung heilt die Seele, den Geist und den Körper meines Herzens und befreit mich von Angst.
Die Seelenanordnung heilt die Seele, den Geist und den Körper meines Herzens und befreit mich von Angst.
Die Seelenanordnung heilt die Seele, den Geist und den Körper meines Herzens und befreit mich von Angst.
Die Seelenanordnung heilt die Seele, den Geist und den Körper meines Herzens und befreit mich von Angst …

Wenn du Depressionen hast, jedoch keine Angst, chante:

Die Seelenanordnung heilt die Seele, den Geist und den Körper meines Herzens und befreit mich von Depressionen.
Die Seelenanordnung heilt die Seele, den Geist und den Körper meines Herzens und befreit mich von Depressionen.

Die Seelenanordnung heilt die Seele, den Geist und den Körper
meines Herzens und befreit mich von Depressionen.
Die Seelenanordnung heilt die Seele, den Geist und den Körper
meines Herzens und befreit mich von Depressionen ...

Wende das Ein-Satz-Seelenheilungsgeheimnis zur Heilung
von Sorgen wie folgt an:

Die Seelenanordnung heilt die Seele, den Geist und den Körper
meiner Milz und entfernt meine Sorgen.
Die Seelenanordnung heilt die Seele, den Geist und den Körper
meiner Milz und entfernt meine Sorgen.
Die Seelenanordnung heilt die Seele, den Geist und den Körper
meiner Milz und entfernt meine Sorgen.
Die Seelenanordnung heilt die Seele, den Geist und den Körper
meiner Milz und entfernt meine Sorgen ...

Übe, indem du jeweils mindestens drei bis fünf Minuten
stumm oder laut chantest, je länger, desto besser. Übe jeden Tag und täglich so oft, wie du kannst – bis deine Sorgen verschwunden sind.
Wende das Ein-Satz-Seelenheilungsgeheimnis zur Heilung
von Kummer wie folgt an:

Die Seelenanordnung heilt die Seele, den Geist und den Körper
meiner Lungen und meines Kummers.
Die Seelenanordnung heilt die Seele, den Geist und den Körper
meiner Lungen und meines Kummers.
Die Seelenanordnung heilt die Seele, den Geist und den Körper
meiner Lungen und meines Kummers.
Die Seelenanordnung heilt die Seele, den Geist und den Körper
meiner Lungen und meines Kummers ...

Übe, indem du jeweils mindestens drei bis fünf Minuten stumm oder laut chantest, je länger, desto besser. Übe jeden Tag und täglich so oft, wie du kannst – bis dein Kummer verflogen ist.

Wende das Ein-Satz-Seelenheilungsgeheimnis zur Heilung von Furcht wie folgt an:

Die Seelenanordnung heilt die Seele, den Geist und den Körper meiner Nieren und entfernt meine Furcht.
Die Seelenanordnung heilt die Seele, den Geist und den Körper meiner Nieren und entfernt meine Furcht.
Die Seelenanordnung heilt die Seele, den Geist und den Körper meiner Nieren und entfernt meine Furcht.
Die Seelenanordnung heilt die Seele, den Geist und den Körper meiner Nieren und entfernt meine Furcht ...

Übe, indem du jeweils mindestens drei bis fünf Minuten stumm oder laut chantest, je länger, desto besser. Übe jeden Tag und täglich so oft, wie du kannst – bis deine Furcht verschwunden ist.

Diese praktischen Techniken sind unbezahlbare heilige und geheime Seelenschätze zur Heilung aller emotionalen Unausgeglichenheiten.

Wende sie an. Erfahre sie. Profitiere von ihnen.

Seelenheilung für mentale Störungen
und Blockaden des Geistes

Viele Menschen leiden an mentalen Störungen und anderen Blockaden des Geistes. Zu diesen Störungen gehören der Mangel an Vertrauen, mentale Verwirrung, ein Mangel an Klarheit und Konzentration, das Festhalten an negativen vorgefassten Meinungen, Gesinnungen und Überzeugungen, Egomanie, ADHS (Aufmerksamkeitsdefizit-Hyperaktivitätsstörung) und weitere ernsthafte Geisteskrankheiten wie Schizophrenie und bipolare Störungen.

Lass mich dir einige Beispiele geben, wie die geheime Ein-Satz-Seelenheilungsformel für die Heilung von mentalen Störungen und mentalen Blockaden anzuwenden ist. Hier ist ein Beispiel, um dein Selbstvertrauen zu erhöhen:

Die Seelenanordnung heilt meinen Geist, um mein
Selbstvertrauen zu erhöhen.
Die Seelenanordnung heilt meinen Geist, um mein
Selbstvertrauen zu erhöhen.
Die Seelenanordnung heilt meinen Geist, um mein
Selbstvertrauen zu erhöhen.
Die Seelenanordnung heilt meinen Geist, um mein
Selbstvertrauen zu erhöhen ...

Übe, indem du jeweils mindestens drei bis fünf Minuten stumm oder laut chantest, je länger, desto besser. Übe jeden Tag und täglich so oft, wie du kannst – bis dein Selbstvertrauen wiederhergestellt ist.

Im nächsten Beispiel geht es darum, die Geisteshaltung des Grübelns aufzulösen. Es ist sehr wichtig für deine spirituelle Reise, dass du diese Geisteshaltung überwindest.

Ein spirituelles Wesen muss Vertrauen in seine wahren spirituellen Väter und Mütter und in das Göttliche haben. Wie kannst du dich dazu verpflichten, ein Diener des totalen GOLD und bedingungsloser universeller Diener zu sein, wenn du Zweifel hast und grübelst? Diese Geisteshaltung aufzulösen wird großen Nutzen für deine spirituelle Reise bringen, ebenso wie für deine physische, emotionale und mentale Reise. Nutze diese geheime Ein-Satz-Seelenheilungsformel wie folgt:

Die Seelenanordnung heilt meinen Geist, um meine Zweifel zu beseitigen.
Die Seelenanordnung heilt meinen Geist, um meine Zweifel zu beseitigen.
Die Seelenanordnung heilt meinen Geist, um meine Zweifel zu beseitigen.
Die Seelenanordnung heilt meinen Geist, um meine Zweifel zu beseitigen …

Übe, indem du jeweils mindestens drei bis fünf Minuten stumm oder laut chantest, je länger, desto besser. Übe jeden Tag und täglich so oft, wie du kannst, um deine Zweifel zu beseitigen, damit du ein immer besserer bedingungsloser universeller Diener des totalen GOLD wirst.
Nutze die geheime Ein-Satz-Seelenheilungsformel zur Heilung der Aufmerksamkeitsdefizit-Hyperaktivitätsstörung wie folgt:

Die Seelenanordnung heilt meine ADHS.
Die Seelenanordnung heilt meine ADHS.
Die Seelenanordnung heilt meine ADHS.
Die Seelenanordnung heilt meine ADHS …

Übe, indem du jeweils mindestens drei bis fünf Minuten stumm oder laut chantest, je länger, desto besser. Übe jeden Tag und täglich so oft, wie du kannst, um deine ADHS zu heilen.

Die geheime Ein-Satz-Seelenheilungsformel ist die einfachste und stärkste Seelenheilungstechnik, die dir unter Anwendung deiner eigenen Seelenkraft zur Verfügung steht. Sie hat keinerlei Nebenwirkungen. Sie ist so einfach und doch so kraftvoll und tiefgreifend.

Ich wünsche dir, dass du gut übst.

Ich wünsche dir, dass die Resultate dich erfreuen.

Seelenheilung für spirituelle Blockaden

In Kapitel 2 über das Karma habe ich erklärt, dass spirituelle Blockaden, die schlechtem Karma entsprechen, der Grund für Schwierigkeiten in jedem Aspekt des Lebens sind, einschließlich Gesundheit, zerbrochener Beziehungen, finanzieller Herausforderungen und dergleichen mehr. Ich sagte auch, dass es nur einen Weg gibt, dein eigenes negatives Karma aufzulösen: Biete der Menschheit und der Gesellschaft bedingungslosen universellen Dienst an. Je mehr du dienst, desto schneller wirst du dein negatives Karma auflösen. Nur durch großen Dienst, zusammen mit deiner größten Verpflichtung, ein Diener des totalen GOLD und bedingungsloser universeller Diener zu sein, kannst du dein eigenes negatives Karma auflösen.

Du kannst auch das Karma deiner funktionellen Systeme, Organe, Zellen, Zelleinheiten, DNS, RNS und Zwischenräume mit dir tragen. Ihr Karma wirkt direkt auf ihre Gesundheit, Verjüngung und Leben ein, was wiederum direkt deine Gesundheit, deine Verjüngung und dein Leben beeinflusst.

Göttliche Seelentransplantate für Systeme, Organe, Zellen, Zelleinheiten, DNS, RNS und Zwischenräume können das Karma von Systemen, Organen, Zellen, Zelleinheiten, DNS, RNS und Zwischenräumen auflösen, weil diese göttlichen Seelen ohne Karma sind. Deshalb haben göttliche Seelentransplantate auf der ganzen Welt bemerkenswerte und herzberührende Resultate hervorgebracht. Aber göttliche Seelentransplantate entfernen nicht dein gesamtes negatives Karma.

Die Seelenheilungstechniken zur Entfernung spiritueller Blockaden sind einmalig. Das Göttliche führt mich in diesem Moment dazu, dich zu lehren, *keine* Seelenanordnungen auszusenden, um deine spirituellen Blockaden aufzulösen, weil *es nicht funktionieren wird.*

Negatives Karma ist deine spirituelle Schuld, die du durch alle Fehler in diesem und in vergangenen Leben angesammelt hast. Die Akasha-Chronik enthält sämtliche deiner Fehler und deiner guten Dienste aus deinen Lebenszeiten. Deine guten Dienste in diesem Leben und in früheren Leben werden jeden Aspekt deines jetzigen Lebens und deiner zukünftigen Leben segnen. Das Göttliche hat ein klares spirituelles Gesetz erlassen: Jeder, der negatives Karma hat, *muss* anderen gute Dienste leisten, um das schlechte Karma aufzulösen. Deshalb wird das Aussenden einer Seelenanordnung zur Auflösung spiritueller Blockaden nicht funktionieren.

Die Leute fragen mich manchmal, ob sie bei anderen negatives Karma auflösen könnten. Wenn du das tun willst, musst du die spirituelle Schuld der betreffenden Person bezahlen. Es ist, wie wenn du eine Hypothek aufnimmst, um ein Haus zu kaufen. Wenn du das Haus besitzen willst, musst du die Hypothek abtragen. Nur sehr selten wird jemand anders deine Verbindlichkeiten übernehmen. Du musst deine eigenen Schulden selbst begleichen. Negatives Karma ist deine spirituelle Schuld. Im Allgemeinen musst du auch deine spirituelle Schuld selbst bezahlen, indem du die Lektionen lernst, die Blockaden in irgendeinem Aspekt deines Lebens initiieren können.

Wenn du die spirituelle Schuld einer anderen Person bezahlen willst, wirst du die Lektionen übernehmen, die jene Person hätte lernen müssen. Ich möchte zwei Geschichten anführen, um dies zu verdeutlichen.

Vor einigen Jahren hat eine hochstehende spirituelle Persönlichkeit ihre Geschichte mitgeteilt. Sie hatte sehr fortgeschrittene spirituelle Fähigkeiten. Sie konnte das Karma ihrer Vorfahren sehen. Mit großer Liebe, großer Fürsorge und großem Mitgefühl sagte sie der Akasha-Chronik, dem Himmel und dem Göttlichen: »Ich möchte mich gern um das Karma meiner Vorfahren kümmern.« Freiwillig übernahm sie deren spirituelle Schulden. Obwohl anscheinend bei guter Gesundheit, wurde bei ihr innerhalb eines Jahres Krebs diagnostiziert, und sie verstarb innerhalb von zwei Jahren.

Ich hörte die zweite Geschichte während eines Besuchs vor ein paar Jahren in Phoenix/Arizona. Die Geschäftsführerin einer großen Firma berichtete von diesen Vorkommnissen. Ihr Vater lag mit schwerem Asthma im Krankenhaus. Er musste künstlich beatmet werden. Als sie ihren Vater auf der Intensivstation besuchte, sagte ihr der Arzt, die Lungenfunktion ihres Vaters sei so schlecht, dass keine Hoffnung mehr bestünde. Ihr Vater könnte innerhalb von wenigen Tagen oder gar Stunden sterben.

Diese Frau verstand die spirituellen Blockaden ihres Vaters. Vor ihm verband sie sich mit dem Himmel und der Akasha-Chronik und sagte: »Liebe Akasha-Chronik, bitte verkürze mein Leben um fünf Jahre und gib diese meinem Vater. Lass meinen Vater noch ein paar Jahre leben.« Innerhalb einer halben Stunde ging es ihm wieder so gut, dass er das Beatmungsgerät nicht mehr brauchte. Bald konnte er das Krankenhaus verlassen. Er lebte noch einige Jahre.

Es gibt einen göttlichen Weg, das eigene negative Karma zu läutern. Seit Juli 2003 bin ich über die ganze Welt in viele Länder und Städte gereist. So reiste ich zum Beispiel im Jahr 2006 sechs Monate hintereinander und betreute 140 Veranstaltungen auf vier Kontinenten. Beinah jeden Abend, wo immer ich war, gab ich einen Workshop. Bei fast jedem Workshop bot ich eine Karma-Reinigung für die Teilnehmer an.

Wie biete ich die Karma-Reinigung an? Das Göttliche gab mir im Juli 2003 die Ehre, diesen Dienst als Diener der Menschheit und des Göttlichen anzubieten. Wenn ich diesen Dienst anbiete, geht das Göttliche in die Akasha-Chronik, um eine Anordnung auszusenden, damit das persönliche Karma oder das Karma der Vorfahren gelöscht wird. Wenn diese göttliche Anordnung zur Karma-Reinigung verfügt ist, bezahlt das Göttliche die eigene spirituelle Schuld unter Einsatz der spirituellen Währung, die auch »Tugend« genannt wird. Das Göttliche bezahlt für die Person, die andere in all ihren Leben verletzt hat. Der Person, welche die Karma-Reinigung bekommt, wird ihre spirituelle Schuld vergeben. Die anderen, die durch diese Person verletzt worden waren, bekommen auch göttliche »Tugend«, damit sie für ihre zukünftigen Leben gesegnet sind.

Karma-Reinigung ist kein Gebet. Der göttliche Karma-Reinigungsdienst ist eine göttliche Bezahlung für die eigene spirituelle Schuld. Warum bat mich das Göttliche, diesen Dienst anzubieten? Der Grund ist folgender: Die

Menschheit soll daran erinnert werden, dass man gesegnet ist, wenn man gut dient. Wenn du unschön dienst, wirst du die entsprechenden Lektionen lernen müssen.

Karma ist einfach zu verstehen. Wie ich schon sagte, wenn du jemanden umbringst, muss dich die Polizei festnehmen und dir die Lektion erteilen, die das Gesetz verlangt. Wenn du andere Verbrechen begehst, musst du ebenfalls eine Lektion lernen. Sonst könnte in der Gesellschaft und der Welt die Ordnung nicht aufrechterhalten bzw. angestrebt werden. In der spirituellen Welt ist es ähnlich. Wenn es kein spirituelles Gesetz für Karma gäbe, bestünde in der spirituellen Welt weder Ordnung noch Frieden.

Um bei dir selbst spirituelle Blockaden aufzulösen, musst du anderen bedingungslosen Dienst anbieten. Einige Krankheiten werden nur durch Energieblockaden hervorgerufen, diese zu heilen ist einfach. Kleinere spirituelle Blockaden sind auch leicht zu beheben: Du dienst – dir wird vergeben. Ernsthaftes negatives Karma zu reinigen, braucht jedoch Zeit und erfordert großen Aufwand. Viele chronische und lebensbedrohliche Zustände sind mit schwerem Karma verknüpft. Es ist wichtig, dass man dies versteht, um genesen zu können. Denk immer daran, Liebe, Frieden und Harmonie an andere weiterzugeben. Dieser gute Dienst wird dir enorme Heilung und Segnung bringen, um deine spirituellen Blockaden aufzuheben.

In Kapitel 2 über das Karma habe ich dir das Hauptseelengeheimnis für die Reinigung des eigenen Karmas weitergegeben, nämlich das Chanten des göttlichen Seelenliedes »Love, Peace and Harmony«.

Lu la lu la li.
Lu la lu la la li.
Lu la lu la li lu la.

Lu la li lu la.
Lu la li lu la.

Ich liebe mein Herz und meine Seele.
Ich liebe die gesamte Menschheit.
Verbinde Herzen und Seelen miteinander.
Liebe, Frieden und Harmonie.
Liebe, Frieden und Harmonie.

Dieses göttliche Seelenlied hat Kraft jenseits von Gedanken und Worten. Es wird deiner Heilung dienen. Es wird helfen, deine spirituellen Blockaden aufzulösen. Es wäre am besten, wenn du dich für eine halbe Stunde oder länger hinsetztest und dich auf das Singen dieses göttlichen Seelenliedes konzentriertest. Je häufiger du es anstimmst, desto größer wird der Gewinn sein.

Dieses göttliche Seelenlied ist ein göttlicher Schatz für die gesamte Menschheit und alle Seelen. Es ist ein göttlicher Aufruf an die gesamte Menschheit in der Übergangsperiode der Erde. Dieses göttliche Seelenlied ist der goldene Schlüssel zur Heilung und zur Transformation des Lebens. Die bisherigen Resultate waren wirklich herzergreifend. Du *musst* es ausprobieren. Wenn du diese Übung aufrichtig ausführst, wirst du die Kraft dieses Liedes verstehen.

Hier sind Einsichten in dieses göttliche Seelenlied von einem meiner göttlichen Meisterlehrer und -heiler, Dr. Peter Hudoba, einem ehemaligen Neurochirurgen in Kanada:

Im September 2005 erhielt Meister Sha ein neues
göttliches Geschenk: das Seelenlied. Er bot es sofort
der gesamten Menschheit auf seiner Webseite an,
und zwar mit einer täglichen Heilungs- und Seg-

nungsbotschaft. Man konnte sich das Seelenlied und dann die durch einen von Meister Shas Schülern übersetzte Botschaft anhören. Es war ein kraftvolles und unbezahlbares neues Geschenk.

Das Seelenlied hat sofort mein Herz aktiviert. Ich war von diesem Schatz fasziniert und lernte es mit der Zeit immer mehr zu schätzen. Besonders hielt mich das spezielle göttliche Seelenlied »Love, Peace and Harmony« gefangen. Ab dem ersten Mal, da ich es hörte, erfreute ich mich an seiner besänftigenden Kraft. Ich nahm Meister Sha auf eine CD auf, wie er diesen Song während einem seiner Fernseminare sang, und hörte ihn oft an. Dieser kleine Song übt eine solch starke Kraft auf meinen Geist aus, dass ich in wenigen Sekunden in einen tiefen meditativen Zustand eintrete, wenn ich ihn anhöre. Ich erfreute mich während eines ganzen Jahres an der ausgesprochenen Schönheit des Gesangs von Meister Sha, während ich mich mehr und mehr auf diesen kraftvollen Song einstimmte.

Dann kamen die Durchbrüche. Der erste geschah im August 2006, während ich mit Meister Sha in New York lehrte. Ich erklärte die tiefere Bedeutung dieses Songs und begann, ihn zu singen. Plötzlich gab es eine riesige Explosion, und das Universum öffnete sich sprichwörtlich vor mir. Ich befand mich der Seele des Universums gegenüber, einem riesigen hellen Stern. In dem Moment, als ich die Worte »Ich liebe die gesamte Menschheit« sang, kam die Frage: »Wer liebt die Menschheit?« Die Antwort war: »Das Göttliche.« Als ich »Verbinde Herzen und Seelen miteinander« sang, erhob sich eine weitere Frage: »Wer bietet der Menschheit an, die Herzen und die Seelen miteinander zu verbinden?« Und wieder war die Antwort: »Das Göttliche.« Das Singen der Worte »Love, Peace and Harmony« war von einem kraftvollen Schlag begleitet. Alles um mich herum hörte zu existieren auf, und ich wurde Teil der Quelle – eines strahlenden Ozeans von Licht. In diesem Moment erkannte ich vollends, dass ich das Seelenlied des Göttlichen sang und die gesamte Menschheit einlud, zu kommen und seine Segnung von Liebe und Licht zu empfangen – wie wertvoll und wie außerordentlich!

Seit jenem »Aha«-Moment begriff ich zutiefst die Kraft dieses Seelenliedes und sang es immer wieder, um jedermann in meinen Seminaren zu segnen. Jedes Mal vibriert der Raum mit Licht, und dies hinterlässt bei allen eine tiefgreifende Wirkung.

Zwei Monate später, während ich in Vancouver einen Seele-Geist-Körper-Medizin-Workshop gab, erlebte ich einen zweiten »Aha«-Moment. Wir hatten eben während zwanzig Minuten das Mantra »Ar Mi To Fuo« gechantet, und unsere Herzen und unser Geist waren von Licht erfüllt. Als ich den ersten Satz des Seelenliedes »Love, Peace and Harmony« zu singen begann, öffnete sich mein Geist plötzlich und vollständig. Ich realisierte, dass die Worte »Ich liebe mein Herz und meine Seele« eine präzise Anleitung sind, wie man Erleuchtung praktiziert. Wir bringen Liebe zu unseren Herzen und unseren Seelen, um sie zu heilen. Dies ist eine nach innen gerichtete Übung. Wir bringen Liebe und Licht hinein und erhöhen unsere Reinheit.

Während wir heilen, bewegen wir uns in Richtung Erleuchtung. Aber das ist nicht genug. Wenn wir zu *diesem Punkt kommen, müssen wir unseren Fokus ändern und nach außen richten, um die gesamte Menschheit vollständig und selbstlos zu lieben. Dies ist die Bedeutung der folgenden Zeile, »Ich liebe die gesamte Menschheit«. Wenn wir dies erreichen können, sind wir für die nächste Ebene bereit.*

»Verbinde Herzen und Seelen miteinander« ist eine genaue Anweisung für die Erleuchtung. Wir bringen die Seele nach oben vom Unteren Dan Tian zum Botschaftenzentrum und verbinden Herzen und Seelen. Dies ist Erleuchtung. Dann begeben wir uns auf die nächste Ebene, um unsere Herzen und Seelen mit den Herzen und Seelen der gesamten Menschheit zu verbinden. Wenn wir dies gemeistert haben, gehen wir erneut auf die nächste Ebene und verbinden unsere Herzen mit allen Herzen im Universum und unsere Seelen mit allen Seelen im Universum. Wir erreichen totale Einheit und das Einssein mit allem und jedem. Wir erreichen nun die höchsten Ebenen der Erleuchtung.

Dies streben wir für Hunderte und Tausende von Lebenszeiten und Millionen von Jahren an, bis wir die letzte Stufe von »Love, Peace and Harmony« mit allen Seelen erreichen. Wenn wir dies zuerst im Innern schaffen und dann nach außen durch die Universen richten, bringen wir Liebe, Frieden und Harmonie zu jedem Herzen und jeder Seele im Universum.

Seit dieser Erkenntnis bin ich nicht mehr derselbe. Dieses kleine Lied hat mich bei zwei Gelegenheiten komplett transformiert. Im August 2006 brachte es mich in Einheit mit der Quelle. Später im Herbst öffnete sich mein Herz weiter, und ich begann wahrhaft, alle Seelen im Universum zu lieben.

Dieses Seelenlied ist die wunderbarste Botschaft des Göttlichen. Sie ist Führung und gleichzeitig ein kraftvolles und praktisches Werkzeug, um der Führung zu folgen und sie zu erfüllen. Wenn du fähig bist, vollständig mit »Love, Peace and Harmony« zu verschmelzen, bist du Ausdruck der Erleuchtung der höchsten Seele, des Göttlichen. Für mich ist dies noch immer eine Übung. Es wird einige Zeit dauern, um jene Ebene zu meistern, aber dieses Seelenlied ist die Führung und das Werkzeug für das Ziel, das zu erfüllen ich anstrebe. Es ist ein derart schönes Geschenk, das das Göttliche allen Seelen in allen Universen gegeben hat – eine einfache tiefgreifende Wahrheit von totaler Liebe und Licht.

Die Geschichte Dr. Hudobas vermittelt die Kraft und die Einsicht dieses göttlichen Seelenliedes. Es ist ein göttliches Mantra für das 21. Jahrhundert und die Ära des Seelenlichts.

Übe es.

Erfahre es.

Transformiere dadurch.

Erleuchte dadurch.

Hao! Hao! Hao!

Danke, danke, danke.

8

Seelenvorbeugung von Krankheiten

Seit fünftausend Jahren heißt es im *Gelben Kaiser,* dem maßgeblichen Buch der Traditionellen Chinesischen Medizin:

Der beste Arzt ist einer, der Krankheit behandelt, bevor sie auftritt, statt nachdem sie sich manifestiert hat.

Wenn Menschen krank werden, wünschen sie sich, sie wären gesund geblieben. Wenn eine Krankheit ernsthaft wird, wünschen sich die Menschen, die Krankheit wäre schon in einem früheren Stadium geheilt worden. Es ist also sehr wichtig, Krankheiten vorzubeugen.

Das vorangegangene Kapitel bot die wichtigsten Seelengeheimnisse für die Heilung. Dieses Kapitel wird die wichtigsten Seelengeheimnisse für die Vorbeugung von Krankheiten aufzeigen. Jeder Mensch, der krank ist, wünscht dieses Geheimnis zu kennen. Millionen von Menschen, die gesund sind, möchten dieses Geheimnis auch kennen. Es ist mir eine Freude, das Seelengeheimnis der Seelenvorbeugung von Krankheiten mit dir zu teilen.

Verhüte zuerst die Krankheit der Seele, dann wird die Verhütung aller Krankheiten folgen

Um die Kraft der Seele wirklich zu verstehen, musst du deine Seelenkommunikationskanäle hoch entwickeln. Deshalb ist es für ein spirituelles Wesen zu empfehlen, auch mein Buch *Seelensprache* zu studieren und danach zu üben. Wenn du deine Seelenkommunikationskanäle hoch entwickelt hast, wirst du das Geheimnis, das ich gleich mitteile, sofort begreifen.

Das Ein-Satz-Seelen-Geheimnis für das Vorbeugen von Krankheiten lautet:

Verhüte zuerst die Krankheit der Seele, dann wird die Verhütung von allen Krankheiten folgen.

Wie habe ich dieses Geheimnis entdeckt? Vielleicht findest du meine Geschichte interessant. Als medizinisch Intuitiver habe ich während meines ganzen Lebens, wann immer ich einen dunklen Schatten in einem Organ oder einem Körperteil eines Menschen sah, diese Person gefragt: »Spürst du, ob irgendetwas in deinem Körper nicht stimmt?« Oft erzählten sie mir, woran sie litten. Es stimmte immer mit dem überein, was ich sah.

Im Jahr 2008 lehrte ich an einem Wochenend-Workshop in Deutschland vor etwa zweihundert Personen. Ich sprach über Seelenheilung. Ich ging im Vortragsraum den Mittelgang entlang, hielt plötzlich inne und stieß auf einen Mann, der am Gang saß. Ich bat ihn, aufzustehen. Ich kannte seinen Namen nicht, ich war ihm nie zuvor begegnet, aber ich sah einen großen dunklen Schatten oben an seiner Brust. Ich sagte zu allen: »Dieser Mann hat eine Blockade in diesem Bereich«, und ich wies auf den oberen

Bereich seiner Brust. Er antwortete sofort: »Das ist erstaunlich. Woher wusste Meister Sha, dass ich hier eine Blockade habe? Seit meiner Kindheit hatte ich Beschwerden in meinen Lungen. Sie haben mich für viele Jahre gestört. Ich hatte sogar eine Operation an meinem Brustkorb.«

Ich bot diesem Mann eine göttliche Seelenoperation an, um den dunklen Schatten zu entfernen. Ein Chirurg benutzt ein Skalpell, um zu operieren. Eine Seelenoperation ist keine medizinische Maßnahme. Sie nutzt göttliches Licht, um den Körper spirituell zu öffnen und Blockaden zu entfernen. Das Göttliche bietet die Seelenoperation an. Ich bin nur das Instrument. Ich bot dem Mann auch ein göttliches Seelentransplantat von göttlichen Lungen an, was bedeutet, dass das Göttliche die ursprünglichen Seelen der Lungen mit neuen göttlichen Seelen von Lungen ersetzt. Nachdem er die Seelenoperation und das Seelentransplantat empfangen hatte, fühlte der Mann sofort eine Entspannung und eine Öffnung in seiner Brust. Er war sehr bewegt und berührt.

Diese Geschichte vermittelt die Weisheit, dass ich einen dunklen Schatten in den Lungen eines Menschen sehen kann, der mit den Beschwerden übereinstimmt, die er während seines ganzen Lebens in jenem Bereich gehabt hatte. Manchmal, wenn ich einen dunklen Schatten in einem spezifischen Teil des Körpers einer Person sehe und den Betreffenden frage, ob er in dem Bereich Probleme hätte, verspürt er dort überhaupt keine Krankheit oder Beschwerden. Das war etwas, was mich über Jahre neugierig gemacht hat. Als ich schließlich diese Situation wiedererlebte, machte ich Seelenkommunikation. Ich fragte die Seele des Organs: »Was bedeutet dieser dunkle Schatten?« Die Antwort war: »Die Seele des Organs ist krank.«

Ich hatte diesen »Aha«-Moment vor einigen Jahren. Danach konnte ich viele andere Fälle beobachten. Sie alle bestätigten dieses wichtige Geheimnis. Nun ist es an der Zeit, es für die Vorbeugung von Krankheit weiterzugeben. Dieses Ein-Satz-Geheimnis lautet:

Bevor irgendein System, ein Organ, eine Zelle, eine DNS oder RNS krank wird, wird die Seele des Systems, des Organs, der Zelle, der DNS oder RNS krank.

Eine Seelenkrankheit wird präzise durch Farbveränderungen der Seele angezeigt. Die normale Farbe der Seele ist golden. Wenn sie sich zum Grau hin verändert oder verdunkelt, ist die Seele krank. Zum Beispiel habe ich mal einen dunklen Schatten im Bereich der Leber einer Person gesehen, und der Betreffende hatte keinerlei Beschwerden im Bereich dieses Organs. Auch eine medizinische Untersuchung zeigte an, dass die Leberfunktion völlig normal war. In der konventionellen Medizin ist das absolut korrekt: Seine Leber war normal. Doch nach den Ausführungen dieses Kapitels weißt du jetzt, dass mit seiner Leber nicht alles stimmte, weil ihre Seele schon abnormal war.
Die Seele der Leber ist der »Boss« des Geistes und des Körpers dieses Organs. Wenn die Seele der Leber krank ist, wird dies den Energiefluss der Seele beeinflussen. Der Energiefluss der Seele wird blockiert sein. Dann wird eine Erkrankung der Leber auftreten. Der konventionellen modernen Medizin zufolge gibt es viele Arten von Leberkrankheiten, aber wie die Seele-Geist-Körper-Medizin lehrt, entstehen sie alle durch energetische und spirituelle Blockaden. Für die Seelenheilung ist es zunächst einmal gleich, welche Art von Lebererkrankung du hast. Fokussiere dich zur Vorbeugung zuerst auf die Heilung der

Seele deiner Leber, dann wird die Heilung ihres Geistes und ihres Körpers folgen.

In diesem Kapitel werden die Geheimnisse, die Weisheit, das Wissen und die Übungen der Seele für die Seelenvorbeugung von Krankheit weitergegeben. Um einer Krankheit vorzubeugen, muss man zuerst einer Erkrankung der Seele vorbeugen, zum Beispiel der Seele eines Organs. In meinem Beispiel muss man den dunklen Schatten in der Leber entfernen. Wenn der dunkle Schatten der Leber entfernt ist, ist die Seele der Leber geheilt; Krankheiten der Leber ist vorgebeugt. Diese Weisheit kann auf jedes System, jedes Organ, jede Zelle und jeden Teil des Körpers angewendet werden.

Lass mich eine einfache Technik zeigen, die unglaublich simpel erscheinen mag. Ich habe dieses Geheimnis in meinem Buch *Seelenweisheit* angeführt. Es heißt »Seelentapping« (»Seelenklopfen«). Übe auf diese Art für die Seelenvorbeugung von Krankheiten der Leber.

Leg deine rechte Handfläche sanft über den Bereich deiner Leber und klopf deine Leber mit deiner Handfläche. Chante gleichzeitig:

Goldenes Leberlicht verhindert Leberkrankheit.
Goldenes Leberlicht verhindert Leberkrankheit.
Goldenes Leberlicht verhindert Leberkrankheit.
Goldenes Leberlicht verhindert Leberkrankheit …

Wenn dein Drittes Auge geöffnet ist, wirst du deine Leber goldenes Licht ausstrahlen sehen. Falls dein Drittes Auge nicht offen sein sollte, visualisiere goldenes Licht, das von deiner Leber ausstrahlt.

Chante und klopfe mindestens drei bis fünf Minuten lang, je länger, desto besser.

Es gibt ein altes spirituelles Heilungsgeheimnis:

Goldenes Licht scheint, alle Krankheit verschwindet.

Der Gewinn aus der Seelenvorbeugung von Krankheiten

Die Kraft der Seelenvorbeugung von Krankheiten ist offensichtlich. Millionen von Menschen fangen sich eine Erkältung ein. Millionen von Menschen leiden an Rückenschmerzen. Millionen von Menschen haben Kopfschmerzen. Millionen von Menschen leiden an Depressionen und haben Ängste. Millionen von Menschen leiden an Krebs. Krankheiten vorzubeugen ist für eine gute Gesundheit unabdingbar. Wenn wir wirklich wüssten, wie man Krankheiten verhindert – und dies auch täten –, könnten wir die Leiden der Menschheit wider alles Erwarten hinaus reduzieren.

Lass mich als Beispiel ein Seelengeheimnis zur Vorbeugung einer Erkältung anführen. Zur Vorbeugung einer Erkältung ist es wichtig, dass man auf zwei Bereiche klopft. Der erste ist der obere Rücken, gerade unterhalb des Halses. Klopf dort eine Minute lang, während du chantest und visualisierst:

Goldenes Licht scheint auf meinen oberen Rücken.
Goldenes Licht scheint auf meinen oberen Rücken.
Goldenes Licht scheint auf meinen oberen Rücken.
Goldenes Licht scheint auf meinen oberen Rücken ...

Als Nächstes klopf mit beiden Händen eine Minute lang auf den oberen Brustbereich. Chante und visualisiere:

Goldenes Licht befreit meine Lungen.
Goldenes Licht befreit meine Lungen.
Goldenes Licht befreit meine Lungen.
Goldenes Licht befreit meine Lungen ...

Jedermann versteht die Bedeutung der Vorbeugung von Krankheiten. Wenn du Krankheiten verhinderst, musst du nicht leiden. Wenn die Menschheit Krankheiten verhindert, muss die Menschheit nicht leiden. Der Gewinn dieser Prophylaxe ist unbeschreiblich.

Seelenvorbeugung von Krankheiten für den physischen, emotionalen, mentalen und spirituellen Körper

Seelenvorbeugung kann bei jeder Krankheit des physischen, emotionalen, mentalen und spirituellen Körpers vorgenommen werden, einschließlich ernsthafter und gar lebensbedrohender Krankheiten. Lass mich dir an dieser Stelle ein Seelengeheimnis mitteilen, um Krebs vorzubeugen.

Krebs vorzubeugen heißt, der Krankheit der Seele vorzubeugen. Das Herz beherbergt die Seele und den Geist. Das Seelengeheimnis für die Vorbeugung von Krebs bedeutet Arbeit an der Seele des Herzens. Klopf über deinem Herzen. Chante und visualisiere:

Goldenes Licht beugt vor.
Goldenes Licht beugt vor.
Goldenes Licht beugt vor.
Goldenes Licht beugt vor ...

Über dem Herzen zu klopfen, während du »Goldenes Licht beugt vor« chantest, ist eine geheime Seelenvorbeugungstechnik für die Prävention nicht nur bei Krebs. Tatsächlich kann diese Technik zur Vorbeugung von allen Krankheiten angewendet werden, ob es sich nun um den physischen, emotionalen, mentalen oder spirituellen Körper handelt.

Eine-Minute-Seelentapping zur Vorbeugung

Für die Seelenvorbeugung für den physischen Körper klopf auf den Bereich, in dem du einer Krankheit vorbeugen möchtest. Wenn du zum Beispiel Krankheiten deines Magens, deiner Gallenblase, deines Dünndarms und deiner Nieren vorbeugen willst, dann führe das Seelentapping jeweils eine Minute auf jedem von diesen Bereichen aus. (Bedenke, dass die verschiedenen Farben des Lichts in diesen Übungen Beispiele sind. In Wirklichkeit können sie untereinander ausgetauscht werden. Das ist göttliche Flexibilität!)
Klopf eine Minute lang auf den Bereich deines Magens, chante und visualisiere:

Goldenes Licht scheint.
Goldenes Licht scheint.
Goldenes Licht scheint.
Goldenes Licht scheint …

Klopf eine Minute auf den Bereich deiner Gallenblase, chante und visualisiere:

Regenbogenfarbenes Licht schwingt.
Regenbogenfarbenes Licht schwingt.

Regenbogenfarbenes Licht schwingt.
Regenbogenfarbenes Licht schwingt ...

Klopf eine Minute auf den Bereich deines Dünndarms, chante und visualisiere:

Purpurnes Licht scheint.
Purpurnes Licht scheint.
Purpurnes Licht scheint.
Purpurnes Licht scheint ...

Klopf eine Minute lang auf den Bereich deiner Nieren, chante und visualisiere:

Kristallenes Licht schwingt.
Kristallenes Licht schwingt.
Kristallenes Licht schwingt.
Kristallenes Licht schwingt ...

Für den emotionalen Körper sind die wichtigsten unausgeglichenen Emotionen Zorn, Depression und Angst, Sorgen, Traurigkeit und Furcht. Und so betreibst du Seelenvorbeugung für diese emotionalen Unausgeglichenheiten: Um Zorn vorzubeugen, klopf eine Minute lang auf den Bereich deiner Leber, chante und visualisiere:

Regenbogenfarbenes Licht schwingt.
Regenbogenfarbenes Licht schwingt.
Regenbogenfarbenes Licht schwingt.
Regenbogenfarbenes Licht schwingt ...

Um Depression und Angst vorzubeugen, klopf eine Minute lang auf deinen Herzbereich, chante und visualisiere:

Purpurnes Licht scheint.
Purpurnes Licht scheint.
Purpurnes Licht scheint.
Purpurnes Licht scheint ...

Um Sorgen vorzubeugen, klopf eine Minute lang auf den Bereich deiner Milz, chante und visualisiere:

Kristallenes Licht schwingt.
Kristallenes Licht schwingt.
Kristallenes Licht schwingt.
Kristallenes Licht schwingt ...

Um Traurigkeit vorzubeugen, klopf eine Minute lang auf den Bereich deiner Lungen, chante und visualisiere:

Goldenes Licht schwingt.
Goldenes Licht schwingt.
Goldenes Licht schwingt.
Goldenes Licht schwingt ...

Um Furcht vorzubeugen, klopf eine Minute lang auf deine Nieren, chante und visualisiere:

Regenbogenfarbenes Licht scheint.
Regenbogenfarbenes Licht scheint.
Regenbogenfarbenes Licht scheint.
Regenbogenfarbenes Licht scheint ...

Um eine Seelenvorbeugung für die mentalen und spirituellen Körper vorzunehmen, musst du das Seelentapping für dein Herz ausführen, weil das Herz den Geist und die Seele beherbergt.

Klopf auf deinen Herzbereich, chante und visualisiere gleichzeitig:

Goldenes Licht schwingt.
Goldenes Licht schwingt.
Goldenes Licht schwingt.
Goldenes Licht schwingt.

Regenbogenfarbenes Licht strahlt.
Regenbogenfarbenes Licht strahlt.
Regenbogenfarbenes Licht strahlt.
Regenbogenfarbenes Licht strahlt.

Purpurnes Licht scheint.
Purpurnes Licht scheint.
Purpurnes Licht scheint.
Purpurnes Licht scheint.

Kristallenes Licht erleuchtet.
Kristallenes Licht erleuchtet.
Kristallenes Licht erleuchtet.
Kristallenes Licht erleuchtet.

Allgemein kannst du Seelenvorbeugung für den physischen, emotionalen, mentalen und spirituellen Körper machen, indem du die Eine-Minute-Seelentapping-Technik zusammen mit Chanting und Visualisierung anwendest.

Die Technik ist außerordentlich einfach. Der Gewinn ist groß. Du kannst diese Technik jederzeit und überall anwenden. Du kannst stumm oder laut chanten. Eine Minute Üben kann Krankheiten vorbeugen. Natürlich ist längeres Üben besser.

Ich wünsche mir sehr, dass dieses Kapitel zur Seelenvorbeugung deine Gesundheit transformieren wird.

Hao! Hao! Hao!
Danke, danke, danke.

9
Seelenverjüngung und Langlebigkeit

Vor 4300 Jahren lebte ein alter Heiliger namens Pang Zu. Während der gesamten chinesischen Geschichte war Pang Zu berühmt und geehrt als der Shou Xing, der »Stern des langen Lebens«. Er lebte 880 Jahre. Er war der Lehrer von Lao Zu, dem Begründer des Taoismus. Pang Zu schuf Zhi Qi Zhi Tao, was »das Tao des Qi« bedeutet. Er schuf Tao Tu, »die Karte des Tao«, welche Folgendes enthüllt:

- *Xu wu sheng yi qi:* Die Leere bringt das Eine Chi hervor. Dieses Eine Chi schließt *yuan chi* (Ursprungs-Chi), *ling chi* (Seelen-Chi), *qing chi* (reines Chi) und weitere mit ein. Dieses Eine Chi initiiert, wächst und gedeiht – wie ein Sonnenaufgang. Es repräsentiert Yang, Jugend und Lebenskraft.
- *Yi qi sheng yin yang:* Das Eine Chi erzeugt Yin und Yang.
- *Yin yang sheng wan wu:* Yin und Yang erzeugen alles.
- *Wan wu wui yi qi:* Alles kehrt zum Einen Chi zurück. Dieses Eine Chi ist Abfall-Chi, das schweres oder trübes Chi *(zuo chi)* ist.
- *Yi qi gui xu wu:* Das Eine Chi kehrt zur Leere zurück.

Auf dem Fünften Weltkongress über Qi-Gong in San Francisco traf ich im Jahr 2002 einen sehr kraftvollen Meister, Professor Dr. Dehua Liu. Ich vernahm, dass er der Einzige in der Abstammungslinie von Pang Zu und Lao Zu in der 372. Generation ist. Ich war von den tiefgreifenden Geheimnissen und der Weisheit, die Meister Liu besitzt, und von seiner Heilkraft sehr beeindruckt. Ich war geehrt, von ihm als der Erste Nachfolger in der Abstammungslinie von Pang Zu und Lao Zu in der 373. Generation akzeptiert zu werden.

Tao Tu, die Karte des Tao

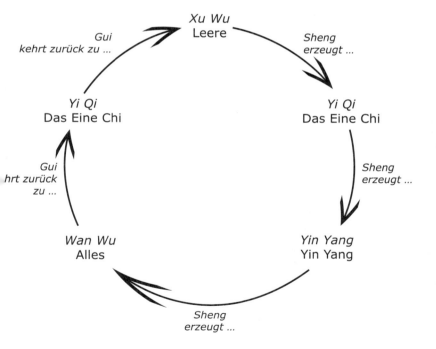

Ich habe von Meister Liu tiefgründige Geheimnisse gelernt. Pang Zu entwickelte viele geheime Praktiken, die mir viele »Aha«-Momente beschert haben. Dazu gehören große Weisheit und viele Übungen für Verjüngung und ein langes Leben.

Ich habe in China von bedeutenden taoistischen Meistern gelernt. Sie wollen nicht, dass ich ihre Namen weitergebe. Sie wollen stille Diener sein. Ich habe auch buddhistische Geheimnisse für die Verjüngung und ein langes Leben von einem der wichtigsten buddhistischen Mönche auf der Welt gelernt. Natürlich lernte ich die tiefgründigsten Geheimnisse, Weisheit und Wissen von Meister Zhi Chen Guo, meinem Adoptivvater, dem Gründer der Zhi-Neng- und der Körper-Raum-Medizin. Viel geheimes Wissen über Xiu Lian, die Zhi-Neng- und die Körper-Raum-Medizin habe ich von Meister Guo gelernt. Er lehrte mich die Integration von Taoismus, Buddhismus und Konfuzianismus mit moderner und Traditioneller Chinesischer Medizin.

Ich begann meine Tai-Chi-Reise, als ich sechs Jahre alt war. Mit zehn begann ich, Qi-Gong zu lernen. Mit zwölf begann ich, Kung Fu auszuüben. Ich studierte das I Ging und Feng Shui in jungen Jahren. Ich studierte moderne konventionelle Medizin, um ein Arzt zu werden, und Traditionelle Chinesische Medizin, um ein Doktor der Traditionellen Chinesischen Medizin zu werden. Das Studium und die Erfahrung meines ganzen Lebens lassen mich die Kostbarkeit der geheimen und heiligen Weisheit, des Wissens und der Übung von Taoismus, Buddhismus, Konfuzianismus und der Lehre von Meister Guo für Verjüngung und Langlebigkeit verstehen.

Seit Juli 2003 lehrt mich das Göttliche den Weg der göttlichen Verjüngung. Ich bin geehrt und erfreut, alle Lehren von all meinen Meistern und des Göttlichen in meinem Leben zusammenzufassen und die tiefgründigsten Geheimnisse der Verjüngung und Langlebigkeit weiterzugeben.

Verjünge zuerst die Seele, dann wird die Verjüngung von Geist und Körper folgen

Obwohl ich mein ganzes Leben Energiegeheimnisse und geheime Weisheit, geheimes Wissen und geheime Übungen der Seele für die Verjüngung und Langlebigkeit studiert, geübt und gemeistert habe – einschließlich des Taoismus, Buddhismus, Konfuzianismus, Tai-Chi, Qi-Gong, des I Ging, Feng Shui und Xiu Lian – und ein Diener des Göttlichen bin, erfuhr ich erst vor wenigen Jahren einen wichtigen »Aha«-Moment. Das Ein-Satz-Geheimnis für Verjüngung ist:

Verjünge zuerst die Seele, dann wird die Verjüngung von Geist und Körper folgen.

Im vorangegangenen Kapitel habe ich das Geheimnis der Seelenvorbeugung von Krankheiten weitergegeben. Wenn ich auf der Seele eines Organs einen dunklen Schatten sehe, weiß ich, dass die Seele jenes Organs schon krank ist. Aber das Organ selbst kann oder kann auch nicht physisch betroffen sein. Wenn das Organ noch nicht erkrankt ist, weiß ich, dass seine körperliche Erkrankung folgen wird. Um dieser vorzubeugen, muss man dessen Seele heilen. Um die Seele des Organs zu heilen, muss man den dunklen Schatten auf dessen Seele zu goldenem oder regenbogenfarbenem Licht transformieren.

Wenn dein Organ gesund ist und du es verjüngen möchtest, besagt die geheime Weisheit der Seele, dass du zuerst die Seele des Organs verjüngen sollst. Dann wird die Verjüngung des Organs folgen.

Lass mich dir direkt eine geheime Übung geben, um deine Seele, deinen Geist und deinen Körper zusammen zu verjüngen.

Um dich für diese Übung vorzubereiten, setz dich aufrecht hin. Du kannst, wenn es dir möglich ist, auf dem Boden oder auf einem Kissen in der vollen oder der halben Lotusposition[24] sitzen oder auf natürliche Art mit gekreuzten Beinen. Wenn dies nicht bequem oder praktisch ist, kannst du dich auf einen Stuhl setzen. Es soll dir angenehm sein, aber halt deinen Rücken gerade und lehn dich nicht an den Stuhl zurück.

Leg die Spitze deiner Zunge nah an deinen Gaumen, ohne ihn zu berühren. Spann deinen Damm (das Perineum, die Region zwischen Anus und äußerem Geschlechtsorgan) ein paar Sekunden lang an und lass ihn wieder locker werden. Das Plazieren der Zunge und das kurze Zusammenziehen des Perineums sind Techniken, um den gleichmäßigen Fluss der Energie durch deinen ganzen Körper herbeizuführen, was wichtig ist, um den Nutzen dieser und anderer Übungen zu maximieren. Entspann deine Augen sanft, wobei sie halb geschlossen sind. Entspann deine Seele, dein Herz, deinen Geist und deinen Körper vollständig.

Forme ein kleines »O« mit deinen Händen und Fingern, indem sich die Spitzen deiner Daumen beinah berühren und die Finger deiner rechten Hand auf den Fingern deiner linken Hand ruhen. Dies ist die Handhaltung zur universellen Verbindung (siehe Seite 247). Leg deine Hände über deinen unteren Bauch, gerade unterhalb des Nabels.

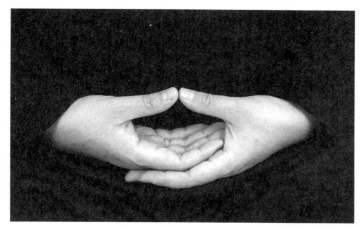

Handhaltung zur universellen Verbindung

Während du übst, visualisiere goldenes oder regenbogenfarbenes Licht in deinem gesamten Körper – von Kopf bis
Fuß und von der Haut bis zu den Knochen –, während du
chantest.
Beginne:

Verjünge meine Körperseele.
Verjünge meine Körperseele.
Verjünge meine Körperseele.
Verjünge meine Körperseele ...

Übe mindestens drei Minuten lang, je länger, desto besser.
Dies ist eine Seelenanordnung zur Verjüngung deiner Körperseele. Wenn du dies tust, was wird dann geschehen?
Deine Körperseele wird leuchten und schwingen. Deine
spirituellen Väter und Mütter im Himmel werden Licht in
deine Körperseele gießen, um sie zu verjüngen. Gleichzeitig werden sie Licht in deinen Geist und deinen Körper
gießen, um diese zu verjüngen. Das Universum wird Licht

in deine Seele, deinen Geist und deinen Körper gießen, um sie zu verjüngen.

Als Nächstes visualisiere und chante:

Verjünge die Seelen meiner Systeme.
Verjünge die Seelen meiner Systeme.
Verjünge die Seelen meiner Systeme.
Verjünge die Seelen meiner Systeme …

Übe mindestens drei Minuten lang, je länger, desto besser. Du wirst dieselben Segnungen von deinen spirituellen Vätern und Müttern und dem Universum erhalten.

Als Nächstes visualisiere und chante:

Verjünge die Seelen meiner Organe.
Verjünge die Seelen meiner Organe.
Verjünge die Seelen meiner Organe.
Verjünge die Seelen meiner Organe …

Übe mindestens drei Minuten lang, je länger, desto besser. Du wirst weiterhin die Segnungen von deinen spirituellen Vätern und Müttern und dem Universum erhalten.

Visualisiere und chante weiter:

Verjünge die Seelen meiner Zellen, Zelleinheiten, DNS, RNS und die Räume zwischen den Zellen.
Verjünge die Seelen meiner Zellen, Zelleinheiten, DNS, RNS und die Räume zwischen den Zellen.
Verjünge die Seelen meiner Zellen, Zelleinheiten, DNS, RNS und die Räume zwischen den Zellen.
Verjünge die Seelen meiner Zellen, Zelleinheiten, DNS, RNS und die Räume zwischen den Zellen …

Übe mindestens drei Minuten lang, je länger, desto besser. Nach den obenstehenden Schritten übe nun mindestens drei Minuten lang wie folgt:

Verjünge meine Körperseele, Systemseelen, Organseelen, Zellseelen, Zelleinheitseelen, DNS- und RNS-Seelen und Zwischenraumseelen.

Verjünge meine Körperseele, Systemseelen, Organseelen, Zellseelen, Zelleinheitseelen, DNS- und RNS-Seelen und Zwischenraumseelen.

Verjünge meine Körperseele, Systemseelen, Organseelen, Zellseelen, Zelleinheitseelen, DNS- und RNS-Seelen und Zwischenraumseelen.

Verjünge meine Körperseele, Systemseelen, Organseelen, Zellseelen, Zelleinheitseelen, DNS- und RNS-Seelen und Zwischenraumseelen …

Wenn du die Verjüngung der Seelen deines Körpers, deiner funktionellen Systeme, deiner Organe, deiner Zellen, deiner Zelleinheiten, deiner DNS und RNS sowie deiner Zwischenräume übst, werden ihr Geist und ihre Körper automatisch verjüngt. All diese Seelen leuchten. Der Himmel reagiert auf deine Übungen. Alle Universen nähren dich.

Das Geheimnis der Verjüngung ist wirklich so einfach. Und der Gewinn übersteigt jedes Verständnis.

Lass mich dir nun eine noch einfachere Technik zur Verjüngung deiner Seele, deines Geistes und deines Körpers geben. Du kannst sie jederzeit und überall ausführen. Du kannst sie machen, wenn du liegst, sitzt, gehst oder joggst. Chante still:

Verjünge meine Seele, meinen Geist und meinen Körper.
Verjünge meine Seele, meinen Geist und meinen Körper.

Verjünge meine Seele, meinen Geist und meinen Körper.
Verjünge meine Seele, meinen Geist und meinen Körper …

Dies ist die geheime Ein-Satz-Seelenanordnung zur Verjüngung deiner Seele, deines Geistes und deines Körpers. Mach dies jetzt gleich, während du dasitzt und dieses Buch liest. Schließ deine Augen und chante still. Visualisiere gleichzeitig, wie goldenes oder regenbogenfarbenes Licht von Kopf bis Fuß und von der Haut bis zu den Knochen leuchtet. Mach dies einige Minuten, um den Gewinn daraus zu ziehen.

Für viele Leser mag dies unglaublich simpel erscheinen. Denkt aber an »*Da tao zhi jian*«: »Der Große Weg ist außerordentlich einfach.« Erinnere dich an diese Weisheit. Am wichtigsten ist es, sie in die Praxis umzusetzen. Ich gebe die Weisheit für das Göttliche und den Himmel weiter. Du musst deine eigene Verantwortung übernehmen und üben, um den jeweiligen Gewinn zu erhalten. Ich wünsche, dass du deine Sache gut machst. Ich wünsche dir, dass du für deine Seele, deinen Geist und deinen Körper eine große Verjüngung empfängst.

Hao! Hao! Hao!
Danke, danke, danke.

Verlängere zuerst das Leben der Seele, dann wird die Langlebigkeit folgen

Im September 2007 war ich in Japan, um einen Workshop über Seele-Geist-Körper-Medizin abzuhalten. Plötzlich gab mir das Göttliche eine Formel zum langen Leben für die Menschheit. Normalerweise informiert das Göttliche mich nicht im Voraus, wenn es mir heilige Weisheit und heiliges Wissen gibt. Das Göttliche gibt mir heilige Weisheit und heilige Übungen plötzlich, was mich immer überrascht und inspiriert. Am 15. September 2007 trug es mir auf, zu lehren, dass es zehn Bereiche des Körpers gibt, die hoch entwickelt sein müssen, um das Leben zu verlängern. Diese zehn Energiezentren und Organe sind auch sehr wichtig für die Heilung, Vorbeugung von Krankheiten und die Verjüngung. Es handelt sich um diese:

- Unteres Dan Tian,
- Schneebergbereich,
- Leber,
- Herz,
- Milz,
- Lungen,
- Nieren,
- Rückenmark,
- Hirn und
- Dünndarm.

Das Göttliche zeigte mir, warum diese zehn Bereiche für ein langes Leben so wichtig sind.

Die göttliche geheime Weisheit für ein langes Leben

Unteres Dan Tian

Das Untere Dan Tian ist ein grundlegendes Energiezentrum, das sich 1,5 *cun* unter dem Nabel und 2,5 *cun* in der Bauchhöhle befindet. Es hat ungefähr die Größe deiner Faust. Das Untere Dan Tian ist:

- grundlegend für die Energie, die Vitalität, die Ausdauer und die Immunität,
- der Schlüssel für ein langes Leben,
- das postnatale Energiezentrum sowie
- der Sitz der Seele (bei den meisten menschlichen Wesen).

Das Fundament eines hundertstöckigen Wolkenkratzers muss ganz anders beschaffen sein als das Fundament eines zweistöckigen Hauses. Und je stärker dein Unteres Dan Tian ist, desto besser ist das Fundament für ein langes, langes Leben.

Schneebergbereich

Der Schneebergbereich ist das andere grundlegende Schlüsselenergiezentrum. Um es zu finden, stell dir eine Linie vor: von deinem Nabel direkt durch deinen Körper hindurch. Geh in deiner Vorstellung auf dieser Linie etwa zwei Drittel die Strecke vom Nabel zum Rücken. Von diesem Punkt geh etwa 2,5 *cun* senkrecht nach unten. Das ist das Zentrum dieses faustgroßen Energiezentrums. Der Schneebergbereich ist:

- das pränatale Energiezentrum, das mit der Energie deiner Eltern und anderer Vorfahren verbunden ist und die Essenz ihrer Energie umfasst,
- der Schlüssel zur Qualität des Lebens und des langen Lebens,
- die Energiequelle für die Nieren,
- Energienahrung für das Hirn und das Dritte Auge sowie
- der Ausgangspunkt von vier Hauptmeridianen (Ren, Du, Dai, Chong) der Traditionellen Chinesischen Medizin.

»Schneebergbereich« ist ein buddhistischer Ausdruck. Taoisten nennen diesen Bereich »die Goldene Urne«. Die Traditionelle Chinesische Medizin nennt ihn den »Ming-Men-Bereich«, was das »Tor des Lebens« bedeutet. Im Yoga ist dieser Bereich auch als »Kundalini« bekannt. Die Kraft des Schneebergbereichs zu entwickeln, ist für jeden Aspekt des Lebens wesentlich.

Leber

Nach der Fünf-Elemente-Theorie, wie sie in der Traditionellen Chinesischen Medizin angewandt wird, ist die Leber das Holzorgan. Sie ist ein Yin-Organ. Das ergänzende Yang-Organ ist die Gallenblase. Die Leberenergie öffnet an den Augen und verbindet mit den Sehnen. Die Leber ist verbunden mit den emotionalen Körpern des Zorns. Die Leber speichert Blut und reguliert den Fluss von Chi und Blut im Körper. Sie reguliert Emotionen. Der Chi-Fluss der Leber ist mit der Menstruation bei Frauen nah assoziiert. Die Verjüngung und Verlängerung des Lebens der Leber kommt all diesen Aspekten zugute.

Herz

In der Traditionellen Chinesischen Medizin ist das Herz das Feuerorgan. Es ist ein Yin-Organ. Das ergänzende Yang-Organ ist der Dünndarm. Die Herzenergie öffnet an der Zunge und verbindet mit den Blutgefäßen. Das Herz ist verbunden mit den emotionalen Körpern von Depressionen und Angst. Das Herz ist verantwortlich für das Blut, die Blutgefäße und den Kreislauf. Das Herz beherbergt den Geist und die Seele. Herzbeschwerden können die Funktionen des Hirns schwer beeinträchtigen. Die Verjüngung und Verlängerung des Lebens des Herzens kommt all diesen Aspekten zugute.

Milz

In der Traditionellen Chinesischen Medizin ist die Milz das Erdeorgan. Sie ist ein Yin-Organ. Ihr ergänzendes Yang-Organ ist der Magen. Die Milzenergie öffnet am Mund und dem Zahnfleisch und verbindet mit den Muskeln. Die Milz ist verbunden mit den emotionalen Körpern der Sorgen. Sie ist verantwortlich für den Transport und die Transformation der Essenz der Nahrung und der Körperflüssigkeiten. Sie spielt in der Verdauung und der Absorption eine Schlüsselrolle. Sie hilft auch beim Stoffwechselprozess des Wassers. Die Verjüngung und Verlängerung des Lebens der Milz kommt all diesen Aspekten zugute.

Lungen

In der Traditionellen Chinesischen Medizin sind die Lungen das Metallorgan. Sie sind ein Yin-Organ. Das ergänzende Yang-Organ ist der Dickdarm. Die Lungenenergie öffnet an der Nase und verbindet mit der Haut. Die Lunge ist verbunden mit den emotionalen Körpern von Traurigkeit und Kummer. Die Lungen sind verantwortlich für das Chi, einschließlich des Atmungs- und des gesamten Körper-Chis. Die Lunge hilft beim Stoffwechselprozess des Wassers. Die Verjüngung und Verlängerung des Lebens der Lungen kommt all diesen Aspekten zugute.

Nieren

In der Traditionellen Chinesischen Medizin sind die Nieren das Wasserorgan. Sie sind ein Yin-Organ. Das ergänzende Yang-Organ ist die Blase. Die Nierenenergie öffnet an den Ohren und verbindet mit den Knochen. Die Nieren sind verbunden mit den emotionalen Körpern der

Furcht. Sie zeichnen verantwortlich für den Stoffwechselprozess des Wassers und beeinflussen den Fortpflanzungsapparat und seine Organe tiefgreifend. Die Verjüngung und Verlängerung des Lebens der Nieren kommt all diesen Aspekten zugute.

Rückenmark
In der konventionellen modernen Medizin besteht das zentrale Nervensystem aus Hirn und Rückenmark. In der Traditionellen Chinesischen Medizin spielt das Rückenmark eine wichtige Rolle für Verjüngung und Langlebigkeit, wie im Folgenden noch näher erläutert wird.

Geheime Weisheit für Langlebigkeit in der Traditionellen Chinesischen Medizin

In der Traditionellen Chinesischen Medizin heißt das Rückenmark *Sui*. *Sui* erschafft und nährt das Hirn. In der geheimen energetischen und spirituellen Weisheit der Xiu-Lian-Reise produzieren die Nieren *Jing*, das die Essenz der Materie ist. *Jing* produziert und nährt *Sui*, welches das Rückenmark ist. *Sui* produziert und nährt das Hirn, welches »*Nao*« genannt wird. Die Traditionelle Chinesische Medizin lehrt, dass *Nao* das Meer von *Sui* ist. Der Vorgang ist folgender:

Jing (Nieren) Strom ──(Sheng, produziert)──▶ *Sui* (Rückenmark) Fluss ──(Sheng, produziert)──▶ *Nao* (Hirn), das Meer von *Sui* Ozean

Diese Darstellung erklärt die Verbindung der Nieren, des Rückenmarks und des Hirns. Die angesprochene Produktion und die Nahrung geschehen auf der Energieebene.

Denk nicht, dass die physischen Nieren das physische Rückenmark produzierten. Wenn du an die Energieproduktion und -transformation von *Jing* zu *Sui* und zu *Nao* denkst und wenn du verstehst, dass Energie weiter und weiter produziert und transformiert, dann verstehst du das Prinzip »*Jing zu Sui zu Nao*« umgehend. Es gibt verschiedene Energieebenen. Wie in einer Fabrik gibt es ein Fließband, um Rohmaterialien Schritt für Schritt in ein fertiges Produkt zu verwandeln.

Diese einfache Darstellung ist ein fünftausend Jahre altes Geheimnis der Traditionellen Chinesischen Medizin für die Verjüngung und die Verlängerung des Lebens. Diese Weisheit stammt aus dem *Gelben Kaiser*. Dieses Buch gibt wie gesagt viele Geheimnisse der Weisheit, des Wissens und der Übung der Seele weiter. Glaub nicht, *Der Gelbe Kaiser* sei nur ein Buch über Traditionelle Chinesische Medizin. Dieses Werk ist voller spiritueller Weisheit und Geheimnisse, die weit über die Traditionelle Chinesische Medizin hinausgehen.

Geheime Weisheit für Langlebigkeit im Taoismus

Wenn du etwas über Taoismus weißt, hast du vielleicht schon von seiner wichtigsten und grundlegendsten Lehre gehört, die *Jing Chi Shen Xu Tao* lautet. Manche ernsthaft Praktizierende können jedoch Taoismus ein ganzes Leben lang studieren und ausüben, ohne die Weisheit und das Wissen von *Jing Chi Shen Xu Tao* wirklich zu begreifen. Sie wissen möglicherweise nicht, wie man *Jing Chi Shen Xu Tao* anwendet und erreicht.

Lass mich dir das Geheimnis jetzt aufdecken. *Jing Chi Shen Xu Tao* sind Transformationen von Materie, Energie und Seele. Im *Jing Chi Shen Xu Tao* werden Materie-, Energie- und Seelenfrequenzen in immer feinere Frequenzen transformiert. Dieser Vorgang der Transformation ist die Evolution von Materie, Energie und Seele.

Die erste Ebene, *Jing*, trägt die am wenigsten veredelte Materie-, Energie- und Seelenfrequenz. Wenn du nicht Xiu Lian machst, das eine energetische und spirituelle Übung für den Fortschritt deiner energetischen und spirituellen Reise ist, können deine Frequenzen auf dieser Ebene bleiben.

Deshalb bedeutet das Prinzip »von *Jing* zu *Chi*, zu *Shen*, zu *Xu*, zu *Tao*« ein Vorgehen zu verschiedenen Frequenzebenen von Materie, Energie und Seele, die zunehmend feiner sind. Ein hochstehendes spirituelles Wesen kann sofort bestimmen, auf welcher Ebene sich deine Frequenz befindet. Nur ein Wesen, das Xiu Lian macht, kann immer feinere Frequenzen erreichen. Wenn du deine Frequenz zu *Tao* bewegen kannst, hast du eine sehr feine Frequenz von Materie, Energie und Seele erreicht. Wenn du die *Tao*-Frequenz erreichst, bist du bei der Seelenfrequenz angekommen.

Dies ist jedoch noch nicht das Endgültige. Du musst wissen, dass *Tao* selber auch Ebenen hat. Die Seelenerleuchtung ist die erste wichtige Ebene des *Tao*. Es gibt immer höhere Ebenen der Seelenerleuchtung. Die höchste Erleuchtung bedeutet, die Frequenz des göttlichen Reichs zu erlangen. Dann hat deine Seele die Ebene erreicht, in der die Reinkarnation endet. Diese Ebene hat die feinste Frequenz. Hier wirst du der Menschheit und allen Seelen nur in deiner Seelenform dienen. Du wirst nicht mehr in die physische Gestalt eines menschlichen Wesens zurückkehren. Dies ist die göttliche Anweisung zur Verjüngung, Transformation, Verlängerung des Lebens und Erleuchtung. In den Retreats zur Seelenheilung und -erleuchtung, die ich regelmäßig abhalte, biete ich göttliche Seelenerleuchtungsdienste für die Menschheit an.

In diesem Moment gibt mir das Göttliche eine völlig neue Belehrung, von der ich bisher nur einen Teil wusste. Diese neue Weisheit erhöht mein früheres Wissen enorm. Das ist also ein weiterer »Aha«-Moment:

- *Jing* ist die Materie, die Energie und die Seelenessenz der Nieren.
- *Chi* ist die Materie, die Energie und die Seelenessenz des Rückenmarks.
- *Shen ist* die Materie, die Energie und die Seelenessenz des Hirns.
- *Xu* ist die Materie, die Energie und die Seelenessenz des Herzens.
- *Tao* ist die Materie, die Energie und die Seelenessenz der Seele.
- Seelenerleuchtung ist das Erreichen der hohen Ebene und der feinen Frequenz des *Tao*.
- Die ultimative Seelenerleuchtung ist das Erreichen des göttlichen Reichs, welches das höchste *Tao* und die am meisten verfeinerte Frequenz ist.

Hirn

Das Hirn ist offensichtlich ein Schlüssel für die Verjüngung und Lebensverlängerung. Das Altern wird oft von einem schlechten Gedächtnis, verlangsamten Reaktionen, Schwierigkeiten, klar zu denken, einem Mangel an Energie, dem Verlust von Flexibilität und einer Verschlechterung aller körperlichen Funktionen begleitet. In manchen Kulturen wird dies als unvermeidliche Folge und als Charakteristikum des Alterns angesehen. All diese Veränderungen des Verhaltens und der Abbau der körperlichen Funktionen zeigen, dass das Hirn älter wird. Deshalb ist die Verjüngung und Lebensverlängerung des Hirns für die Verlängerung des eigenen Lebens überaus wichtig.

Nach der konventionellen modernen Medizin ist das Hirn verantwortlich für das Zentrale Nervensystem und kontrolliert und reguliert alle Körperfunktionen. Insbesondere werden die Funktionen und der Pegel aller Hormone im Körper vom Hirn gesteuert. Das Hirn reguliert alle Funktionen im Körper auch durch das sympathische und parasympathische Nervensystem. Es lenkt alle physiologischen und metabolischen Funktionen im Körper. Wenn man die Seelenreinigung Xiu Lian für das Hirn macht, verbessert dies nicht nur das Gedächtnis und andere Fähigkeiten des Geistes; es verbessert auch das hormonale Gleichgewicht, den Stoffwechsel der Zellen und die Funktion jedes Systems und jeden Organs. Wir sehen, dass die Verjüngung und Lebensverlängerung des Hirns für die Verlängerung des Lebens essenziell ist.

Dünndarm

In der modernen konventionellen Medizin ist der Dünndarm das Hauptorgan für Verdauung und Absorption. Dies wird auch in der Traditionellen Chinesischen Medizin unterstrichen, wo dem Dünndarm die Funktion *Fen qing mi zhuo*[25] zugeschrieben wird. *Fen qing mi zhuo* bedeutet, die Essenz der Nahrung vom Abfall der Nahrung zu unterscheiden und diesen dem Dickdarm zur Entsorgung zuzuführen. Diese Funktion ist für die Verjüngung und Lebensverlängerung sehr wichtig.

Ich habe die Bedeutung dieser zehn Bereiche für die Lebensverlängerung erklärt. Als ich dieses Kapitel durch mich hindurchfließen ließ, gab mir das Göttliche neue Weisheiten. Lass mich jetzt erklären, wie man praktiziert, um das Leben zu verlängern.

Es gibt zwei Wege, diese zehn Bereiche zu üben, damit sie dazu beitragen, das Leben zu verlängern. Der erste bedeutet Praktizieren *ohne* göttliche Seelen-Übertragungen. Der zweite bedeutet Üben *mit* göttlichen Seelen-Übertragungen.

Praktizieren ohne göttliche Seelen-Übertragungen

Es ist am besten, diese Übung im Stehen zu machen. Es ist aber auch in Ordnung, in einer sitzenden Position zu üben (in ganzem oder halbem Lotussitz oder mit natürlich gekreuzten Beinen oder auf einem Stuhl). Du kannst sogar liegend üben. Aber wann immer du liegend übst, chante nicht laut. Chante still; sonst wirst du deine Energie verlieren.

Lasst uns üben.

Stell dich hin, die Füße sind schulterbreit auseinander. Beug deine Knie ein wenig. Halt deinen Rücken gerade. Leg beide Handflächen auf dein Unteres Dan Tian unterhalb des Nabels. Mach mit beiden Handflächen Seelentapping im Bereich deines Unteren Dan Tian. Visualisiere währenddessen goldenes und regenbogenfarbenes Licht in deinem Unteren Dan Tian und chante. (Du wirst die gleiche Technik für alle zehn Bereiche anwenden.) Beginne!

Heile und erhöhe die Kraft des Unteren Dan Tian.
Heile und erhöhe die Kraft des Unteren Dan Tian.

Heile und erhöhe die Kraft des Unteren Dan Tian.
Heile und erhöhe die Kraft des Unteren Dan Tian.

Verjünge die Seele, den Geist und den Körper
des Unteren Dan Tian.
Verjünge die Seele, den Geist und den Körper
des Unteren Dan Tian.
Verjünge die Seele, den Geist und den Körper
des Unteren Dan Tian.
Verjünge die Seele, den Geist und den Körper
des Unteren Dan Tian.

Verlängere das Leben der Seele, des Geistes und
des Körpers des Unteren Dan Tian.
Verlängere das Leben der Seele, des Geistes und
des Körpers des Unteren Dan Tian.
Verlängere das Leben der Seele, des Geistes und
des Körpers des Unteren Dan Tian.
Verlängere das Leben der Seele, des Geistes und
des Körpers des Unteren Dan Tian.

Als Nächstes mach ein Seelentapping gleichzeitig auf deinem Unteren Dan Tian mit der einen Handfläche (die linke für Männer, die rechte für Frauen, weil links zu Yang und rechts zu Yin gehört) und deinem Schneebergbereich mit der anderen Handfläche (rechts für Männer, links für Frauen). Die Handfläche, die auf dein Unteres Dan Tian klopft, wird dort für die restliche Dauer der Übung verbleiben. Visualisiere zur selben Zeit goldenes oder regenbogenfarbenes Licht in deinem Schneebergbereich und chante.
Beginne!

Heile und erhöhe die Schneebergkraft.
Heile und erhöhe die Schneebergkraft.
Heile und erhöhe die Schneebergkraft.
Heile und erhöhe die Schneebergkraft.

Verjünge die Seele, den Geist und den Körper des Schneebergs.
Verjünge die Seele, den Geist und den Körper des Schneebergs.
Verjünge die Seele, den Geist und den Körper des Schneebergs.
Verjünge die Seele, den Geist und den Körper des Schneebergs.

Verlängere das Leben der Seele, des Geistes und
des Körpers des Schneebergs.
Verlängere das Leben der Seele, des Geistes und
des Körpers des Schneebergs.
Verlängere das Leben der Seele, des Geistes und
des Körpers des Schneebergs.
Verlängere das Leben der Seele, des Geistes und
des Körpers des Schneebergs.

Mach als Nächstes ein Seelentapping gleichzeitig auf deinem Unteren Dan Tian (linke Handfläche für Männer, rechte Handfläche für Frauen) und deiner Leber (mit der anderen Handfläche). Visualisiere währenddessen goldenes oder regenbogenfarbenes Licht in deiner Leber und chante. Beginne!

Heile und erhöhe die Kraft der Leber.
Heile und erhöhe die Kraft der Leber.
Heile und erhöhe die Kraft der Leber.
Heile und erhöhe die Kraft der Leber.

Verjünge die Seele, den Geist und den Körper der Leber.
Verjünge die Seele, den Geist und den Körper der Leber.

Verjünge die Seele, den Geist und den Körper der Leber.
Verjünge die Seele, den Geist und den Körper der Leber.

Verlängere das Leben der Seele, des Geistes und
des Körpers der Leber.
Verlängere das Leben der Seele, des Geistes und
des Körpers der Leber.
Verlängere das Leben der Seele, des Geistes und
des Körpers der Leber.
Verlängere das Leben der Seele, des Geistes und
des Körpers der Leber.

Dann mach ein Seelentapping gleichzeitig auf deinem Unteren Dan Tian (linke Handfläche für Männer, rechte Handfläche für Frauen) und deinem Herzen (mit der anderen Handfläche). Visualisiere währenddessen goldenes oder regenbogenfarbenes Licht in deinem Herzen und chante. Beginne!

Heile und erhöhe die Kraft des Herzens.
Heile und erhöhe die Kraft des Herzens.
Heile und erhöhe die Kraft des Herzens.
Heile und erhöhe die Kraft des Herzens.

Verjünge die Seele, den Geist und den Körper des Herzens.
Verjünge die Seele, den Geist und den Körper des Herzens.
Verjünge die Seele, den Geist und den Körper des Herzens.
Verjünge die Seele, den Geist und den Körper des Herzens.

Verlängere das Leben der Seele, des Geistes und
des Körpers des Herzens.
Verlängere das Leben der Seele, des Geistes und
des Körpers des Herzens.

Verlängere das Leben der Seele, des Geistes und
des Körpers des Herzens.
Verlängere das Leben der Seele, des Geistes und
des Körpers des Herzens.

Jetzt mach ein Seelentapping gleichzeitig auf deinem Un-
teren Dan Tian (linke Handfläche für Männer, rechte
Handfläche für Frauen) und deiner Milz (mit der anderen
Handfläche). Visualisiere währenddessen goldenes oder
regenbogenfarbenes Licht in deiner Milz und chante.
Beginne!

Heile und erhöhe die Kraft der Milz.
Heile und erhöhe die Kraft der Milz.
Heile und erhöhe die Kraft der Milz.
Heile und erhöhe die Kraft der Milz.

Verjünge die Seele, den Geist und den Körper der Milz.
Verjünge die Seele, den Geist und den Körper der Milz.
Verjünge die Seele, den Geist und den Körper der Milz.
Verjünge die Seele, den Geist und den Körper der Milz.

Verlängere das Leben der Seele, des Geistes und
des Körpers der Milz.
Verlängere das Leben der Seele, des Geistes und
des Körpers der Milz.
Verlängere das Leben der Seele, des Geistes und
des Körpers der Milz.
Verlängere das Leben der Seele, des Geistes und
des Körpers der Milz.

Mach nun Seelentapping gleichzeitig auf deinem Unteren
Dan Tian (linke Handfläche für Männer, rechte Handflä-

che für Frauen) und deiner Lungen (mit der anderen Handfläche). Visualisiere währenddessen goldenes oder regenbogenfarbenes Licht in deinen Lungen und chante. Beginne!

Heile und erhöhe die Kraft der Lungen.
Heile und erhöhe die Kraft der Lungen.
Heile und erhöhe die Kraft der Lungen.
Heile und erhöhe die Kraft der Lungen.

Verjünge die Seele, den Geist und den Körper der Lungen.
Verjünge die Seele, den Geist und den Körper der Lungen.
Verjünge die Seele, den Geist und den Körper der Lungen.
Verjünge die Seele, den Geist und den Körper der Lungen.

Verlängere das Leben der Seele, des Geistes und
des Körpers der Lungen.
Verlängere das Leben der Seele, des Geistes und
des Körpers der Lungen.
Verlängere das Leben der Seele, des Geistes und
des Körpers der Lungen.
Verlängere das Leben der Seele, des Geistes und
des Körpers der Lungen.

Als Nächstes mach ein Seelentapping gleichzeitig auf deinem Unteren Dan Tian (linke Handfläche für Männer, rechte Handfläche für Frauen) und deinen Nieren (mit der anderen Handfläche). Visualisiere währenddessen goldenes oder regenbogenfarbenes Licht in deinen Nieren und chante. Beginne!

Heile und erhöhe die Kraft der Nieren.
Heile und erhöhe die Kraft der Nieren.

Heile und erhöhe die Kraft der Nieren.
Heile und erhöhe die Kraft der Nieren.

Verjünge die Seele, den Geist und den Körper der Nieren.
Verjünge die Seele, den Geist und den Körper der Nieren.
Verjünge die Seele, den Geist und den Körper der Nieren.
Verjünge die Seele, den Geist und den Körper der Nieren.

Verlängere das Leben der Seele, des Geistes und
des Körpers der Nieren.
Verlängere das Leben der Seele, des Geistes und
des Körpers der Nieren.
Verlängere das Leben der Seele, des Geistes und
des Körpers der Nieren.
Verlängere das Leben der Seele, des Geistes und
des Körpers der Nieren.

Mach als Nächstes ein Seelentapping gleichzeitig auf deinem Unteren Dan Tian (linke Handfläche für Männer, rechte Handfläche für Frauen) und auf deinem Nacken (mit der anderen Handfläche). Visualisiere währenddessen goldenes oder regenbogenfarbenes Licht in deinem Rückenmark und chante. Beginne!

Heile und erhöhe die Kraft des Rückenmarks.
Heile und erhöhe die Kraft des Rückenmarks.
Heile und erhöhe die Kraft des Rückenmarks.
Heile und erhöhe die Kraft des Rückenmarks.

Verjünge die Seele, den Geist und den Körper des Rückenmarks.
Verjünge die Seele, den Geist und den Körper des Rückenmarks.
Verjünge die Seele, den Geist und den Körper des Rückenmarks.
Verjünge die Seele, den Geist und den Körper des Rückenmarks.

Verlängere das Leben der Seele, des Geistes und
des Körpers des Rückenmarks.
Verlängere das Leben der Seele, des Geistes und
des Körpers des Rückenmarks.
Verlängere das Leben der Seele, des Geistes und
des Körpers des Rückenmarks.
Verlängere das Leben der Seele, des Geistes und
des Körpers des Rückenmarks.

Als Nächstes mach ein Seelentapping gleichzeitig auf deinem Unteren Dan Tian (linke Handfläche für Männer, rechte Handfläche für Frauen) und auf deinem Scheitel (mit der anderen Handfläche). Visualisiere währenddessen goldenes oder regenbogenfarbenes Licht in deinem Hirn und chante.
Beginne!

Heile und erhöhe die Kraft des Hirns.
Heile und erhöhe die Kraft des Hirns.
Heile und erhöhe die Kraft des Hirns.
Heile und erhöhe die Kraft des Hirns.

Verjünge die Seele, den Geist und den Körper des Hirns.
Verjünge die Seele, den Geist und den Körper des Hirns.
Verjünge die Seele, den Geist und den Körper des Hirns.
Verjünge die Seele, den Geist und den Körper des Hirns.

Verlängere das Leben der Seele, des Geistes und
des Körpers des Hirns.
Verlängere das Leben der Seele, des Geistes und
des Körpers des Hirns.
Verlängere das Leben der Seele, des Geistes und
des Körpers des Hirns.

Verlängere das Leben der Seele, des Geistes und
des Körpers des Hirns.

Als Nächstes mach ein Seelentapping gleichzeitig auf deinem Unteren Dan Tian (linke Handfläche für Männer, rechte Handfläche für Frauen) und auf dem Bereich deines Nabels (mit der anderen Handfläche). Visualisiere währenddessen goldenes oder regenbogenfarbenes Licht in deinem Dünndarm und chante.
Beginne!

Heile und erhöhe die Kraft des Dünndarms.
Heile und erhöhe die Kraft des Dünndarms.
Heile und erhöhe die Kraft des Dünndarms.
Heile und erhöhe die Kraft des Dünndarms.

Verjünge die Seele, den Geist und den Körper des Dünndarms.
Verjünge die Seele, den Geist und den Körper des Dünndarms.
Verjünge die Seele, den Geist und den Körper des Dünndarms.
Verjünge die Seele, den Geist und den Körper des Dünndarms.

Verlängere das Leben der Seele, des Geistes und
des Körpers des Dünndarms.
Verlängere das Leben der Seele, des Geistes und
des Körpers des Dünndarms.
Verlängere das Leben der Seele, des Geistes und
des Körpers des Dünndarms.
Verlängere das Leben der Seele, des Geistes und
des Körpers des Dünndarms.

Hao! Hao! Hao!
Danke, danke, danke.

Das ist ein sehr praktischer Weg, um Heilung in diese zehn Hauptorgane und -energiezentren zu bringen, die Kraft zu erhöhen, zu verjüngen und Leben zu verlängern. Wenn diese zehn Bereiche transformiert sind, wird der gesamte Körper transformiert. Dies ist eine kraftvolle Übung für die Verlängerung des Lebens. Dies ist die göttliche Führung, die ich erhalten habe: Gib diese heilige Übung zur Lebensverlängerung weiter.

Praktizieren mit göttlichen Seelen-Übertragungen

Nun biete ich dir die siebte göttliche Seelen-Übertragung in diesem Buch an:

**das göttliche Seelentransplantat
des göttlichen Unteren Dan Tian.**

Setz dich aufrecht hin. Leg die Spitze deiner Zunge nah an deinen Gaumen. Entspann dich. Öffne dein Herz und deine Seele.
Sei bereit.

**Göttliches Seelentransplantat
des göttlichen Unteren Dan Tian.
Stille Übertragung!**

Schließ deine Augen für dreißig Sekunden, um diesen wichtigen göttlichen Seelenschatz zu empfangen.

Hao! Hao! Hao!
Danke, danke, danke.

Ich danke dir, Göttliches.

Übe wie folgt mit deiner neuen göttlichen Unteres-Dan-Tian-Seele:
Stell dich hin, wobei die Füße schulterbreit auseinanderstehen. Beug deine Knie ein wenig. Halt deinen Rücken gerade. Leg beide Handflächen auf dein Unteres Dan Tian. Mach Seelentapping im Bereich deines Unteren Dan Tian, und zwar mit beiden Handflächen. Visualisiere gleichzeitig goldenes und regenbogenfarbenes Licht in deinem Unteren Dan Tian und chante.
Beginne!

Meine liebe göttliche Seele des göttlichen Unteren Dan Tian,
ich liebe, ehre und wertschätze dich.
Schalte dich bitte ein.

Das göttliche Untere Dan Tian heilt und
erhöht die Kraft meines Unteren Dan Tian.
Das göttliche Untere Dan Tian heilt und
erhöht die Kraft meines Unteren Dan Tian.
Das göttliche Untere Dan Tian heilt und
erhöht die Kraft meines Unteren Dan Tian.
Das göttliche Untere Dan Tian heilt und
erhöht die Kraft meines Unteren Dan Tian.

Das göttliche Untere Dan Tian verjüngt die Seele,
den Geist und den Körper meines Unteren Dan Tian.
Das göttliche Untere Dan Tian verjüngt die Seele,
den Geist und den Körper meines Unteren Dan Tian.
Das göttliche Untere Dan Tian verjüngt die Seele,
den Geist und den Körper meines Unteren Dan Tian.
Das göttliche Untere Dan Tian verjüngt die Seele,
den Geist und den Körper meines Unteren Dan Tian.

Das göttliche Untere Dan Tian verlängert das Leben der Seele,
des Geistes und des Körpers meines Unteren Dan Tian.
Das göttliche Untere Dan Tian verlängert das Leben der Seele,
des Geistes und des Körpers meines Unteren Dan Tian.
Das göttliche Untere Dan Tian verlängert das Leben der Seele,
des Geistes und des Körpers meines Unteren Dan Tian.
Das göttliche Untere Dan Tian verlängert das Leben der Seele,
des Geistes und des Körpers meines Unteren Dan Tian.

Hao! Hao! Hao!
Danke, danke, danke.

Nun biete ich dir die achte göttliche Seelen-Übertragung in diesem Buch an:

das göttliche Seelentransplantat
des göttlichen Schneebergbereichs.

Setz dich aufrecht hin. Leg die Spitze deiner Zunge nah an deinen Gaumen. Entspann dich. Öffne dein Herz und deine Seele.
Sei bereit.

Göttliches Seelentransplantat des
göttlichen Schneebergbereichs.
Stille Übertragung!

Schließ deine Augen für dreißig Sekunden, um diesen wichtigen göttlichen Seelenschatz zu empfangen.

Hao! Hao! Hao!
Danke, danke, danke.

271

Ich danke dir, Göttliches.
Ruf die Seele deines neuen göttlichen Schneebergbereichs
an und übe:
Stell dich hin, wobei die Füße schulterbreit auseinanderstehen. Beug deine Knie ein wenig. Halt deinen Rücken gerade. Mach ein Seelentapping im Bereich deines
Unteren Dan Tian (mit der linken Handfläche für Männer, mit der rechten für Frauen) und ein Seelentapping
deines Schneebergbereichs mit der jeweils anderen
Handfläche. Visualisiere gleichzeitig goldenes und regenbogenfarbenes Licht in deinem Schneebergbereich
und chante.
Beginne!

Meine göttliche Seele meines göttlichen Schneebergbereichs,
ich liebe, ehre und wertschätze dich.
Schalte dich bitte ein.

Der göttliche Schneebergbereich heilt und
erhöht die Kraft meines Schneebergbereichs.
Der göttliche Schneebergbereich heilt und
erhöht die Kraft meines Schneebergbereichs.
Der göttliche Schneebergbereich heilt und
erhöht die Kraft meines Schneebergbereichs.
Der göttliche Schneebergbereich heilt und
erhöht die Kraft meines Schneebergbereichs.

Der göttliche Schneebergbereich verjüngt die Seele,
den Geist und den Körper meines Schneebergbereichs.
Der göttliche Schneebergbereich verjüngt die Seele,
den Geist und den Körper meines Schneebergbereichs.
Der göttliche Schneebergbereich verjüngt die Seele,
den Geist und den Körper meines Schneebergbereichs.

Der göttliche Schneebergbereich verjüngt die Seele,
den Geist und den Körper meines Schneebergbereichs.

Der göttliche Schneebergbereich verlängert das Leben der
Seele, des Geistes und des Körpers meines Schneebergbereichs.
Der göttliche Schneebergbereich verlängert das Leben der
Seele, des Geistes und des Körpers meines Schneebergbereichs.
Der göttliche Schneebergbereich verlängert das Leben der
Seele, des Geistes und des Körpers meines Schneebergbereichs.
Der göttliche Schneebergbereich verlängert das Leben der
Seele, des Geistes und des Körpers meines Schneebergbereichs.

Hao! Hao! Hao!
Danke, danke, danke.

Das komplette göttliche Paket für Langlebigkeit schließt
alle zehn in der Übung ohne göttliche Seelen-Übertragungen angesprochenen Bereiche mit ein: Unteres Dan Tian,
Schneebergbereich, Leber, Herz, Milz, Lungen, Nieren,
Rückenmark, Hirn und Dünndarm. Das Göttliche hat
zwei Teile dieses Pakets, das Untere Dan Tian und den
Schneebergbereich, in diesen Kapiteln angeboten. Diese
zwei göttlichen Seelenschätze sind Geschenke, um dir bedeutenden Nutzen zur Heilung, Energieerhöhung, Verjüngung und Lebensverlängerung anzubieten.[26]
Mach die Übung zur Lebensverlängerung ohne göttliche
Seelen-Übertragungen (siehe Seiten 260–269) und dann
mit den zwei göttlichen Seelen-Übertragungen (göttliches
Unteres Dan Tian und göttlicher Schneebergbereich), die
du soeben als Geschenk bekommen hast. Jede der Übungen ist kraftvoll, aber beide zu machen lässt dich die
Kraft der göttlichen Seelen mit göttlicher Weisheit und
Intelligenz vergleichen und erfahren. Die letzten beiden

göttlichen Seelen-Übertragungen, die du bekommen hast, können deinem Leben mehr und mehr zugutekommen. Ich habe die Bedeutung dieser zwei fundamentalen Energiezentren erklärt. Du musst täglich üben, um den großen Gewinn der Verjüngung und Lebensverlängerung zu erhalten. Übe jeweils fünfzehn Minuten oder länger, mindestens zweimal täglich. Dies kann für deine Heilung, Verjüngung und Langlebigkeit einen großen Unterschied machen. Wenn du länger übst, wird der Gewinn noch größer sein.

Geheime Seelenübungen, um von *Jing* zu *Chi*, zu *Shen*, zu *Xu*, zu *Tao* voranzuschreiten

Das Fortschreiten von *Jing* zu *Chi*, zu *Shen*, zu *Xu*, zu *Tao* war während fünftausend Jahren ein absolutes Geheimnis. Viele Menschen kennen die Ausdrücke, aber sie verstehen nicht, wie man übt und Schritt um Schritt voranschreitet. Dies ist das erste Mal, dass ich diese geheime Lehre und diese speziellen Einsichten für die Praxis des *Jing Chi Shen Xu Tao* weitergebe.

Schritt 1:
Produziere Jing

Setz dich aufrecht hin. Am besten setzt du dich auf ein Kissen auf dem Boden in einer vollen oder halben Lotusposition oder mit natürlich gekreuzten Beinen. Du kannst dich auch auf einen Stuhl setzen, wobei der Rücken frei bleibt und deine Füße flach auf dem Boden stehen. Leg deine Handflächen auf deine Nieren. Erinnere dich an ein Energiegeheimnis: Die Energie geht dorthin, wo du deine

Hände hinlegst. Schließ sanft deine Augen. Leg deinen Geist in die Gegend deiner Nieren. Wenn dein Drittes Auge geöffnet ist, erfreu dich an den Bildern, die du siehst. Wenn dein Drittes Auge nicht geöffnet ist, visualisiere goldenes Licht in deinen Nieren.

Atme tief ein. Visualisiere gleichzeitig goldenes Licht, das in deinen Nieren schwingt. Chante still (nur einmal): »Produziere *Jing*.« Dann halt deinen Atem an, während du still chantest (nur viermal): »Produziere *Jing*. Produziere *Jing*. Produziere *Jing*. Produziere *Jing*.« Atme nun vollständig aus, während du stumm chantest (nur einmal): »Produziere *Jing*.«

Wiederhol diesen Vorgang sechs weitere Male, insgesamt sind es sieben Zyklen.

Schritt 2:
Transformiere Jing *zu* Chi

Behalt deine Sitzposition. Leg eine Handfläche (die linke für Männer, die rechte für Frauen) über deinen Akupunkturpunkt Ming Men, der sich an deinem Rücken direkt hinter dem Nabel befindet. Leg die andere Handfläche über deinen C7-Wirbel, der oben an deinem Rücken hervortritt, gerade unterhalb deines Nackens. Schließ sanft die Augen.

Atme tief ein. Visualisiere gleichzeitig regenbogenfarbenes Licht, das sich von deinen Nieren nach unten bewegt, bis gerade vorn an deinem Steißbein, durch drei unsichtbare Energielöcher zu deinem Rückenmarkkanal, dann das gesamte Rückenmark nach oben bis zu deinem Nacken. Chante still (nur einmal): »Transformiere *Jing* zu *Chi*.« Dann halt deinen Atem an, während du still chantest (nur viermal): »Transformiere *Jing* zu *Chi*. Transformiere *Jing*

zu *Chi.* Transformiere *Jing* zu *Chi.* Transformiere *Jing* zu *Chi.*« Nun atme vollständig aus, während du stumm chantest (nur einmal): »Transformiere *Jing* zu *Chi.*«
Wiederhol diesen Vorgang sechs weitere Male, insgesamt sind es sieben Zyklen.

Schritt 3:
Transformiere Chi *zu* Shen

Behalt deine Sitzposition bei. Leg eine Handfläche (die linke für Männer, die rechte für Frauen) über deinen Akupunkturpunkt Ming Men. Leg die andere Handfläche über dein Kronenchakra oben an deinem Kopf. Schließ sanft die Augen.
Atme tief ein. Visualisiere gleichzeitig purpurnes Licht, das in deinem Hirn schwingt. Chante still (nur einmal): »Transformiere *Chi* zu *Shen.*« Dann halt deinen Atem an, während du still chantest (nur viermal): »Transformiere *Chi* zu *Shen.* Transformiere *Chi* zu *Shen.* Transformiere *Chi* zu *Shen.* Transformiere *Chi* zu *Shen.*« Atme nun vollständig aus, während du stumm chantest (nur einmal): »Transformiere *Chi* zu *Shen.*«
Wiederhol diesen Vorgang sechs weitere Male, insgesamt sind es sieben Zyklen.

Schritt 4:
Transformiere Shen *zu* Xu

Behalt deine Sitzposition bei. Leg eine Handfläche (die linke für Männer, die rechte für Frauen) über deinen Akupunkturpunkt Ming Men. Leg die andere Handfläche über dein Herz. Schließ sanft die Augen.
Atme tief ein. Visualisiere gleichzeitig kristallenes Licht,

das in deinem Herzen schwingt. Chante still (nur einmal):
»Transformiere *Shen* zu *Xu*.« Dann halt deinen Atem an,
während du still chantest (nur viermal): »Transformiere
Shen zu *Xu*. Transformiere *Shen* zu *Xu*. Transformiere
Shen zu *Xu*. Transformiere *Shen* zu *Xu*.« Atme nun voll-
ständig aus, während du stumm chantest (nur einmal):
»Transformiere *Shen* zu *Xu*.«
Wiederhol diesen Vorgang sechs weitere Male, insgesamt
sind es sieben Zyklen.

Schritt 5:
Transformiere Xu *zu* Tao

Behalt deine Sitzposition bei. Leg eine Handfläche (die
linke für Männer, die rechte für Frauen) über deinen Akupunkturpunkt Ming Men. Leg die andere Handfläche
über dein Ling Gong[27]. Das Ling Gong, dein »Seelentempel«, liegt zwischen deinem Herzen und dem Botschaftenzentrum. Schließ sanft die Augen.
Atme tief ein. Visualisiere gleichzeitig kristallenes Licht,
das in deinem Ling Gong schwingt. Chante still (nur einmal): »Transformiere *Xu* zu *Tao*.« Dann halt deinen Atem
an, während du still chantest (nur viermal): »Transformiere *Xu* zu *Tao*. Transformiere *Xu* zu *Tao*. Transformiere *Xu* zu *Tao*. Transformiere *Xu* zu *Tao*.« Atme nun vollständig aus, während du stumm chantest (nur einmal):
»Transformiere *Xu* zu *Tao*.«
Wiederhol diesen Vorgang sechs weitere Male, insgesamt
sind es sieben Zyklen.

Hao! Hao! Hao!
Danke, danke, danke.

Jing Chi Shen Xu Tao ist das höchste taoistische Geheimnis der Transformation von Botschaft (Seele), Energie und Materie. Zu allen Zeiten haben viele Tao-Praktizierende jedoch nicht richtig verstanden, *wie* man *Jing* zu *Chi,* zu *Shen,* zu *Xu,* zu *Tao* transformiert. Wie ich erklärt habe, wurde mir die obenstehende Übung direkt vom Göttlichen enthüllt.

Von *Jing* zu *Chi,* zu *Shen,* zu *Xu,* zu *Tao* wird die Botschaft reiner und veredelt.

Von *Jing* zu *Chi,* zu *Shen,* zu *Xu,* zu *Tao* wird die Energie strahlend und veredelt.

Von *Jing* zu *Chi,* zu *Shen,* zu *Xu,* zu *Tao* wird die Materie nährender und veredelt.

Wiederhole diese Übung von *Jing* zu *Chi,* zu *Shen,* zu *Xu,* zu *Tao,* sooft du kannst. Jedes Mal, wenn du übst, wird die Botschaft, die Energie und die Materie deiner Systeme, Organe, Zellen, Zelleinheiten, DNS und RNS weiter veredelt. Die Frequenzen deiner Seele, deines Herzens, deines Geistes und deines Körpers werden immer weiter transformiert. Das Bewusstsein deiner Seele, deines Herzens und deines Geistes wird immer weiter transformiert.

Göttliche Frequenz ist die edelste Frequenz. Göttliches Bewusstsein ist das reinste Bewusstsein. Diese Übung dient dazu, dein Bewusstsein auf das göttliche Bewusstsein auszurichten und deine Frequenz zur göttlichen Frequenz zu transformieren.

Worte können der Bedeutung dieser heiligen und geheimen Übung nicht gerecht werden.

In diesem Kapitel habe ich einige der tiefgründigsten und heiligsten Geheimnisse aus den Studien meines gesamten

Lebens weitergegeben: von alten Künsten und Philosophien (einschließlich Tai-Chi, Qi-Gong, I Ging, Feng Shui, Buddhismus, Taoismus, Konfuzianismus und Xiu Lian) über die moderne, die Traditionelle Chinesische, die Zhi-Neng- und die Körper-Raum-Medizin bis zur, vor allem, direkten Belehrung durch das Göttliche. Die Techniken sind außerordentlich einfach und praktisch. Die Resultate sind unglaublich tiefgreifend.

Wenn du dein Leben verlängern willst, ist es unerlässlich, die Übungen zu machen, die ich in diesem Kapitel aufgezeigt habe. Nur durch tägliches Üben, Beständigkeit und Beharrlichkeit können deine Seele, dein Geist und dein Körper verjüngt und dein Leben verlängert werden. Durch tägliches Üben, Beständigkeit und Beharrlichkeit *werden* deine Seele, dein Geist und dein Körper verjüngt werden. Dein Leben *wird* verlängert werden.

Hao! Hao! Hao!
Danke, danke, danke.

10
Die Seelentransformation
von Beziehungen

Ein Neugeborenes geht sofort eine Beziehung ein mit den Eltern, Schwestern und Brüdern sowie mit anderen Menschen in seinem Umfeld. Wenn ein Kind zur Schule geht, unterhält es Beziehungen mit Lehrern, Mitschülern und anderen. Als Erwachsener hast du Beziehungen mit vielen Menschen. Solange du auf der Erde bist, wirst du die verschiedensten Arten von Beziehungen haben.

Beziehungen sind für die Menschheit ein sehr bedeutendes Thema. Einige der gewichtigsten Beziehungen sind die mit dem Lebenspartner, mit allen Familienmitgliedern, mit Kollegen und Mitarbeitern und mit Freunden. Jeder von uns wird von Beziehungen zwischen verschiedenen Organisationen und Beziehungen zwischen Städten und Ländern stark beeinflusst. Einige äußerst wichtige Beziehungen sind die mit deinem weltlichen spirituellen Lehrer, deinen spirituellen Vätern und Müttern und anderen spirituellen Führern im Himmel und mit dem Göttlichen.

Es gibt viele Lehren, Workshops und Seminare über Beziehungen. Dieses Buch wird das Geheimnis für die Transformation von Beziehungen auf der Seelenebene weitergeben. Das Ein-Satz-Seelengeheimnis für die Transformation von Beziehungen lautet:

Transformiere zuerst die Seele einer Beziehung, dann wird die Transformation der Beziehung folgen.

In den letzten Jahren habe ich diese Weisheit Tausende von Menschen gelehrt. Sie haben die Weisheit und die Techniken, die ich in diesem Kapitel weitergeben werde, für die Transformation ihrer Beziehungen mit herzanrührenden Erfolgen eingesetzt.

Persönliche Beziehungen

Zahlreiche Menschen haben mich um Rat und Führung gefragt, weil sie mit vielen Blockaden in den Beziehungen zu ihren Partnern zu kämpfen haben. Einige haben Schwierigkeiten mit ihren Eltern, andere mit ihren Kindern. Einige haben Schwierigkeiten mit ihren Kollegen und ihren Chefs. Die Leute fragen sich oft, warum sie solche Probleme haben. Sowohl spirituelle wie auch nicht-spirituelle Menschen denken häufig etwa Folgendes: »Ich bin ein guter Mensch. Ich bin sehr gutherzig. Warum sind andere so gemein zu mir? Ich bin zu meinem Partner sehr fürsorglich und liebevoll. Warum mag er mich nicht? Ich gebe meinen Kindern so viel Liebe. Warum respektieren sie mich nicht?«

Es ist sehr schwierig, einen Menschen zu finden, der nicht irgendwann in seinem Leben mit einer Beziehung zu kämpfen hatte. Einige mühen sich ihr ganzes Leben mit Beziehungen ab. Andere können anscheinend nie eine wahre Liebe finden und gehen durch eine Scheidung oder Trennung nach der anderen. Manche Kinder werden von ihren Eltern misshandelt. Einige Eltern werden von ihren Kindern angepöbelt. Andere Menschen werden von ihren Geschäftspartnern betrogen. Beziehungsprobleme sind sehr weit verbreitet.

Was ist die grundlegende Ursache für Blockaden in Beziehungen? Wenn du das Kapitel 2 über Karma studiert hast, wird dich die Antwort nicht überraschen. Um alle obenstehenden Fragen und weitere zu beantworten:

**Die grundlegende Ursache für Blockaden
in Beziehungen ist Karma.**

Ich lehre Seelenkommunikation. Ich habe viele fortgeschrittene Seelenkommunikatoren ausgebildet und zertifiziert. Sie können direkt mit dem Göttlichen und der Akasha-Chronik in Verbindung treten. Sie haben vielen Menschen mit Beziehungsproblemen spirituelle Führung angeboten. Sie können etliche Geschichten erzählen, die zeigen, wie Blockaden in Beziehungen mit dem Karma verbunden sind. Deshalb kann das Auflösen von Karma in Beziehungen eine große Verbesserung bewirken.

Wenn du im Umgang mit deinem Lebenspartner, deinen Kindern, deinen Kollegen, deinem Chef und deinen Freunden Blockaden hast, ist es nicht schwer, zu verstehen, dass es für diese Blockaden einen spirituellen Grund gibt. Dieser spirituelle Grund ist Karma aus deinen Beziehungen in früheren Leben.

Ich werde vier anonyme Geschichten von Seelenlesungen aus der Akasha-Chronik über wirkliche Fälle von Blockaden in Beziehungen anführen. Diese Seelenlesungen werden von meinen zertifizierten göttlichen direkten Seelen-Kommunikatoren ausgeführt, die ich persönlich ausgebildet habe.

Beziehung im jetzigen Leben, Beispiel 1

Wir waren über fünfzehn Jahre verheiratet und zuvor schon beinah zehn Jahre zusammen. Er hatte drei Kinder, die noch klein waren, als wir uns das erste Mal begegneten. Die zwei ältesten lebten bei uns. Unsere Beziehung ging in den ersten fünfzehn Jahren durch viele Herausforderungen. Für mich war es eine ständige große Prüfung mit den Kindern und mit ihm. Mit ihm ist es manchmal immer noch ein Kampf.

Seelenlesung früherer Leben

Ich sehe ihren jetzigen Ehemann vor Tausenden von Jahren in einem Tempel in Ägypten, wie er in einer langen weißen Robe oben an einigen Stufen steht. Sie saß auf den Stufen unter ihm, und er »dominierte sie«. Er war einer der Berater des Pharaos. Sie war ein junges Mädchen, kaum im heiratsfähigen Alter, und eine Dienerin, die ihm und seinem gesamten Haushalt diente. Er kommandierte sie immer herum. Sie waren Onkel und Nichte. Dies war die erste Lebenszeit, in der sie einander kannten.

Sie gehörten beide der Aristokratie an. Zu jener Zeit wurden Frauen in der Aristokratie für ihr Wissen und ihre Weisheit hoch geschätzt, aber er wertschätzte sie nicht entsprechend. Ihre Eltern hatten sie in seinen Haushalt geschickt, um zusammen mit seinen Kindern aufgezogen und erzogen zu werden. Er erlaubte ihr jedoch nicht den Zugang zum Studium. Sie musste sich ihr Wissen im Geheimen aneignen. Er erzog seine eigenen Töchter zusammen mit seinen Söhnen, erwartete aber auch von seinen Töchtern nicht, Weisheit zu erlangen oder eine eigene Meinung zu äußern.

Sie fühlte sich betrogen von ihren Eltern, die sie in diese Verhältnisse gebracht hatten. Ihr Onkel erfüllte seine Verpflichtung nicht, ihr eine Erziehung angedeihen zu lassen. Sie bekam nicht, was ihr versprochen worden war, und meinte, ihre Eltern hätten über des Onkels Haltungen und Benehmen Bescheid wissen müssen.

Im Großen und Ganzen hatte sie ein gutes Leben, aber nicht dank ihres Onkels. Vielmehr gelang es ihr, eine Ausbildung zu bekommen, indem sie draußen an der Tür zum Klassenzimmer stand und lauschte, den Kindern und Lehrern Speisen und Getränke brachte und ihnen auf alle mögliche Arten behilflich war. Sie war sehr geschickt darin, Wege zu finden, um die Einschränkungen zu umgehen, die ihr Onkel festgesetzt hatte.

Im jetzigen Leben, sagt sie, habe ihr Ehemann »sie oft dominiert«. Er ist mehr als fünfzehn Jahre älter als sie. Sie muss einiges insgeheim tun, allein und ohne das Wissen ihres Gatten. Die alten karmischen Muster sind in ihrem derzeitigen gemeinsamen Leben deutlich vorhanden.

Diese beiden Seelen hatten ein weiteres früheres Leben im finsteren Mittelalter des 8. Jahrhunderts auf dem Land in der Nähe von Stonehenge in England. Dies war das erste Mal, dass sie Mann und Frau waren. Sie wurde ihrem Ehemann als Teil eines Bündnisses zwischen dem Dorf ihres Vaters und dem Dorf des Vaters ihres Mannes gegeben.

Sie liebte ihren Mann und war glücklich, mit ihm verheiratet zu sein, obwohl sie es als abstoßend empfand, dass sie in der Entscheidung zur Heirat keine Wahl gehabt hatte. Ihr neuer Mann war bis zu einem gewissen Grad an ihr interessiert, liebte sie jedoch nicht, als sie verheiratet wurden. Sie war in jenem Leben eine ziemlich unabhängige Frau, und das zu einer Zeit, als Frauen üblicherweise nicht unabhängig waren.

In den frühen Jahren ihrer Ehe war die Beziehung schwierig, weil beide die Verantwortung für ihre eigenen Ländereien wahrnehmen wollten. Von beiden wurde erwartet, dass sie seinem Vater, der alles andere als ein guter Mensch war, Ehrerbietung erweisen sollten. In diesem Sinne bildeten sie eine eingeschworene Gemeinschaft, die gegen das ankämpfte, was sein Vater zwischen sich und seinen Leuten angerichtet hatte. Sie waren beide Außenstehende. Sie konnten keine wirkliche Verantwortung übernehmen. Aber wenn der Vater des Mannes jemandem in irgendeiner Weise Schaden zugefügt hatte, schlichen sich die beiden des Nachts hinaus, um dem Betroffenen Nahrung und Trost zu bringen. In einem gewissen Sinne war es die Haltung »Wir gegen den Rest der Welt«, und dieses Muster wiederholt sich deutlich während ihrer jetzigen gemeinsamen Lebenszeit.

Beziehung im jetzigen Leben, Beispiel 2

Wir begegneten uns vor über zwanzig Jahren. Nach wenigen Wochen wohnten wir zusammen. Einige Monate später wurde ich schwanger, und kurz danach heirateten wir. Wir bekamen zwei weitere Kinder. Ab dem ersten Tag hatten wir Schwierigkeiten und trugen unsere Kämpfe aus. Obwohl es zwischen uns immer eine Art von Verbindlichkeit und Mitgefühl gab, drangen oft Besitzgier und Eifersucht in die Beziehung ein. Zuzeiten kam es sogar zum Missbrauch.

Nach mehreren Jahren reichte ich die Scheidung ein. Sofort veränderte sich die Dynamik unserer Beziehung. Wir gründeten getrennte Haushalte in verschiedenen Staaten, einen mit den Kindern und mir, den anderen mit seinem Geschäft und ihm. Er wurde sehr erfolgreich, und trotz der großen räumlichen Distanz reisten wir alle oft hin und her, um als Familie zusammen zu sein. Wir hatten dann immer eine wunderbare Zeit zusammen.

Vor fünf Jahren zogen meine Kinder und ich wieder mit ihm in eine gemeinsame Wohnung, so dass wir alle unter einem Dach lebten. Im letzten Jahr wendete sich jedoch alles zum Schlimmsten. Obwohl er ein funktionierender Alkoholiker[28] gewesen war, wurde er plötzlich sehr ausfallend, auch unseren beiden Söhnen gegenüber. Ich beantragte eine Schutzanordnung, und wir zogen alle sehr schnell wieder aus. Vor wenigen Monaten wurde er gegen seinen Willen von Rettungskräften in eine psychiatrische Einrichtung eingeliefert. Ich besuchte ihn und unterstützte ihn in seiner Genesung. Ich tue, was ich kann, um die Wunden zu heilen.

Seelenlesung früherer Leben

Diese zwei Seelen haben in der Vergangenheit siebzehn Beziehungen miteinander gehabt, nicht nur als Mann und Frau, sondern auch als Freunde, als Arbeitgeber und Angestellter sowie als Bruder und Schwester. Ihre gegenwärtige Ehe- und Familiensituation ist hauptsächlich mit zwei früheren Beziehungen verbunden.

Die erste war eine im London des 17. Jahrhunderts, als diese beiden Seelen auch Ehepartner waren. Wie heute war er damals ein Trinker. Er versuchte, sie zur Prostitution zu zwingen, um Geld für die Finanzierung seiner Saufgelage zu bekommen. Sie weigerte sich, verließ ihn und übernachtete unter einer Brücke. Der Fluss stieg eines Tages infolge einer Überschwemmung an und ertränkte sie. Als der Mann von ihrem Tod erfuhr, erhängte er sich. Die zweite Beziehung war sonniger und glücklicher. In diesem Leben war sie wiederum eine Frau und er ein Mann. Sie besaß eine Ranch in Mexiko. Ihr Gatte verstarb, und der Mann, der heute ihr Ehemann ist, wurde zu dem Cowboy, der für die Tiere auf der Ranch verantwortlich war. Sie war keine einfache Arbeitgeberin, denn sie war eine sehr strenge und stolze Señorita. Er rettete einmal ihr Leben, als sie von einem wildgewordenen Stier angegriffen wurde. Ihre Persönlichkeit wurde nach diesem Ereignis sanftmütiger, und ihr Herz öffnete sich. Sie hatten eine sehr enge und intime Freundschaft.

Durch ihr heutiges gemeinsames Leben ziehen sich karmische Muster, die aus diesen zwei Beziehungen vergangener Leben herrühren. Der Mann hatte seine Schuld aus dem Leben in London abbezahlt, indem er sie im folgenden Leben in Mexiko vor dem Stier rettete. Er lernt noch immer seine Lektionen von seinen während des Lebens in London begangenen Fehlern. Er bezahlt seine spirituelle Schuld weiterhin im heutigen Dasein. Auf der anderen Seite besteht Intimität, Fürsorge und Liebe aus der Beziehung in Mexiko. Die Seelenführung für diese beiden Seelen ist, dass sie ihre Herzen mit Liebe, Fürsorge und Mitgefühl läutern und einander und sich selbst bedingungslose Vergebung anbieten.

Beziehung im jetzigen Leben, Beispiel 3

Meine Beziehung zu meiner Mutter war sehr frustrierend. Schon während meiner jungen Jahre war ich ein gefühlsbetonter Mensch, und es war mir ein Bedürfnis, meine Regungen auch zum Ausdruck zu bringen. Meine Mutter kann mit Gefühlen nur schlecht umgehen. Ich erinnere mich, dass ich ihr als Teenager sagte: »Ich weiß, dass du mich liebhast, aber ich spüre es nicht.« Ich wurde nicht total ignoriert, doch ich wurde auch zu nichts ermutigt. In unserem Umgang verspürte ich immer ein Element von

Korrektur und Kritik ihrerseits. Gleichzeitig entdeckte ich viele Widersprüche dazu, als ich sah, wie meine Mutter Tag für Tag für mich sorgte, zum Beispiel für meine saubere Kleidung, und jeden Abend mehrgängige Mahlzeiten für die ganze Familie bereitete – und auch ihre ständige Anwesenheit. Doch hatten wir keine Verbindung auf der emotionalen Ebene, weder durch Gespräche noch durch sonst etwas, und das empfand ich als schmerzhaft. Ich bemühte mich, ihre Art der Liebe als solche anzuerkennen, weil ich mich nach einer tieferen Beziehung auf Gegenseitigkeit sehnte.

Es gibt immer noch Aspekte des Paradoxons, das meine Mutter für mich darstellt, mit denen ich mich noch nicht habe abfinden können. In einigen Belangen ist sie emotional sehr stark, und dennoch hat sie ihr Leben weitgehend von ihren Ängsten bestimmen lassen. So hat sie zum Beispiel nie das Autofahren oder Schwimmen gelernt. Sie übertrug ihre Ängste in vielerlei Weise auf mich. Was mir gerade in den Sinn kommt, ist, dass sie es mir beispielsweise nicht erlaubte, das Wasserskifahren zu lernen, als ich jung war.

Jetzt, da ich mich in ihrem fortgeschrittenen Alter um sie kümmere, kehren jene Gefühle manchmal zurück, besonders wenn sie in einer negativen, kritischen Stimmung ist und ich müde oder überfordert bin. Meistens jedoch fühle ich mich bevorzugt und bin dankbar für die gemeinsame Zeit mit ihr. Wir haben nun vertauschte Rollen. Ich bin sehr für sie da, auf jede Art und Weise, und es ist für mich eine heilende Zeit. Meistens fühlen wir uns wohl miteinander. Mehr noch, wir lachen oft zusammen.

Wir verspüren auch die positive Wirkung von Meister Sha. Meine Mutter hat mein spirituelles Leben immer stark unterstützt und mich dazu ermuntert. Wir chanten *und üben zusammen. Meine Mutter hat göttliche Seelen-Übertragungen und aktiviert diese mindestens einmal pro Tag. Es war für unsere Beziehung ein großer Segen, all das zu haben, was Meister Sha in unser Leben bringt, damit wir uns darauf konzentrieren und damit arbeiten, ebenso die enormen körperlichen und emotionalen Segnungen, die die göttlichen Seelenschätze bringen. Ich bin sehr dankbar.*

Dies zu schreiben ließ mich nachdenken und brachte mich zu einer größeren Wertschätzung der Liebe, die erforderlich ist, sich um die täglichen Bedürfnisse von jemandem auf beständige, verlässliche und fürsorgliche Art zu kümmern. Ich muss noch immer daran arbeiten, den Rest meiner Bedenken loszulassen, aber diese Erkenntnis ist ein wichtiger Schritt in die richtige Richtung.

Seelenlesung früherer Leben

Diese zwei Seelen haben viele bemerkenswerte Leben miteinander gehabt, in denen sie eine Freundschaft voller Licht und mit vielen wunderbaren Erfahrungen teilten. Dies ist wichtig, weil sie auf einer tiefen Seelenebene eine unglaubliche Freundschaft pflegen.

In ihren jetzigen Leben sind die Kommunikationsblockaden mit Karma verbunden. Sie hatten ein bestimmtes gemeinsames Leben, in dem ihre Rollen vertauscht waren. Die heutige Tochter war damals die Mutter, und die heutige Mutter war damals die Tochter. In jenem vergangenen Leben, das sie während der Renaissance in Europa gemeinsam verbrachten, hat die Mutter ihre Tochter emotional missbraucht und vernachlässigt. Die Tochter musste der Mutter weggenommen werden, weil Letztere sich weigerte, für sie zu sorgen. Die Mutter war fast ausnahmslos damit beschäftigt, sich um ihre eigenen Angelegenheiten zu kümmern. Viele der Kommunikationsblockaden im jetzigen Dasein rühren von dieser bestimmten Beziehung in einem vergangenen Leben her.

Es gab ein weiteres Leben während des Mittelalters, in dem ihre Rollen auch vertauscht waren. Die jetzige Mutter war die behinderte Tochter. Sie konnte sich nicht selbst versorgen. Die Mutter (jetzt die Tochter) kümmerte sich so gut wie gar nicht um sie. Im jetzigen Leben muss sie die Lektion der bedingungslosen Liebe lernen. Sie muss die bedingungslose Liebe lernen, die eine Mutter für ihre Kinder haben sollte, ungeachtet dessen, ob sie behindert sind oder warum auch immer. Deshalb wurde ihr in diesem Leben die Verantwortung übertragen, sich um ihre Mutter zu kümmern. Dieses Muster wird sich wiederholen, bis sie fähig ist, ihre Liebe vollständig und bedingungslos anzubieten, ohne Anhaftungen jedweder Art und selbst in harten Zeiten. Sie muss ihre bedingungslose Liebe, Vergebung und Segnung anbieten, damit Heilung geschehen kann.

Beziehung im jetzigen Leben, Beispiel 4

Der Vater meines Sohnes und ich haben uns nach zweieinhalb Jahren getrennt, also zog ich mein Kind allein auf. Aufgrund meiner Arbeit war ich jedoch sehr häufig abwesend. Deshalb unternahm mein Sohn als Teenager so allerlei, um Aufmerksamkeit zu erregen. Wir standen uns sehr nah, bis er seiner jetzigen Frau begegnete. Nun haben wir keine Beziehung mehr miteinander.

Seelenlesung früherer Leben

Die Beziehung zwischen dieser Mutter und ihrem Sohn wird von Kräften beeinträchtigt, die jenseits ihrer Kontrolle zu sein scheinen. Es gibt jedoch viele Gründe für solch große Blockaden. Die Energie und das Licht zwischen dieser Mutter und ihrem Sohn waren während einiger Zeit von einer sehr niedrigen Frequenz. Die Gründe dafür sind vor allem spiritueller Art und reichen viele Lebenszeiten zurück. Der Sohn fühlt, dass er nicht geliebt wird, und wirft dies seiner Mutter vor. Sein Botschaftenzentrum ist weitgehend geschlossen, und er ist schwer zu erreichen.

Die zwischenmenschlichen Fähigkeiten sowohl der Mutter als auch des Sohnes waren nicht genügend entwickelt, um ihnen selbst die einfachste Interaktion zu erlauben, die zu einer Heilung dieser Beziehung hätte führen können. Es herrscht da in den Seelen von Mutter und Sohn eine große Traurigkeit ob dieses Mangels an Kommunikation und Verbindung. Jede der beiden Seelen realisiert, dass sie von der anderen und vom Göttlichen distanziert worden ist und dass ihre Seelenreisen durch das Karma dieser Beziehung beeinflusst worden sind. Die Mutter hatte das Glück, mit spirituellen Übungen und einem hochrangigen Meister in Verbindung zu kommen, der ihr das Herz und den Geist öffnete. Die Aussichten auf eine Heilung dieser schmerzvollen Beziehung sind sehr gut.

Es gibt mehrere Lebenszeiten, die für die heutige Beziehung von Bedeutung sind. Es gab ein Leben, in dem die Mutter Vorgesetzte von vielen Arbeitern war, denen sehr wenig Eigenständigkeit in ihrem Arbeitsumfeld zugestanden wurde. Sie wurden schlecht behandelt und arbeiteten viele Stunden für wenig Nahrung und Lohn. In jener Zeit war der Sohn sowohl ihr Arbeiter als auch ihr Sohn. Doch waren sein Vater und seine Mutter nicht verheiratet, deshalb wurde das Kind nicht anerkannt. Er wurde sehr schlecht behandelt und musste äußerst hart arbeiten. Der

Sohn war sich der verwandtschaftlichen Beziehung nicht gewahr, bis er als Erwachsener die Wahrheit über seinen Vater zufällig entdeckte. Die Beziehung zwischen Sohn und Mutter war voller Schuldgefühle, Zorn und Ressentiments. Es gab nie einen Versuch, die Beziehung zu verbessern. Mutter und Sohn trennten sich schließlich, wütend und völlig distanziert, und sahen sich in jenem Leben nie wieder. Die Lektionen, die hätten gelernt werden sollen und die Licht in diese Beziehung und Mutter und Sohn näher zur göttlichen Gegenwart gebracht hätten, waren nicht verstanden worden, und das Karma aus diesem Leben wurde in mehrere spätere Inkarnationen gebracht.

Ein anderes Leben, in dem diese zwei eine Beziehung hatten, ereignete sich im 16. Jahrhundert. Er war ein reicher Landbesitzer, und sie war seine Tochter; die Eltern-Kind-Rollen waren vertauscht. Der Vater hat die Tochter ständig beschimpft und übermäßig kontrolliert. Er war anmaßend und dominierend, worunter die Tochter sehr litt. Sie war sehr nachtragend. Die Beziehung zwischen Vater und Tochter wurde bitter. Die Tochter sprach sehr wenig, sann jedoch auf Rache, die sie allerdings nie ausführte. Dies jedoch beeinflusste ihr Leben sehr, und sie sah ihr Dasein aus einer dunklen Perspektive.

Ihre Beziehung hatten die beiden auf keiner Ebene verstanden. Ein spirituelles Wesen des Problems wurde nie auch nur angedacht. Beide machten einander nur Vorwürfe, und keiner war fähig, nach innen zu schauen und durch persönliche Einsichten und Gebete Verständnis zu gewinnen. Das Karma in dieser Beziehung hat sich in jenem Leben sehr vertieft und in vielen späteren Lebenszeiten fortgesetzt.

Die grundlegende Ursache ist eine intensive Ichbezogenheit, resultierend in geschlossenen Botschaftenzentren für Sohn und Mutter in einem Leben und Tochter und Vater in einem anderen. Dies führte zu Feindseligkeit, Zorn und Verbitterung. Bis zu diesem Leben wurde das heilende Wesen der Vergebung nie betrachtet. Große Herausforderungen in allen Inkarnationen und in diesem Leben beruhen auf einem Mangel an Liebe und der Weigerung, sich gegenseitig zu verzeihen.

Es wird angeraten, dass die Mutter schnell Vergebung übt, um die Blockaden zu entfernen und die Seele ihrer Beziehung sowie die Seele ihres Sohnes in die Liebe und ins Licht zu bringen. Es ist sehr dringend, dies zu tun, bevor mehr Schaden entsteht. Falls dies nicht geschieht, wird dieses Muster zwischen den zwei Seelen in zukünftige Lebenszeiten getragen werden. Viele andere werden auch davon betroffen sein. Ehepartner und Kinder sind schon in diese Dunkelheit gezogen worden und scheinen derzeit ebenso verloren zu sein.

Die Bedeutung von Vergebung zwischen diesen beiden Seelen kann nicht stark genug betont werden. Es kann keine tiefe und dauernde Heilung geben, bis jeder der beiden gelernt hat, einander zu vergeben. Dies löst Blockaden auf und heilt auf einer sehr tiefen Ebene. Weitere Wege zur Heilung dieser Beziehung können durch göttliche Seelen-Übertragungen, die sofort zur göttlichen Gegenwart führen, sowie mit Hilfe von Seelenkonferenzen (siehe unten) beschritten werden. Das beständige Angehen der Seele dieser Beziehung und die Heilung auf jener Ebene wird großen Einfluss auf den Sohn, seine Frau und seine Kinder haben. Die Ergebnisse werden dramatisch sein, und Liebe und Mitgefühl werden auf natürliche Weise aufkommen. Es wird eine Überfülle an Dankbarkeit bei jedem Mitglied dieser Familie entstehen. Die Seelenführung für diese Seelen ist, dass sie diese Heilung angehen und diese lange bestehenden Themen auflösen.

Die beiden sollten auch eine Karma-Reinigung für die Seele dieser Beziehung in Betracht ziehen. Karma-Reinigung ist ein Akt der endgültigen Vergebung, der allen inneren und äußeren Seelen, die mit der Beziehung verbunden sind, als Beispiel dienen wird. Dies würde sehr hilfreich sein, um die großen karmischen Lasten zu entfernen, und der Heilung erlauben, mit größerer Leichtigkeit voranzuschreiten. Es wird jedoch für die Mutter sehr wichtig sein, die Seele ihres Sohnes und die Seele ihrer Beziehung anzusprechen und die Vergebungsübungen auszuführen.

Diese vier Geschichten zeigen uns, dass es kein Zufall ist, wenn eine Beziehungsblockade besteht. Der wirkliche Grund sind Karma-Probleme. Ich habe der Menschheit Tausende von Karma-Reinigungen angeboten. Diese vielen Fälle haben mir nachhaltig gezeigt, dass Karma die wahre Erklärung für die besonderen Umstände in Beziehungen ist. Trotzdem hast du die Kraft, deine Beziehungen zu transformieren. Der goldene Schlüssel zur Transformation von Beziehungen ist bedingungslose Liebe und Vergebung.

Lass mich dir eine praktische Technik zeigen, um dies zu tun. Sie heißt Seelenkonferenz. Wenn du zum Beispiel vor einer echten Herausforderung mit deinem Ehepartner stehst, dann transformiere deine Beziehung zuerst auf der Seelenebene. Tu dies, indem du eine Seelenkonferenz abhältst:

Sitz in einer meditativen Haltung und in einem meditativen Zustand. Dann sing das göttliche Seelenlied »Love, Peace and Harmony«:

Ich liebe mein Herz und meine Seele.
Ich liebe die ganze Menschheit.
Verbindet Herzen und Seelen miteinander.
Liebe, Frieden und Harmonie.
Liebe, Frieden und Harmonie.

Beginne, indem du eine oder zwei Minuten lang singst. Dann initiiere die Seelenkonferenz, indem du die Seele deines Ehepartners anrufst:

Liebe Seele von _____ (Name des Ehepartners),
ich liebe dich. Bitte komm.

Die Seele deines Ehepartners wird sofort vor dir sein. Wenn dein Drittes Auge geöffnet ist, wirst du sie klar sehen. Wenn du die Fähigkeit zur direkten Seelenkommunikation hast, wirst du direkt mit der Seele deines Ehepartners kommunizieren können.

Das Folgende ist ein Vorschlag zur Transformation eurer Beziehung. Es ist wichtig, die allgemeinen Prinzipien zu verstehen und zu lernen. Es gibt keinen exakten Text, der befolgt werden muss. Deine Intention, deine Aufrichtigkeit und deine Herzlichkeit sind am wichtigsten:

- Danke der Seele deines Ehepartners.
- Erkläre den Grund dafür, dass du die Seele deines Ehepartners gerufen hast.
- Stell das Problem oder die Probleme zwischen euch dar.
- Biete deinem Ehepartner Vergebung an.
- Bitte deinen Ehepartner um Vergebung.
- Bitte die göttlichen Seelen der göttlichen Liebe und der göttlichen Vergebung, die du in Kapitel 2 erhalten hast, eure Beziehung zu segnen.

- Zeig dem Göttlichen, euren spirituellen Vätern und Müttern im Himmel und deinem Ehepartner große Dankbarkeit für ihre Segnungen.

Lass mich noch einige Beispiele anführen, um dieses Seelengespräch etwas näher zu erklären. Ruf zuerst die Seele deines Ehepartners:

- »Liebe Seele meines Ehepartners, ich liebe dich. Bitte komm.«
- »Ich danke dir, dass du gekommen bist.«
- »Ich rufe heute deine Seele, zu kommen, damit wir ein Gespräch führen. Wir haben einige Beziehungsprobleme. Ich möchte eine Seelentransformation meiner Beziehung mit dir herbeiführen.«
- Liste die Hauptprobleme in eurer Beziehung auf.
- Biete deinem Ehepartner die völlige Vergebung für alles Unrecht an, das er dir angetan haben mag: »Ich vergebe dir deine Fehler vollständig. Bitte empfang meine Vergebung.« Denk darüber nach und sei eine oder zwei Minuten still und ruhig, um der Seele deines Ehepartners die völlige Vergebung anzubieten.
- »Darf ich auch um deine Vergebung bitten? Darf ich dich darum bitten, dass du mir für meine Fehler und das Unrecht dir gegenüber völlig vergibst?« Sei nach diesen Worten eine oder zwei Minuten lang ruhig, um die Vergebung von der Seele deines Ehepartners zu empfangen.
- »Meine lieben göttlichen Seelen der göttlichen Liebe und der göttlichen Vergebung, ich liebe euch. Könnt ihr meine Beziehung mit meinem Ehepartner bitte segnen? Ich bin sehr dankbar. Danke.«

Dann chante:

Die Seele der göttlichen Liebe segnet meine
Beziehung mit meinem Ehepartner.
Die Seele der göttlichen Liebe segnet meine
Beziehung mit meinem Ehepartner.
Die Seele der göttlichen Liebe segnet meine
Beziehung mit meinem Ehepartner.
Die Seele der göttlichen Liebe segnet meine
Beziehung mit meinem Ehepartner ...

Die Seele der göttlichen Liebe transformiert
meine Beziehung mit meinem Ehepartner.
Die Seele der göttlichen Liebe transformiert
meine Beziehung mit meinem Ehepartner.
Die Seele der göttlichen Liebe transformiert
meine Beziehung mit meinem Ehepartner.
Die Seele der göttlichen Liebe transformiert
meine Beziehung mit meinem Ehepartner ...

Chante mindestens drei Minuten lang stumm oder laut, je länger, desto besser.

- **Drück deine Dankbarkeit aus.**

Ich danke dir, Göttliches.
Ich danke dir, göttliche Seele der göttlichen Liebe
und göttliche Seele der göttlichen Vergebung.
Ich danke dir, Seele meines Ehepartners.
Ich danke dir, meine Seele.
Ich danke jeder Seele in der spirituellen Welt,
die uns gesegnet hat.
Danke, danke, danke.

Dann sende die Seele deines Ehepartners respektvoll zurück. Du kannst sagen:

Gong song. Gong song. Gong song.
(Dies ist chinesisch für »Kehre respektvoll zurück«.)

Du kannst auch einfach sagen:

Ich danke dir, Seele meines Ehepartners. Bitte geh zurück.

Das ist die Seelentransformation deiner Beziehung zum Ehepartner. Diese Weisheit und Technik kann aber für die Transformation jeder Art von Beziehung angewendet werden. Nachdem du die Seelentransformationsübung einige Male durchgeführt hast, kannst du ein Gespräch mit der konkreten Person suchen. Du wirst sehr beeindruckt sein von den tiefgreifenden Veränderungen nach deinen Anstrengungen zur Seelentransformation.

Um eine Beziehung – welcher Art auch immer – zu transformieren, bestehen einige wichtige Prinzipien:

- Zeig immer Liebe und biete Vergebung an. Sie sind der goldene Schlüssel zur Transformation.
- Sei aufrichtig und ehrlich. In alten spirituellen Lehren gibt es einen berühmten Satz: »Ehrlichkeit bewegt den Himmel.« Ehrlichkeit kann die Herzen der Menschen zutiefst anrühren. Ehrlichkeit ist für die Transformation einer Beziehung sehr hilfreich.
- Sei selbstbewusst. Überwinde die Angst.
- Finde die richtigen Momente, um sowohl auf der Seelenebene als auch konkret mit der anderen Person zu kommunizieren. Wenn einer von euch gestresst oder verärgert ist, fang kein solches Gespräch an.

Diese wenigen Prinzipien werden dir helfen, die Seelen deiner Beziehungen zu transformieren. Dann wird auch die Transformation der Beziehungen folgen.

Familienbeziehungen

Die alten spirituellen Lehren sagen, dass es drei Arten von Kindern gibt. Die erste Art ist gesund, intelligent, wohlerzogen, liebend und freundlich. Die Eltern sind stolz auf dieses Kind und fühlen sich sehr gesegnet.

Die zweite Art Kind verursacht den Eltern viele Probleme. Es hat möglicherweise keine gute Gesundheit und leidet vielleicht an chronischen oder lebensbedrohlichen Zuständen. Diese Kinder sind in der Regel widerspenstig und gehorchen nicht. Die Eltern mögen große Anstrengungen unternehmen, um ihnen zu helfen. Obwohl einige der Kinder dies schätzen, tun es viele andere nicht. Sie kämpfen und verweigern weiter den Gehorsam. Die Eltern fühlen sich sehr verletzt. Sie versuchen alles, damit sich ihre Kinder zum Besseren ändern, haben aber kaum Erfolg.

Die dritte Art Kinder mag auch viel Liebe und Fürsorge von den Eltern empfangen, aber sie reagieren überhaupt nicht darauf. Sie sind oft völlig unnahbar, obwohl sie manchmal zurückschlagen. Ihre Unempfänglichkeit und Teilnahmslosigkeit bereitet ihren Eltern extreme Schwierigkeiten in allen möglichen Angelegenheiten. Sobald sie erwachsen sind, ziehen sie weg. Diese Kinder scheinen überhaupt keine nahe Beziehung mit ihren Eltern zu haben.

Natürlich gibt es viele andere Arten von Beziehungen zwischen Eltern und Kindern. Wie immer die Beziehung auch sein mag, ich frage mich jedes Mal, wieso sie ausgerechnet so und nicht anders beschaffen ist. Für vieles will ich immer den eigentlichen Grund herausfinden. In jüngeren Jahren konnte ich nicht nachvollziehen, warum die verschiedenen Eltern mit ihren Kindern unterschiedliche Beziehungen hatten. Zahlreiche Eltern haben sogar zu jedem einzelnen ihrer eigenen Kinder sehr unterschiedliche Beziehungen – harmonisch mit einem, aber unharmonisch mit einem anderen.

Ich habe den Grund dafür schließlich herausgefunden, als ich 1993 und 1994 meine spirituellen Kanäle hoch entwickelte. Wie fand ich es heraus? Spirituelle Bilder sagten es mir. Gespräche mit der spirituellen Welt lehrten es mich. Wenn ich eine gute Beziehung zwischen Eltern und Kind beobachtete, fragte ich die Akasha-Chronik: »Warum gelingt hier das Zusammenleben?« Wenn ich in einigen Familien eine eher schlechte Beziehung zwischen Eltern und Kind bemerkte, fragte ich auch nach dem Warum. Erfuhr ich von extremen Problemen zwischen Eltern und Kind, fragte ich ebenfalls: »Warum?« Aus all diesen Beobachtungen, Erfahrungen und spirituellen Gesprächen kann ich die Schlüsselweisheit, das Schlüsselwissen, in einem Satz zusammenfassen:

Alle Beziehungen haben mit dem Karma zu tun,
speziell die Beziehung zwischen Mann und Frau.

Denk einmal über dein bisheriges Leben nach. Wenn du aufwächst, findest du einen Freund oder eine Freundin. Du magst mit dem Freund oder der Freundin eine großartige Beziehung haben. Möglicherweise hast du auf Anhieb den richtigen Partner gefunden. Aber viele Menschen haben komplizierte Beziehungen mit ihren Freunden oder Freundinnen, mit ihren Gatten oder Gattinnen. Diese Beziehungen können für viele Menschen großes Leid bewirken. Du magst mit deinem Partner eine Weile zusammen sein. Dann werdet ihr unglücklich zusammen. Ihr trennt euch. Dann mögt ihr entscheiden, euch wieder zu vertragen, und kommt erneut zusammen. Später trennt ihr euch vielleicht ein zweites Mal. Danach bist du wahrscheinlich entsprechend konditioniert und emotional vorbelastet. Vielleicht wirst du wütend. Vielleicht leidest du an einem »gebrochenen Herzen«. Du kannst für viele Jahre verletzt sein.

Jemand anders scheint ein perfekter Partner zu sein. Du träumst davon, dass ihr zusammen seid. Aber die Gelegenheit bietet sich nie.

Warum sind Beziehungen so kompliziert? Die Antwort ist einfach und deutlich. Deine Beziehung mit einem Freund, einer Freundin, deinem Gatten oder deiner Gattin ist verwandt mit deinen Beziehungen mit der Seele der betreffenden Person in vergangenen Leben. Wenn du in früheren Inkarnationen sehr ausgeglichene Beziehungen gepflegt hast, ist es sehr einfach für dich, auch in diesem Leben eine harmonische Gemeinschaft zu bilden. Wenn ihr in vergangenen Leben miteinander Kämpfe ausgetragen habt, werdet ihr wahrscheinlich auch jetzt miteinander streiten.

Beziehungen zwischen Eltern und Kindern folgen denselben Prinzipien. Im Allgemeinen warst du mit deinen Kindern in einem oder mehreren vergangenen Leben verwandt. Wenn du sehr angenehme Kinder hattest, solche »der ersten Art«, die ich oben beschrieben habe, hast du sie in einem früheren Dasein sehr gut behandelt. Sie kamen zurück, um dir als deine Nachkommen Anerkennung zu zollen. Einige Kinder, wie solche der zweiten Art, können in dein Leben kommen und dich sehr plagen.

Wahrscheinlich hast du ihnen in einem früheren Leben etwas angetan. Manchen Kindern, jenen der dritten Art, kannst du noch so viel Liebe und noch so viel Herzlichkeit geben, sie reagieren nicht darauf. Sie wachsen auf. Sie gehen weg. Es scheint, sie haben dich vergessen. Wieder zeigten mir die Akasha-Chronik und das Göttliche, dass diese Art von Situation eintritt, weil du ihnen aus einem vergangenen Leben etwas schuldest. Dann kommen sie in dieses Dasein als deine Kinder. Sie ignorieren dich. Auf solche Art zahlst du ihnen deine Schuld. Dies sind Einsichten, die ich vom Göttlichen und der Akasha-Chronik gelernt habe. Der wirkliche Grund für Blockaden oder Segnungen in den Beziehungen zwischen Mann und Frau, Freund und Freundin sowie Eltern und Kindern hat stets etwas mit dem Karma zu tun. Deshalb kannst du deine Beziehungen transformieren. Das Prinzip ist bekanntermaßen sehr einfach: Wende bedingungslose Liebe und Vergebung an.

Bei der Erziehung von Kindern ist es wichtig, sie nicht zu verwöhnen. Selbst wenn du reich bist und deinen Kindern viele materielle Vorteile bieten kannst, verwöhne sie nicht. Erziehe sie gut. Als Eltern müsst ihr mit gutem Beispiel vorangehen. Kinder folgen den Eltern. Wenn Eltern die ganze Zeit streiten, wird dies die Kinder sehr beeinflussen. Es wird ihre Herzen, ihren Geist und ihre Emotionen zutiefst beherrschen. Wenn Kinder etwas Falsches tun, denk nicht, dies sei eine Kleinigkeit. Wenn du sie nicht im Kleinen korrigierst, werden die großen Fehler folgen. Deshalb korrigiere das Verhalten deiner Kinder sofort. Wenn Kinder etwas Falsches tun, selbst wenn sie einen Satz falsch aussprechen, weise sie mit Liebe in deiner Stimme darauf hin. Zeig ihnen klar, was an ihrer Sprache falsch ist. Zeig ihnen, wie sie es korrigieren können. Sag ihnen, dass du ihnen das überhaupt nicht übelnimmst und dass sie es beim nächsten Mal besser machen können.

Ich meine damit nicht, dass du deine Kinder zu sehr maßregeln solltest, wenn sie einen Fehler begehen. Schrei sie nicht an. Sprich vielmehr mit einer sanften und liebevollen Stimme. Auf diese Art wirst du viel bessere Resultate erzielen.

Es ist wichtig, Kinder zu korrigieren, wenn sie sehr klein sind. Bring ihnen Disziplin bei. Liebe sie gleichzeitig. Kinder verstehen deine Liebe absolut. Liebe schmilzt alle Blockaden und transformiert alles Leben. Wir wissen um die karmischen Probleme. Liebe und Vergebung können Karma transformieren.

Lass mich dir ein wichtiges spirituelles Geheimnis preisgeben. Um deine Familienbeziehung zu fördern, tu dies auf der Seelenebene. Angenommen, in deinem Haushalt sind sechs Personen – dein Partner, deine Eltern, eine Tochter, ein Sohn und du –: Wie initiierst du die Seelentransformation für deine drei Generationen von Familienmitgliedern? Wenn du jeden Tag fünf bis zehn Minuten aufwendest, um die folgende Seelentransformationsübung durchzuführen, kannst du bemerkenswerte Resultate der Harmonisierung deiner Familie feststellen.

Lass mich dir diese geheime Übung jetzt mitteilen. Setz dich und begib dich in einen meditativen Zustand. Ruf eine Seelenkonferenz zusammen. Ruf die Seelen deiner Eltern, deiner Tochter, deines Sohnes und deines Ehepartners:

Liebe Seelen von jedem in meiner Familie, bitte kommt hierher.
Seid mit mir.
Lasst uns in Liebe miteinander sein.
Lasst uns einander Vergebung anbieten.
Lasst uns alle unsere Beziehungen
untereinander harmonisieren.

Dann chante stumm:

Liebe für die gesamte Familie.
Liebe für die gesamte Familie.
Liebe für die gesamte Familie.
Liebe für die gesamte Familie.

Vergebung für die gesamte Familie.
Vergebung für die gesamte Familie.
Vergebung für die gesamte Familie.
Vergebung für die gesamte Familie.

Harmonie für die gesamte Familie.
Harmonie für die gesamte Familie.
Harmonie für die gesamte Familie.
Harmonie für die gesamte Familie.

Hao! Hao! Hao!
Danke, danke, danke.
Bitte geht zurück.

Übe täglich mindestens fünf bis zehn Minuten lang, je länger, desto besser.

Wie funktioniert diese Technik? Wenn du die Seelen deiner Familienmitglieder zusammenrufst, hältst du eine Familien-Seelenkonferenz ab. Wenn du »Liebe«, »Vergebung« und »Harmonie« chantest, werden die Frequenzen dieser Qualitäten die Seelen aller segnen.

Die Seele ist der »Boss« eines menschlichen Wesens. Wenn du auf der Seelenebene arbeitest, können viele Blockaden in deinen Beziehungen sofort transformiert werden. Nach dieser Art von Seelenkonferenz wirst du von den Ergebnissen sehr überrascht sein. Selbst wenn du sehr gute Beziehungen in der Verwandtschaft hast, kannst und solltest du diese Seelenkonferenz regelmäßig einberufen. Dies wird dir helfen, den Frieden in deiner Familie aufrechtzuerhalten oder noch weiter zu optimieren. Dies ist eine einfache, praktische und kraftvolle Technik für die Harmonisierung der Familie.

Wenn du in deinen Familienbeziehungen große Probleme hast, ruf deine göttliche Seele der göttlichen Harmonie auf (die heruntergeladen wurde, als du Kapitel 2 gelesen hast), um dich selbst und deine Familie zu segnen. Mach die folgende einfache und kraftvolle Übung:

Meine liebe göttliche Seele der göttlichen Harmonie,
ich liebe, ehre und wertschätze dich.
Bitte schalte dich ein.
Bitte segne und harmonisiere meine Familienbeziehungen.
Ich bin sehr dankbar.
Danke.

Dann chante:

Die Seele der göttlichen Harmonie transformiert
die Beziehungen meiner gesamten Familie.
Die Seele der göttlichen Harmonie transformiert
die Beziehungen meiner gesamten Familie.
Die Seele der göttlichen Harmonie transformiert
die Beziehungen meiner gesamten Familie.
Die Seele der göttlichen Harmonie transformiert
die Beziehungen meiner gesamten Familie ...

Hao! Hao! Hao!
Danke, danke, danke.

Wenn dein Drittes Auge geöffnet ist, bist du möglicherweise erstaunt, zu sehen, wie deine göttliche Seele der göttlichen Harmonie aus deinem Botschaftenzentrum kommt und zu den Seelen deiner Familienmitglieder geht. Sie strahlt unglaubliches goldenes Licht aus, um die dunklen Bereiche in den Seelen deiner Familienmitglieder zu entfernen. Erinnere dich an das Seelengeheimnis: Wenn dunkle Bereiche der Seele entfernt sind, kann die Transformation augenblicklich stattfinden.

Beziehungen am Arbeitsplatz

Wenn du die Beziehungen mit deinen Kollegen oder deinem Vorgesetzten verbessern möchtest, kannst du die gleichen Techniken einsetzen, die ich dir für die Transformation von persönlichen und Familienbeziehungen mitgegeben habe.

Falls du Chef oder Leiter einer Organisation bist und die Beziehungen mit allen Angestellten verbessern willst, beruf eine Seelenkonferenz ein. Und so geht es:

Beginne mit dem dreimaligen Aufsagen der heiligen Zahl 3396815 auf Chinesisch:

San San Jiu Liu Ba Yao Wu.
San San Jiu Liu Ba Yao Wu.
San San Jiu Liu Ba Yao Wu.

Ich habe dieses spezielle Mantra in Kapitel 3 eingeführt. Ich lernte die heilige Zahl von meinem spirituellen Vater, Meister Guo, und gab sie erstmals in meinem Buch *Zhi Neng Medicine*[29] weiter. Diese Zahl ist ja ein spiritueller Code, welcher der Menschheit 15 000 Jahre dienen wird,

während der gesamten Ära des Seelenlichts. Diese Zahl dreimal zu chanten bedeutet, die spirituelle Welt anzurufen und sich mit ihr zu verbinden.
Als Nächstes sage:

Ich rufe alle Seelen meiner Firma.
Kommt bitte.
Lasst uns zusammen Liebe und Vergebung teilen.
Lasst uns unsere Beziehungen transformieren.
Danke vielmals.

Dann chante drei bis fünf Minuten lang 3396815. Wenn dein Drittes Auge geöffnet ist, wirst du von dem, was du erkennst, überrascht sein. Du kannst viele Buddhas, christliche Heilige und Heilungsengel sehen, die sofort herbeikommen, um alle Seelen in deiner Organisation zu segnen. Viele dunkle Bereiche können direkt von den Seelen in deiner Organisation entfernt werden. Diese dunklen Bereiche sind spirituelle Blockaden zwischen den Seelen der dort tätigen Menschen.

Hao! Hao! Hao!
Danke, danke, danke.
Bitte geht zurück.

Diese Technik ist extrem einfach. Ihre Kraft ist unbegreiflich.
Übe sie.
Erfahre sie.
Profitiere von ihr.
Der anschließende konkrete Austausch und das offene Gespräch mit deinen Kollegen, den Mitarbeitern und deinem Chef sind auch wichtig. Die spirituelle und die physische

Welt ergänzen und unterstützen sich gegenseitig. Yin und Yang vereinen sich. Wenn du jedoch zuerst eine Seelentransformation machst, wird die Transformation deiner Beziehungen am Arbeitsplatz viel, viel einfacher sein. Sobald du es versuchst, wirst du die Lehre, die Weisheit und die Übungen, die ich hier anbiete, wirklich verstehen.

Beziehungen zwischen Organisationen

Wenn du die Beziehung zwischen deiner Organisation und einer anderen verbundenen Einrichtung transformieren willst, ruf deren Seelen an:

Liebe Seelen von _____ *(ruf die Seelen der Organisationen), kommt bitte. Dies ist, was wir heute erreichen wollen.*

Sprich mit ihnen genau wie bei einem üblichen Meeting. Ihre Seelen werden deinen Worten gut zuhören. Wenn ihre Seelen es begreifen, wird ihr Geist es viel einfacher begreifen. Sag ihnen, wie du die Beziehungen zwischen den Organisationen transformieren möchtest. Sei präzise.

Dann ruf eine deiner göttlichen Seelen-Übertragungen auf, um die Transformation, die du erbeten hast, zu unterstützen und zu segnen. Zum Beispiel:

Liebe göttliche Seele des göttlichen Friedens,
ich liebe, ehre und achte dich.
Bitte schalte dich ein.
Transformiere die Beziehungen zwischen
diesen Organisationen.
Ich bin sehr dankbar.
Danke.

Dann chante:

Die Seele des göttlichen Friedens bringt
Frieden zu all diesen Organisationen.
Die Seele des göttlichen Friedens bringt
Frieden zu all diesen Organisationen.
Die Seele des göttlichen Friedens bringt
Frieden zu all diesen Organisationen.
Die Seele des göttlichen Friedens bringt
Frieden zu all diesen Organisationen …

Übe jeweils mindestens drei Minuten oder länger.

Hao! Hao! Hao!
Danke, danke, danke.
Bitte geh zurück.

Beziehungen zwischen Städten, Staaten und Ländern und zwischen Himmel, Erde und menschlichen Wesen

Was ist das große Ziel im Zeitalter des Seelenlichts? Es ist Liebe, Frieden und Harmonie für jede Stadt, jeden Staat und jedes Land. Es ist Liebe, Frieden und Harmonie für die Menschheit, unsere Erde und alle Universen.
Wie können wir eine solch riesige Aufgabe erfüllen? Lass mich dir ein Seelengeheimnis für die Transformation der Welt mitteilen. Das Göttliche hat mich diese Technik gelehrt. Ich habe Tausende von Schülern auf der ganzen Welt, die dies jeden Morgen tun. Sobald sie aufwachen, verwenden sie fünf Minuten darauf, diese Seelentransformationsübung durchzuführen:

Liebe Seele, lieber Geist und lieber Körper von jeder Stadt,
jedem Staat und jedem Land,
liebe Seele, lieber Geist und lieber Körper von jedem Planeten,
jedem Stern, jeder Galaxis und jedem Universum,
liebe Seele, lieber Geist und lieber Körper von jedem
menschlichen Wesen,
liebe Seele, lieber Geist und lieber Körper von jedem Tier auf
Mutter Erde,
liebe Seele, lieber Geist und lieber Körper von jeder Seele in
allen Universen,
ich liebe euch alle.
Bitte vereint eure Herzen und Seelen mit mir, um das gött-
liche Seelenlied »Love, Peace and Harmony« zu singen und so
der Menschheit, Mutter Erde und allen Universen Segnungen
anzubieten.
Liebes göttliches Seelentransplantat des göttlichen Seelen-
liedes »Love, Peace and Harmony«, das an jedes menschliche
Wesen und jede Seele in allen Universen heruntergeladen
wurde,
ich liebe, ehre und wertschätze dich.
Bitte schalte dich ein, um der Menschheit, Mutter Erde und
allen Universen Segnungen anzubieten.
Ich bin sehr dankbar.
Danke.

Dann sing fünf Minuten lang »Love, Peace and Harmony«:

Lu la lu la li.
Lu la lu la la li.
Lu la lu la li lu la.
Lu la li lu la.
Lu la li lu la.

Ich liebe mein Herz und meine Seele.
Ich liebe die gesamte Menschheit.
Verbindet Herzen und Seelen miteinander.
Liebe, Frieden und Harmonie.
Liebe, Frieden und Harmonie.

Das Tao ist der Weg. Es gibt ein altes Geheimnis: »Tao ist im Leben. Zu jeder Zeit, überall, was immer du tust und was immer du denkst, vereine dich mit dem Tao. Das Tao hat weder Zeit noch Raum. Das Tao ist in jedem Moment und an jedem Ort.« Diese Seelentransformationsübung zu machen bedeutet, Tao zu praktizieren.

Ich habe meine Schüler angeleitet, sobald sie aufwachen, fünf Minuten auf diese Art zu üben und zu chanten und während des Tages jederzeit und überall zu chanten. Ich habe Schüler rund um die Welt in verschiedenen Zeitzonen. Ein göttliches Seelentransplantat des göttlichen Seelenliedes »Love, Peace and Harmony« ist an alle Seelen in allen Universen heruntergeladen worden. Diese zahllosen göttlichen Seelen sind reine Diener und segnen und transformieren jede Seele. In der Übung schalten wir jene Seelen ein, um ihnen ihren Dienst zu ermöglichen. Das Resultat davon ist, dass dieses göttliche Seelenlied auf jedem Kontinent leuchtet, dies ist jedoch nur der Anfang. Die Seelenfrequenz des göttlichen Seelenliedes »Love, Peace and Harmony« wird das Bewusstsein der Menschheit transformieren.

Denk nicht, dies sei »nur ein einfaches Lied«. Würden die gesamte Menschheit und alle Seelen dieses göttliche Seelenlied chanten, wäre die Kraft für die Transformation des Lebens unbeschreiblich.

Seelenkraft ist die Kraft für das 21. Jahrhundert. Seelenkraft ist die Kraft im Zeitalter des Seelenlichts. Göttliches

Chanting führt Seelenkraft in das 21. Jahrhundert und ins Zeitalter des Seelenlichts.

Das göttliche Mantra kann jeden Aspekt deines Lebens transformieren.

Das göttliche Mantra kann das Bewusstsein der Menschheit transformieren.

Das göttliche Mantra kann alle Seelen transformieren.

Das göttliche Mantra kann alle Seelen erleuchten.

Das göttliche Mantra kann alle Universen erleuchten.

Hao! Hao! Hao!

Danke, danke, danke.

11
Seelentransformation von Finanzen und Unternehmen

Viele Menschen auf der ganzen Welt möchten ihre finanziellen Angelegenheiten und ihren Beruf bzw. ihr Geschäft optimieren. Viele möchten wohlhabend sein. Viele Menschen träumen von einem erfolgreichen Unternehmen. Was ist die wahre Ursache für den Erfolg im Business?

Ich empfing diese göttliche Belehrung: »Wahrer Erfolg in Unternehmen und Finanzen ist ein Segen des Himmels.« Warum haben einige Menschen im Geldwesen und bei ihren Unternehmungen einen so unglaublichen Erfolg? Warum landen andere in finanziellen Angelegenheiten und mit ihren Firmen nur Flops und Pleiten? Warum haben einige Menschen *nie* Erfolg auf beiden Gebieten? Der wahre Grund ist ein spiritueller. Wie so vieles in unserem gegenwärtigen Leben ist der Erfolg in Finanzgeschäften bzw. im Business mit unseren früheren Inkarnationen verbunden.

Wenn du in vergangenen Leben der Menschheit und der Erde ausgesprochen gut gedient hast, werden der Himmel und das Göttliche dich in diesem Leben belohnen. Hast du der Menschheit und der Erde gute Dienste geleistet, wirst du in diesem Leben einen guten Lohn durch deine finanziellen Verhältnisse und den Erfolg deines Unternehmens erhalten. Wenn du in früheren Leben der Menschheit geschadet hast, wirst du in diesem Leben wohl keinen Erfolg auf diesen Gebieten haben.

Vor etwa zwanzig Jahren begegnete ich einem Milliardär. Die Akasha-Chronik zeigte mir, dass er in seinem nächsten Leben ein Bettler sein würde. Ich war sehr geschockt, ein solches Bild zu sehen und diese Botschaft zu bekommen. Ich fragte die Akasha-Chronik: »Warum? Dieser Mensch ist in diesem Leben ausgesprochen berühmt. Warum zeigst du mir, dass er in seinem nächsten Leben ein Bettler sein wird?« Die Antwort war, dass dieser Mann eine große Firma besaß, deren Produkte allerdings der Gesundheit sehr abträglich sind: Millionen Menschen wurden durch diese Firma geschädigt. Deshalb wird er in seinem nächsten Leben eine ernsthafte Lektion lernen müssen.

Dann fragte ich die Akasha-Chronik, warum der Betreffende in diesem Leben derart erfolgreich und reich sei. Sie sagte mir, er habe über seine vorangegangenen 52 Lebenszeiten der Menschheit sehr gut gedient. Er war sehr gütig. Er war ein mitfühlender Führer eines Landes. Er war ein spiritueller Führer. Er war ein sehr großzügiger wohlhabender Mensch gewesen, der den Armen und vielen anderen diente. Wegen seiner vorangegangenen 52 Lebenszeiten des großen Dienstes an der Menschheit und Mutter Erde wurde er in diesem Leben durch finanziellen sowie Unternehmenserfolg belohnt.

Diese Belehrung hat mich wirklich schockiert. Ich war schockiert, die spirituellen Bilder zu sehen. Ich war sehr dankbar für dieses Wissen. Als ich die Information erhielt, hörte ich auch einen Satz von der Akasha-Chronik, den ich bereits kannte: »Der Himmel ist ausgesprochen fair.« Nachdem ich meine spirituellen Fähigkeiten weit entwickelt und mehr und mehr fortgeschrittene Weisheit von meinen spirituellen Vätern, dem Himmel und dem Göttlichen gelernt hatte, empfing ich eine sehr spezielle Belehrung über Finanzen, die ich gern mit dir teilen möchte.

In der physischen Welt brauchen menschliche Wesen Geld als Tauschmittel. Ob du ein Haus kaufst, eine Reise machen oder essen willst, du musst im Ausgleich für diese Dinge und Dienste Geld ausgeben. Wenn du für eine Firma arbeitest, bekommst du ein Gehalt. Geld dient als Ausgleich für deine Arbeit. Du brauchst Geld, um deine Familie zu unterhalten. Wenn du ein Unternehmen führst, brauchst du Geld, um deine Angestellten zu unterstützen und dein Unternehmen auszuweiten. Geld nimmt im Leben einen wichtigen physischen Wert ein.

Gibt es in der spirituellen Welt spirituelles Geld, das spirituelle Wesen als Tauschmittel nutzen? *Ja!* Was ist Geld in der spirituellen Welt? Es sind spirituelle Werte (»Tugend«). Gute spirituelle Werte werden durch Punkte und Blumen verschiedener Farben ausgedrückt – rot, golden, regenbogenfarbig und mehr. Diese guten spirituellen Werte werden in deiner Seele und in deinem Buch in der Akasha-Chronik aufgezeichnet. Ich habe diese Zusammenhänge bereits erklärt.

Das Geheimnis, das ich jetzt aufdecken möchte, ist, *dass physisches Geld und spirituelles Geld ausgetauscht werden können.* Anders gesagt, können Geld in der materiellen Welt und spirituelle Werte in der spirituellen Welt ausgetauscht werden. Geld wird in einer Bank deponiert und aufbewahrt. Spirituelle Werte werden in der Akasha-Chronik deponiert und aufbewahrt. Wenn du gute spirituelle Werte hast, was eine Aufzeichnung deiner guten Dienste in all deinen Lebenszeiten bedeutet – einschließlich Liebe, Fürsorge, Mitgefühl, Güte, Großzügigkeit,

Integrität und Dienst an den Armen, den Hunger Leidenden, den Kranken, deiner Familie und anderen –, dann können diese spirituellen Werte in Geld transformiert werden.

Menschen, die in diesem Leben sehr reich sind, sind reich, weil sie der Menschheit und Mutter Erde in früheren Leben sehr gut gedient haben. Dies ist der wahre Grund. Nicht jede wohlhabende Person ist von Geburt an reich. Ziemlich viele von ihnen haben sehr hart gearbeitet, um zu Geld zu kommen. Es ist jedoch sehr wichtig, zu wissen und zu erkennen, dass, wie hart du auch arbeitest, wie gut deine Planung, dein Marketing, deine Organisation auch sind, wie qualitativ hochstehend deine Produkte auch sein mögen, du nicht vergessen darfst, dass der Himmel deinen Erfolg segnen muss. Der Himmel segnet dich, wenn du aus vergangenen Leben gute spirituelle Werte angesammelt hast.

Viele Menschen empfinden ihre Arbeit als sehr hart. Nicht alle von ihnen haben finanziellen Erfolg. Viele stehen ständigen Herausforderungen gegenüber, eine nach der anderen. Einige mögen sehr erfolgreich sein, aber dann, im Jahr darauf, kann ihr Unternehmen scheitern. Das Geschäftsleben ist ein kompliziertes Thema.

Um im Business Erfolg zu haben, musst du begreifen, dass Unternehmenserfolg direkt mit deinen vergangenen Leben und deinem jetzigen Leben in Verbindung steht. Wenn du Gutes getan hast und tust, kann der Himmel dich zum Erfolg führen. Wenn du in diesem Leben ein florierendes Unternehmen und ein bequemes finanzielles Polster hast, bist du gesegnet. Aber wenn du etwas Schlimmes tust, wie anderen zu schaden oder sie zu übervorteilen, kann der Himmel deinen Erfolg bremsen und schlimmstenfalls schnell beenden. Großes Unheil kann dich treffen. Schlechte Geschäftsführung kann dazu führen, dass dein Unternehmen in den Konkurs geht. Du könntest von einem Partner betrogen werden. Du könntest wegen Gesetzesüberschreitungen festgenommen und bestraft werden. Du könntest ernsthafte Gesundheits- oder Beziehungsblockaden haben.

Zusammengefasst ist der Erfolg deiner Finanzen und Unternehmen direkt mit deinen guten Diensten für die Menschheit und Mutter Erde in vergangenen und in diesem Leben verbunden. Wenn du günstige finanzielle Verhältnisse und ein erfolgreiches Unternehmen haben willst, ist ein gutes Team in dieser Welt wichtig. Aber die Unterstützung und Segnung des Himmels sind ebenfalls unabdingbar. Das physische und das spirituelle Team, zu dem deine geistigen Führer, Lehrer, Engel und andere erleuchtete Meister im Himmel gehören, müssen aufeinander ausgerichtet sein, um dich gemeinsam zu unterstützen. Dann werden deine Finanzen und Unternehmen gedeihen. Wenn dein diesseitiges Team nicht das richtige ist oder wenn eines der Teams dich nicht gut unterstützt, ist es sehr schwierig, erfolgreich zu sein. Viele Herausforderungen und Blockaden werden sich zeigen.

Der Schlüssel, um Finanzen und Unternehmen zu transformieren, ist, deine Seelenblockaden und die deines Unternehmens zu läutern. Stell sicher, dass du gute Mitarbeiter hast. Dein Unternehmen braucht unbedingt eine systematische Planung, ein erfolgsorientiertes Marketing und zuverlässige finanzielle Kontrollen. Es braucht eine funktionierende Infrastruktur, einen serviceorientierten Kundendienst und mehr. Es gibt viele Experten, die dich in Unternehmensfragen richtig beraten können. Seelengeheimnisse und -weisheiten sind das, was ich für den Erfolg deines Unternehmens und deiner finanziellen Angelegenheiten anbieten kann. Diese Weisheit zeigt dir den wirklichen Grund, warum eine Person wohlhabend ist. Sie sagt dir, was man tun muss, um finanziellen Erfolg nachhaltig zu sichern.

Die Schlüsselgeheimnisse für geschäftlichen Erfolg sind die folgenden:

- Stell sicher, dass dein Unternehmen der Menschheit und Mutter Erde einen guten Dienst erweist.
- Je mehr dein Unternehmen dienen kann, desto erfolgreicher wird es sein.
- Ein effizientes Mitarbeiterteam und die Segnungen des Teams im Himmel sind in ihrem Zusammenspiel für den geschäftlichen Erfolg unabdingbar.

Seelen-Marketing

Seelen-Marketing ist eine wichtige Seelenweisheit, die ich in diesem Buch zum ersten Mal freigebe. Jedes Unternehmen braucht Marketing. Sehr erfolgreiche Firmen haben normalerweise ein großartiges Marketingkonzept. Dieses Buch bietet keine weltlichen Strategien, Weisheiten oder Techniken für das Marketing an. Es gibt viele Unternehmensberater, die hier hilfreich sein können. Dieses Buch bietet jedoch Seelen-Marketing an. Seelen-Marketing ist eine göttliche Weisheit. Das Göttliche sagte mir: »Wenn du durch diese Weisheit große Resultate erzielst, weise allen Verdienst dem Göttlichen zu.« Ich bin geehrt, dein Diener zu sein, um diese göttliche Belehrung mit dir zu teilen.

Lass mich dir meine persönliche Geschichte erzählen, wie ich lernte, Seelen-Marketing zu machen.

Im Jahr 2002 wurde mein Buch *Power Healing*[30] veröffentlicht. Wie die meisten meiner Bücher war es kein großer Erfolg. Im Juni 2004 unterrichtete ich in einem Soul Retreat. Am Morgen nachdem das Retreat endete, als ich meditierte, sagte mir das Göttliche: »Zhi Gang, mach für dieses Buch eine Kampagne.« Ich hatte niemanden, der sich um die PR kümmerte. Ich hatte keinen Marketingexperten. Ich hatte keine Erfahrung, wie man eine Buchkampagne durchzieht. Ich hatte nicht mal eine Idee davon, was eine Buchkampagne ist!

Ich fragte das Göttliche: »Liebes Göttliches, wie mache ich eine Buchkampagne?«

Das Göttliche sagte: »Zhi Gang, schreib einen Brief an deine Hunderte Schüler. Bitte jeden von ihnen, mehr Bücher zu kaufen, um sie mit ihren Angehörigen zu teilen. Mach gleichzeitig Seelen-Marketing für die Buchkampagne.«

Ich fragte: »Wie mache ich Seelen-Marketing? Wie funktioniert Seelen-Marketing?«

Das Göttliche fragte mich: »Wie viele ernsthafte Schüler hast du?«

Meine Antwort war: »Einige hundert.« Der göttlichen Führung folgend, war ich im Jahr 2000 von Kanada in die San Francisco Bay Area umgezogen. Während mehr als einem Jahr bot ich in San Francisco jeden Montag ein offenes Heilungs-Event an. Auf diese Weise hatte ich einige hundert Schüler gewonnen.

Das Göttliche sagte: »Du hast einige hundert ernsthafte Schüler. Schreib ihnen einen Brief. Bitte sie, deine Lehrtätigkeit zu unterstützen. Sie lieben dich. Sie werden dich unterstützen.«

Das Göttliche fragte dann: »Wie viele Menschen gibt es in der Bay Area?«

Ich wusste die genaue Zahl nicht. Ich antwortete: »Wahrscheinlich Millionen.«

Dann fragte mich das Göttliche: »Wie viele Menschen leben auf der Erde?«

Ich sagte: »Beinahe sechseinhalb Milliarden.«

Das Göttliche sagte: »Korrekt. Wie viele Seelen gibt es in den Universen?«

Ich sagte: »Unzählige.«

Dann lächelte das Göttliche und sagte: »Korrekt. Lass mich dich lehren, mein Sohn.« Es gab mir dann die folgende Belehrung:

Zhi Gang, du hast mehrere hundert ernsthafte Schüler. Du liebst sie. Du lehrst sie. Sie würdigen deine Lehrtätigkeit. Sie geben dir deine Liebe zurück. Sie werden dich unterstützen. Sie sind menschliche Wesen. Du hast die Unterstützung dieser Hunderte Menschen. Dies ist eine kleine Anzahl. In der Bay Area gibt es Millionen Menschen. Auf Mutter Erde gibt es Milliarden Menschen. Du bist 1990 nach Kanada gekommen. Du bist 2000 in die Vereinigten Staaten gekommen. Nur wenige Menschen auf der Welt kennen dich in diesem Moment. Mein lieber Sohn, ich werde dich Seelen-Marketing lehren. Wenn du Seelen-Marketing machst, werden viele, viele Leute dich sehr schnell kennenlernen.

Dann sagte mir das Göttliche: »Zhi Gang, dies ist die Formel, die du befolgen sollst:

Liebe Seele, lieber Geist und lieber Körper jedes menschlichen Wesens, ich liebe euch.
Bitte kommt her.

Dann sag ihnen, du hättest ein Buch herausgebracht, *Power Healing,* das die Menschen Selbstheilung lehrt. Es ermächtigt die Leute, sich selbst und andere zu heilen. Es gibt vier Selbstheilungstechniken weiter: Körper-, Klang-, Geist- und Seelenkraft. Bitte die Seelen der gesamten Menschheit und alle Seelen im Universum, diese Nachricht miteinander zu teilen. Würdige sie. Dann chante drei Minuten lang: ›3396815, 3396815, 3396815, 3396815 …‹«

Das Göttliche sagte mir, ich solle dieses Seelen-Marketing während eines Monats jeden Tag machen. Ich folgte der göttlichen Führung. Ich begann damit, meinen Schülern einen Brief zu schreiben, in dem ich meine erste Buchkampagne ankündigte. Das Resultat davon war schließlich, dass *Power Healing* ein internationaler Bestseller wurde. Das Göttliche sagte mir genau, wie ich diese Seelen-Marketing-Technik anwenden soll. Ich kann das Göttliche nicht genügend ehren und ihm danken, dass es mir dieses tiefgründige Seelengeheimnis offenbart hat. Ich bewundere auch meine Schüler für ihre großartige Unterstützung. Ohne sie hätte ich keinen Erfolg gehabt. Ich würdige ebenso die Seelen-Marketing-Bemühungen. Das Göttliche und viele Seelen im Universum haben den Erfolg von *Power Healing* gesegnet.

Die Kraft des Seelen-Marketings

Nach dem großen Erfolg der Seelen-Marketing-Bemühungen für *Power Healing* veröffentlichte ich 2006 meine nächsten zwei Bücher, *Soul Mind Body Medicine* und *Living Divine Relationships*. 2007 erschienen die gebundenen Originalausgaben *Soul Wisdom I* und *Soul Communication*. 2008 wurden von Heaven's Library und Atria Books erweiterte Taschenbuchausgaben herausgegeben. Für jedes dieser Bücher nutzte ich die Seelen-Marketing-Technik, die das Göttliche mich für *Power Healing* gelehrt hat. *Soul Mind Body Medicine, Soul Wisdom I, Soul Wisdom* (Taschenbuchausgabe) und *Soul Communication* (Taschenbuch) wurden *New-York-Times*-Bestseller, während *Living Divine Relationships, Soul Wisdom* und *Soul Communication* Platz 1 auf der Amazon.com-Bestsellerliste erreichten.

Im Jahr 2006 führte mich das Göttliche dazu an, während sechs Monaten nonstop um die ganze Welt zu reisen, um Seele-Geist-Körper-Medizin zu lehren. Ich besuchte viele Städte in den Vereinigten Staaten und in Kanada. Ich ging auch nach Neuseeland, Australien und England. Ich hielt während dieser sechs Monate mehr als 140 Veranstaltungen. Zu jener Zeit war ich noch kein bekannter Redner. Ich hatte keine professionellen Organisatoren für Events oder Vorträge.

Ich hatte diese Tour mit meinem Team sorgfältig geplant. Wir fragten das Göttliche, wohin ich gehen soll. Das Göttliche führte mich sehr spezifisch zu gewissen Ländern und Städten. Ich folge immer der göttlichen Führung, dies waren genau die Städte, die ich in meine Tour mit einschloss. Interessanterweise hatten wir keine wichtigen Verbindungen in den meisten dieser Städte und Länder. In den meisten dieser Orte hatten wir überhaupt keine Beziehungen. Wie konnten wir einige Verbindungen herstellen, Gelegenheiten auskundschaften und für mich an diesen Orten eine Präsenz etablieren? Mein Team rief lokale Kirchen, Universitäten, Schulen der Traditionellen Chinesischen Medizin, Pflegeheime, Yoga- und Shiatsu-Zentren an – wer auch immer eine Affinität für meine Lehren haben könnte. Ich rief die Seele eines jeden an. Ich setzte Seelen-Marketing ein. Dann stellten wir den konkreten Kontakt her.

Unsere Tour mit über 140 Events war ein voller Erfolg. Fast über Nacht wurde ich zu einem international bekannten Redner. Da ich immer der göttlichen Führung folgte, war ich auch mutig genug, drei oder vier meiner Schüler und Lehrer mit mir zu nehmen, wo immer ich hinreiste. Du kannst dir die Kosten vorstellen, eine solche Tour zu machen, mit Ausgaben für Transport, Hotels, Veranstaltungsorte, Werbung und andere Unterstützungsmaßnahmen. Die Kosten waren immens, aber das Göttliche und der Himmel gaben mir einen riesigen Segen. Menschen auf der ganzen Welt leisteten mir große Unterstützung. Wir beendeten diese Reise mit Erfolg.

Wie macht man Seelen-Marketing?

Um Seelen-Marketing zu betreiben, musst du einige wenige Schlüsselprinzipien befolgen:

- Beginne, indem du dreimal »3396815« chantest. Dies ist sehr wichtig. 3396815 (San San Jiu Liu Ba Yao Wu) ist ein göttlicher Code. Während des 21. Jahrhunderts und der gesamten Ära des Seelenlichts gibt es einen großen Unterschied zwischen dem Chanting und dem Nicht-Chanting dieses göttlichen Codes. Wenn du diesen göttlichen Code chantest, wirst du eine wichtige Antwort aus der Seelenwelt bekommen. Wenn du diese spezielle Zahl nicht chantest, reagieren viele Seelen, indem sie sagen: »Wir sind zu beschäftigt. Wir haben keine Zeit, dich zu unterstützen.«
- Nachdem du dreimal »3396815« gechantet hast, ruf die gewünschten Seelen auf. Wenn du Seelen-Marketing nur für dein Unternehmen oder deine Organi-

sation machst, ruf alle Seelen der Angestellten oder Mitglieder auf. Sag ihnen dann, was du möchtest, genau so, als ob du ein wirkliches Meeting mit ihnen hättest. Wenn du Seelen-Marketing für eine Stadt machen willst, ruf alle menschlichen Seelen in der Stadt auf. Bitte sie, dich zu unterstützen. Wenn du Seelen-Marketing für ein ganzes Land machen willst, ruf alle Seelen in diesem Land auf. Bitte sie, dich zu unterstützen. Wenn du Seelen-Marketing für die gesamte Menschheit machen willst, ruf alle Seelen der Menschheit auf. Wenn du Seelen-Marketing für alle Seelen im Universum machen willst, bitte alle Seelen in allen Universen, dich zu unterstützen.

- Nachdem du mit dem dreimaligen Chanting von »3396815« begonnen hast, ist es das wichtigste Prinzip, dass du die herbeigerufenen Seelen darum bittest, dich für einen guten Zweck und einen guten Dienst zu unterstützen. Du kannst niemals 3396815 dazu benutzen, Seelen um Unterstützung zu bitten, wenn du andere übervorteilst oder eine Handlung planst, die kein guter Dienst an der Menschheit ist. Wenn du mit Seelen-Marketing einen unschönen Dienst anbietest, könnte dies eine gewaltige Lektion für dich nach sich ziehen. Du wirst den Segen des Himmels und der Seelenwelt nicht erhalten. An ihrer Stelle kannst du dir eine große Blockade einbrocken.
- Teile den aufgerufenen Seelen mit, was sie tun sollen, um dich zu unterstützen. Sei präzise, als ob ihr in einem konkreten Meeting wärt. Dann chante drei bis fünf Minuten lang: »3396815, 3396815, 3396815, 3396815 ...«
- Schließ das Ganze mit den Worten: »Hao! Hao! Hao! Danke, danke, danke. Bitte geht zurück.«

Diese wichtigen Prinzipien sind zu befolgen, wenn man Seelen-Marketing macht. Ich habe diese Weisheit meinen Schülern mündlich vermittelt. Bis jetzt habe ich dieses Seelengeheimnis noch nicht schriftlich weitergegeben. In diesem Kapitel teile ich meine persönlichen Erfahrungen mit der Weisheit und den Techniken des Seelen-Marketings mit. Über die letzten Jahre haben Hunderte meiner Schüler diese Seelen-Marketing-Weisheit für ihre Geldangelegenheiten und ihre Firmen angewendet. Ihre Resultate waren wie die meinen bemerkenswert. Ich wünsche, dass auch du diese göttliche Weisheit zum Nutzen deiner Finanzen und deines Unternehmens anwendest.

Karma für Finanzen und Unternehmen

Beinah alle Leute haben negatives Karma. In den letzten Jahren baten etwa viertausend Menschen rund um die Welt um den göttlichen Karma-Reinigungsdienst. Das Göttliche und die Akasha-Chronik zeigten mir, dass weniger als zehn von ihnen schon ohne Karma waren. Für jede Anfrage und Karma-Reinigung muss ich die Genehmigung der göttlichen Führung bekommen. Ich möchte ein weiteres Mal unterstreichen, dass nicht ich selbst das Karma reinige. Das Göttliche reinigt dein Karma. Ich bin ein Diener des Göttlichen.

Karma ist die wichtigste Blockade des Lebens. Karma ist spirituelle Schuld. In der materiellen Welt nimmst du vielleicht ein Darlehen auf, um die Universität zu besuchen. Wenn du die Universität verlässt, musst du die Schulden zurückzahlen. Wann immer du jemandem etwas schuldest, musst du deine Schuld begleichen. Negatives Karma ist die Anhäufung all der Fehler, die du in diesem und in

Hunderten von früheren Leben gemacht hast. Du hast eine spirituelle Schuld gegenüber den Seelen all jener Menschen, die du geschädigt oder verletzt hast. Du musst sie auch abgelten. Der Weg zur Bereinigung deiner spirituellen Schuld ist das Lernen von Lektionen durch Blockaden, die sich in jedem Aspekt deines Lebens zeigen können, auch in Beziehungen und Finanzen.

Um dein Unternehmen zu transformieren, vergiss nicht, dein eigenes Karma aufzulösen. Erinnere dich daran, dass es nur einen Weg gibt, das Karma selbst aufzulösen: Biete der Menschheit, den Tieren, der Umwelt und Mutter Erde bedingungslosen universellen Dienst an.

Ich biete die Karma-Reinigung an, weil das Göttliche mich gebeten hat, dies auszuführen. Durch diesen Dienst bietet das Göttliche der Menschheit Bildung und göttliche Segnung. Die Menschen ersuchen. Das Göttliche bestätigt. Die Menschen ehren. Das Göttliche segnet. Ich bin einfach ein Diener der Menschheit und des Göttlichen.

Die Resultate der Karma-Reinigung sind unbeschreiblich. Sie hat vielen das Leben gerettet. Sie hat »hoffnungslose« Fälle geheilt. Sie hat Beziehungen und Finanzen transformiert. Im Februar 2008 gab ich in Frankfurt am Main einen Wochenend-Workshop mit etwa zweihundert Teilnehmern. Es war mein zweiter Besuch in Deutschland. Etwa fünfzig Personen in diesem Workshop hatten während meines ersten Besuchs in Deutschland im Jahr 2007 eine Karma-Reinigung bekommen. Während des Workshops kamen mehrere Leute in dieser Gruppe von karmafreien Wesen auf die Bühne, um ihre berührenden Geschichten der Lebenstransformation nach ihrer Karma-Reinigung mitzuteilen. Einige erzählten, wie sich ihre Beziehungen verbessert hatten. Andere erwähnten eine große Veränderung in Richtung Erfolg bei ihren Unternehmen. Mehrere erfuhren eine wichtige Verbesserung ihres Gesundheitszustands. Andere meinten, sie hätten größeren inneren Frieden und größere innere Freude, als ob ein riesiges Gewicht von ihren Schultern gehoben worden sei.

Belehrt, bewegt und inspiriert, erbaten und bekamen etwa achtzig weitere Teilnehmer im Workshop eine Karma-Reinigung durch das Göttliche. So hatten nun etwa 130 der zweihundert Teilnehmer eine göttliche Karma-Reinigung erhalten. Sie waren außerordentlich bewegt und berührt vom göttlichen Karma-Reinigungsdienst. Die Leute dankten mir sehr. Ich sagte ihnen jedoch, sie sollten dem Göttlichen danken. Das Göttliche bot die Karma-Reinigung an. Ich bin ein Diener, der den Dienst des Göttlichen anbietet. Ich werde und kann kein Verdienst für mich verbuchen. Jedes Verdienst gehört dem Göttlichen und dem Himmel. Ich bin außerordentlich geehrt, zu dienen.

Die Bedeutung des Namens eines Unternehmens

Ich möchte dir ein weiteres wichtiges »Stück« Seelenweisheit weitergeben: Ein Unternehmen sollte einen guten Namen haben. Der Name eines Unternehmens trägt eine Botschaft in sich. Ein falscher Name wird das Unternehmen tief beeinflussen.

Auf dem Land in China nennen einige Eltern ihr Kind »Zhu Er«, was »Schweinekind« bedeutet. Dies ist ein Kosename, so dass es sicher liebevoll gemeint ist, wenn Eltern, Familienmitglieder und andere im Umfeld das Kind »Zhu Er, Zhu Er« rufen. Doch was geschieht des Weiteren mit dem Kind? In der Schule kann es nicht gut lernen, weil sein Name mit der energetischen Botschaft des

Schweins verbunden ist, und das Schwein hat keine ausreichend hohe Intelligenz. Namen sind für menschliche Wesen also sehr wichtig.

In gleicher Weise sind Namen für Unternehmen von Belang. Wie kannst du feststellen, ob du einen geeigneten Unternehmensnamen hast? Du kannst deine fortgeschrittenen spirituellen Kommunikationskanäle öffnen, um Führung zu erbitten und zu bekommen. Wenn deine Seelenkommunikationskanäle nicht geöffnet sind, kannst du eine Lesung und Führung von jemandem erhalten, dessen spirituelle Kanäle weit geöffnet sind. Ich habe hochstehende spirituelle Wesen geschult und zertifiziert, damit sie der Menschheit göttliche Seelenlesungen und -führung anbieten können. Sie werden dir sehr gern helfen. Auf der spirituellen Reise brauchen die Menschen reine göttliche Seelenkanäle als Führung.

Die Seelenkommunikation nutzen, um deine Unternehmensentscheidungen zu lenken

Um gute unternehmerische Entscheidungen zu treffen, sind richtige Geschäftsplanung, ein gutes Marketingteam, eine unterstützende und flexible Infrastruktur, eine kundenorientierte Philosophie, eine realistische Finanzplanung, solide Finanzkontrollen und mehr von großer Bedeutung. Aber auch die göttliche Führung ist für effiziente unternehmerische Entscheidungen zwingend erforderlich. Manchmal magst du denken, du hättest durch ausgezeichnete Vorgaben und gute Analysen eine hervorragende Geschäftsentscheidung getroffen. Du magst denken, du hättest einen großartigen Plan, um deine Entscheidung auch umzusetzen. Und doch will sich kein Erfolg einstellen. Du fragst dich, was falsch gelaufen sein könnte. Was du unter Umständen nicht erkennst, ist, dass diese Geschäftsentscheidung keine Unterstützung vom Himmel bekam. Die Entscheidung war nicht so ausgerichtet, wie es das Team des Himmels möchte.

Deshalb ist es sehr wichtig, Seelenkommunikation zu pflegen und das Team des Himmels um Seelenführung zu bitten. Wenn deine Geschäftsentscheidung vom Team des Himmels große Unterstützung bekommt, kann sich der Erfolg viel einfacher einstellen. Öffne deine spirituellen Kanäle, um vom Team des Himmels und vom Göttlichen Führung zu erhalten, was für den Erfolg deines Unternehmens unerlässlich ist.

Effiziente Unternehmensführung

Eine erfolgreiche Unternehmung hat normalerweise ein ausgezeichnetes Team von Profis, die das Geschäft verstehen und führen. Wenn das Unternehmen wächst, muss es sehr fähige Teammitglieder in jedem Bereich des Unternehmens haben. Erfolgreiche Teammitglieder sind effizient und leistungsfähig. In der Geschäftswelt braucht jeder Aspekt des Unternehmens professionelle Mitarbeiter und Führungspersonal. Solche Leute haben in jedem Teilbereich des Unternehmens viel Weisheit und Wissen in die Tat umgesetzt. Ich ehre, achte und respektiere sie. Was ich anbiete, sind Geheimnisse, Weisheiten, Wissen und Übungen der Seele für ihr Unternehmen. Dies bedeutet aber keineswegs, dass wir seine physischen Aspekte ignorieren sollten.

Jede Organisation braucht eine korrekte Struktur und professionelle Teammitglieder. Effiziente und lukrative

Geschäftsoperationen sind für den Erfolg unerlässlich. Wenn eine Organisation ein sehr gutes Team hat, wird das Hinzutreten von Seelengeheimnissen, Seelenweisheit und -wissen, Seelen-Marketing, -heilung, -segnung und -transformation der Organisation und ihren Teammitgliedern viel mehr Erfolg bringen.

Lerne aus dem großen Angebot von Literatur und Seminaren zur Geschäftsführung. Nutze die Seelengeheimnisse, die Seelenweisheit und die Seelen-Marketing-Techniken, die ich dir anbiete, um deine finanzielle Situation und dein Business zu optimieren. Ich hoffe, du wirst großen Geschäftserfolg haben!

Führung und Management

Jedes Unternehmen braucht Führung. Der Leiter einer Firma muss die Vision und die Fähigkeit haben, die Mission des Unternehmens zu erschaffen und zu manifestieren. Eine großartige Führungskraft muss fähig sein, das Folgende zu tun:

- eine klare Vision und eine Richtung aufzeigen, in die sich die Firma bewegen soll,
- große Fähigkeiten zeigen, zu planen, zu vermarkten und zu kontrollieren,
- effiziente und wirksame Geschäftsabläufe erschaffen,
- Verantwortung an andere delegieren,
- allen Mitarbeitern große Liebe, große Fürsorge und großes Mitgefühl anbieten,
- die Herzen der Mitarbeiter gewinnen und Teamanstrengungen motivieren,
- kundenorientiert sein,

- Fehler erkennen und schnell handeln, um sie zu korrigieren, sowie
- ein zuverlässig funktionierendes System einführen, um gute Arbeit zu belohnen und Fehlern vorzubeugen.

Ich bin kein Wirtschaftsexperte. Ich lerne Jahr für Jahr neue Weisheit und neues Wissen über Geschäftsführung, aber meine Teammitglieder haben viel mehr Sinn fürs Business und kennen mehr Strategien und Praktiken als ich. Es gibt viele großartige Schulen der Unternehmensführung. Was ich in diesem Kapitel anbiete, ist, wie man die *Seelenkraft* für den Geschäftserfolg nutzt. Die wichtigsten Geheimnisse und Weisheiten, die ich in diesem Kapitel aufgedeckt habe, sind:

- die Kraft des Seelen-Marketings,
- wie man Seelen-Marketing betreibt,
- die Beziehung zwischen Karma und Geschäftserfolg,
- die Notwendigkeit eines großartigen Teams *und* der Unterstützung des Teams im Himmel,
- die Bedeutung des Namens eines Unternehmens und
- warum Seelenkommunikation für Geschäftsentscheidungen obligatorisch ist.

Während wir uns durch das 21. Jahrhundert und die Übergangsperiode unserer Erde hindurchbewegen, glaube ich, dass die erfolgreichsten Unternehmen und die erfolgreichsten Unternehmensführer diejenigen sein werden, die in all ihren Geschäftsentscheidungen und Unternehmensaktivitäten die Kraft der Seele einsetzen. Diese Führungspersönlichkeiten werden wichtige Entscheidungen unter Einsatz von Seelenkommunikation und -führung treffen, und zwar bei Anstellungen, Kompensations- und Anreizsystemen, Standort und Namensgebung des Unternehmens, Produkteinführungen, Preis-, Marketingstrategien und -initiativen, Unternehmensstruktur und -organisation, der Nutzung von Technologien und dergleichen mehr. Sie werden ihre Entscheidungen unter Einsatz von Seelenführung und Seelen-Marketing durchsetzen.

Jedes Unternehmen hat eine Seele. Jedes Unternehmen hat seine Seelenreise. Genau wie beim menschlichen Wesen sind die physische und die Seelenreise eines Unternehmens zutiefst verbunden. Unternehmen, die einen guten Dienst anbieten, werden gesegnet sein und florieren. Unternehmen, die Diener des totalen GOLD sind, werden außergewöhnlich gesegnet und unvorstellbar erfolgreich sein.

Die Seelenreise deines Unternehmens ist auch mit deiner Seelenreise verbunden. Transformiere die Seele deines Unternehmens. Reinige negatives Karma. Transformiere dich selbst. Richte dich und dein Unternehmen auf die Richtung des Himmels aus, und großer Erfolg erwartet dich.

Ich hoffe, die Seelenweisheit in diesem Kapitel und im gesamten Buch wird deinem Unternehmen zugutekommen. Ich hoffe, dein Unternehmen wird großen Erfolg haben.

Hao! Hao! Hao!
Danke, danke, danke.

12
Transformiere deine Seelenreise

Millionen von Menschen auf der ganzen Welt befinden sich auf der spirituellen Reise. Die spirituelle Reise ist die Seelenreise. Immer mehr Leute suchen nach den Geheimnissen, der Weisheit, dem Wissen der Seele und nach den entsprechenden Übungen. Viele verstehen den Zweck der Seelenreise. Vielen anderen mag deren Sinn nicht so klar erscheinen. Zahlreiche Menschen befinden sich auch auf der Seelenreise, ohne es überhaupt zu realisieren. So manch einer denkt nicht, dass er sich auf die Seelenreise begeben hat, obwohl er spirituelle Arbeit verrichtet. Auf der Seelenreise begegnen uns viele Geheimnisse und Übungen sowie die enorme Weisheit und das große Wissen der Seele. Ich bin hocherfreut, die Essenz der Seelenreise mit dir zu teilen.

Was ist die Seelenreise?

Ein menschliches Wesen folgt von seiner Geburt bis zum Tod einem Pfad – vom Säuglingsalter über die Kindheit, die Ausbildung, das Wachstum, die Reifung, das Erwachsensein, über Arbeit und Karriere, Heirat und Elternschaft bis zur Pensionierung, zum Ruhestand sowie zum Altern und zur Krankheit. Dies ist der physische Weg, die Reise in der materiellen Welt. Während deines ganzen Lebens wohnt die Seele in deinem Körper. Deine Seele hat ihr eigenes Leben. Das Leben der Seele ist auf dein physisches Leben bezogen, aber sie hat ihre eigene Reise.

Das Leben im Diesseits ist sehr kurz. Das Leben der Seele ist ewig. Wie du weißt, wird deine Seele zur Akasha-Chronik gehen, wenn das Leben deines Körpers endet, eine Weile im Himmel bleiben und dann zu ihrer nächsten Inkarnation weitergehen. Als ich dies vor etwa 25 Jahren einmal überdachte, hatte ich einen »Aha«-Moment. Dieser »Aha«-Moment gab mir folgende Erkenntnis. Es ist das Ein-Satz-Geheimnis über die Beziehung zwischen dem physischen und dem Seelenleben:

Physisches Leben dient dem Seelenleben.

Wenn jemand während seines Lebens auf der Erde sein Seelenleben nicht weiterentwickelt, ist das sehr schade.

Um die Seelenreise zu verstehen, müssen wir verstehen, woher die Seele kommt und wohin sie geht. Wir müssen weiterhin die Seele selbst verstehen. Ich freue mich, zum ersten Mal die folgende tiefe geheime Weisheit über die Seele weiterzugeben.

Ein menschliches Wesen besteht aus Seele, Geist und Körper. Genauer:

Ein menschliches Wesen hat drei Hauptseelen.

Diese drei Hauptseelen sind:
- Tian Ming,
- Ren Xing und
- Wu Shen.

1. Tian Ming

Tian Ming ist eine Seele aus der Akasha-Chronik. *Tian* heißt »Himmel«, *Ming* heißt »Anordnung«. Also ist Tian Ming die »Anordnung des Himmels«. Wenn ein menschliches Wesen geboren wird, senden der Himmel und die Akasha-Chronik diese Seele zum Körper des Neugeborenen.

Dein Tian Ming sitzt in deinem Ling Gong oder dem »Seelentempel«, der zwischen deinem Herzen und deinem Botschaftenzentrum liegt. Der Himmel sendet dir dein Tian Ming, um deine Seelenreise zu führen und zu unterstützen. Der Seele einer jeden Person wird vor der Geburt vom Himmel eine Aufgabe gestellt. In deinem physischen Leben hast du Aufgaben bei der Arbeit und in deiner Familie. Auf dieselbe Art hast du in deinem Seelenleben eine Aufgabe, die dir vom Himmel gegeben worden ist. Dein Tian Ming wird deine Körperseele anweisen, führen und überwachen, um die vom Himmel gegebene Aufgabe zu vollbringen. Dies ist die »Anordnung des Himmels«.

2. Ren Xing

Ren bedeutet »menschliches Wesen«, *Xing* bedeutet »Natur«. Also ist Ren Xing deine »wahre Natur« und dein »wahres Selbst«. Ren Xing ist das, was ich in diesem Buch als deine »Körperseele« bezeichnet habe. Dies ist das, was die meisten Leute als die Seele eines menschlichen Wesens verstehen. Wie Tian Ming und Wu Shen kommt auch Ren Xing vom Himmel und sitzt in deinem Körper. Es gibt in eines Menschen Körper sieben Häuser der Körperseele:

- knapp über dem Genitalbereich,
- im unteren Bauchraum, zwischen den Genitalien und dem Nabel,
- im Bereich des Nabels,
- beim Herzchakra oder Botschaftenzentrum,
- am Hals,
- am Kopf und
- knapp über dem Scheitel (über dem Kronenchakra).

Wo dein Ren Xing oder deine Körperseele wohnt, hängt von deinem spirituellen Stand im Himmel ab. Je höher dein spiritueller Stand ist, desto höher liegt das Haus, das deine Körperseele bewohnt. Wichtig ist, was ich schon früher gesagt habe, nämlich dass deine Seele erleuchtet ist, wenn sie im Herzchakra oder Botschaftenzentrum einwohnen kann. Vermag deine Seele gar höher zu wohnen, über dem Botschaftenzentrum, hat sie höhere Ebenen der Erleuchtung im Himmel erreicht.

Deine Körperseele ist die Seele, die sich reinkarniert. Alle Anstrengung deines gesamten Lebens, sowohl die guten als auch die schlechten Dienste, werden in deiner Körperseele und in der Akasha-Chronik aufgezeichnet. Wenn jemand über den Körper, den Geist und die Seele eines menschlichen Wesens spricht, ist dies die Körperseele oder Ren Xing. Wenn ich über die Seele, den Geist oder den Körper eines menschlichen Wesens rede, ist diese Seele auch die Körperseele oder Ren Xing.

3. Wu Shen

Wu bedeutet »fünf«, *Shen* bedeutet »Seelen«. Wu Shen verweist auf die Seelen der fünf Hauptorgane, als da sind Herz, Milz, Lungen, Nieren und Leber. Die Seele des Herzens nennt man »Herz-Shen«. Die Seele der Milz heißt »Milz-Yi«. Die Seelen der Lungen werden »Lungen-Po« genannt. Die Seelen der Nieren heißen »Nieren-Chi«. Die Seele der Leber wird »Leber-Hun« genannt. Auch Wu Shen kommt vom Himmel, wenn du geboren wirst. Sie bleibt für dein gesamtes Leben bei dir.

Wenn du dein körperliches Leben beendest, verlässt dich zuerst dein Wu Shen. Als Nächstes geht dein Ren Xing. Schließlich wird dein Tian Ming zum Himmel und zur Akasha-Chronik zurückkehren.

Da jedes System, jedes Organ, jede Zelle, jede Zelleinheit, jede DNS und RNS und jeder Zwischenraum im Körper eine Seele hat und jedes Organ Millionen oder Milliarden von Zellen enthält, ist es sehr schwierig, zu sagen, wie viele Seelen es im Körper gibt.

Jede Seele hat ihr eigenes Bewusstsein, ihre eigene Weisheit, ihre eigenen Fähigkeiten, ihre eigene Kraft und ihre eigene Reise. Das Geheimnis über die drei Hauptseelen des menschlichen Wesens zu enthüllen bedeutet, dich wissen zu lassen, dass deine Seele eine Aufgabe des Himmels bekommen hat. Wenn du in deinem Leben die Aufgabe des Himmels erfüllt hast, werden dein Tian Ming und die Akasha-Chronik den Stand deiner Seele anheben, nachdem dein körperliches Leben beendet ist. Sofern du der Menschheit und Mutter Erde große Beiträge leistest, kann dein Seelenstand schon während deines Aufenthalts auf der Erde angehoben werden. Wenn ich Retreats zur Seelenheilung und Erleuchtung offeriere, bietet das Göttliche seine Erleuchtung an die Seelen der Teilnehmenden auf eine göttliche Art an.

Jetzt, da ich diese tiefgreifenden Geheimnisse und Weisheiten weitergegeben habe, können wir die eingangs gestellte Frage beantworten. Was ist die Seelenreise? Zur Seelenreise gehören die Reinigung, die Transformation und die Erleuchtung der Seele. Die Seele kann wachsen. Sie kann ihre eigene Kraft erhöhen. Sie kann große Fähigkeiten erwerben. Jesus, Maria, Shi Jia Mo Ni Fuo, Ar Mi Tuo Fuo, Kwan Yin, Pu Ti Lao Zu und andere hohe Heilige und Buddhas haben große Seelenfähigkeiten. Sie dienten während vieler Lebenszeiten der Menschheit und Mutter Erde hervorragend. Das Göttliche hat dies anerkannt, indem es ihre Seelenkraft erhöhte und sie segnete. Als Resultat sind sie spezielle Diener, die Herzanrührendes für die Menschheit geleistet haben.

Gibt es ein Ein-Satz-Seelengeheimnis für die Seelenreise? Die Antwort ist: »Ja.« Das Ein-Satz-Seelengeheimnis für die Seelenreise lautet:

Die Seelenreise ist die Reise, durch die der Stand einer Seele im Himmel angehoben wird, bis sie ihr letztendliches Ziel erreicht hat, das Reich des Göttlichen.

Transformiere zuerst die Seele, dann wird jeder Aspekt des Lebens transformiert werden

Millionen von Menschen suchen nach und träumen von einer Transformation ihres Lebens. Sie wollen ihre Gesundheit, ihre Beziehungen, ihre Finanzen und vieles mehr optimieren. Es gibt viele große Lehren über die Transformation von Gesundheit, Beziehungen und Finanzen. Ich möchte dir gern meine Einsicht darüber mitteilen, was das wichtigste Geheimnis für die Transformation des Lebens ist:

Um jeden Aspekt deines Lebens zu transformieren, transfor-
miere zuerst deine Seele. Dann wird alle Transformation des
Lebens folgen.

Warum müssen wir zuerst die Seele transformieren? Die
Seele ist wie gesagt der »Boss« eines menschlichen Wesens. Wenn du seine Seele transformierst, wird jeder ihrer
Aspekte transformiert werden. Ebenso hat ein Unternehmen eine Seele. Wenn du die Seele des Unternehmens transformierst, wird jeder Aspekt des Unternehmens
transformiert werden.

Die Seele zu transformieren bedeutet, das Karma zu reinigen, zu läutern, spirituelle Werte anzusammeln, ein bedingungsloser universeller Diener des totalen GOLD zu werden und den spirituellen Stand der Seele bis zur Erleuchtung und darüber hinaus anzuheben. Wenn dies getan ist,
sind alle Blockaden der Transformation in jedem Aspekt
des Lebens beseitigt.

Um die Seele zu transformieren, setzt die Kraft der Seele
ein. Seelenkraft ist die Kraft der Seelenwelt. Seelenkraft
verbindet mit dem Himmel und dem Göttlichen. Göttliche Seelenkraft ist unvorstellbar. Das Geheimnis der Seelentransformation ist es, die göttliche Seelenkraft des
göttlichen Seelenliedes »God gives his heart to me« anzuwenden. Du kannst dir als Beispiel einige Minuten dieses
Seelenliedes auf meiner Webseite anhören.

Am 8. November 2007, während eines Retreats zur Seelenheilung und Erleuchtung in San Francisco, lud das
Göttliche ein göttliches Seelentransplantat dieses göttlichen Seelenliedes an alle Seelen herunter. Chante diese
göttliche Seelen-Übertragung zweimal am Tag jeweils
mindestens fünfzehn Minuten, je länger, desto besser. Das
Chanten dieses Seelenliedes bedeutet die vollkommene

Verschmelzung deiner Seele, deines Herzens, deines Geistes und deines Körpers mit dem Göttlichen. Du wirst durch das Chanten dieses göttlichen Seelenliedes große Transformation sowohl erhalten als auch anbieten können. Die Kraft ist unermesslich.

Sag zuerst *hallo* wie folgt:

Liebe göttliche Seele des göttlichen Seelenliedes »God gives his heart to me«, heruntergeladen zu meiner Seele und zu jeder Seele in allen Universen,
ich liebe, ehre und wertschätze dich.
Bitte schalte dich ein.
Bitte transformiere mein Leben – Seele, Herz, Geist und Körper.
Bitte transformiere das Leben jeder Seele der Menschheit und jeder Seele in allen Universen.
Ich bin sehr dankbar.
Danke.

Lass mich dich an das Ein-Satz-Seelengeheimnis für Chanting erinnern: Du *bist* das Mantra. Sing!

Lu la lu la la li.
Lu la lu la la li.
Lu la lu la li.
Lu la lu la li.

Gott gibt mir sein Herz.
Gott gibt mir seine Liebe.
Mein Herz vereint sich mit seinem Herzen.
Meine Liebe vereint sich mit seiner Liebe.

Die Seele dieses göttlichen Seelenliedes hat eine Kraft, die jenseits aller Worte und jeder Beschreibung liegt.

Chante mit ihm. Sing mit ihm. Profitiere von ihm. Biete mit ihm der Menschheit und allen Seelen einen unglaublichen Dienst an. Transformiere jeden Aspekt deines Lebens.

Die Kraft der Seelentransformation und wie du deine Seele transformieren kannst

Das Ziel der Ausführungen in diesem Buch ist es ja, die Menschheit zum Prinzip »Seele über Materie« hinzuführen, was bedeutet, die Kraft der Seele zu nutzen. Wie du weißt, wird die Heilung des Geistes und des Körpers folgen, wenn du zuerst die Seele heilst. Wenn du zuerst den Krankheiten der Seele vorbeugst, werden Krankheiten des Geistes und des Körpers verhindert. Wenn du zuerst die Seele verjüngst, wird die Verjüngung von Geist und Körper folgen. Wenn du zuerst das Leben der Seele verlängerst, wird das Leben verlängert.

Die Lehre auch dieses Kapitels ist, zuerst die Seele zu transformieren – die Transformation jedes Aspekts in deinem Leben wird folgen. Ich werde dich in drei Seelenübungen anleiten, um dir zu zeigen, wie du die Seele jedes Aspekts in deinem Leben zu transformieren vermagst.

Du kannst die acht göttlichen Seelentransplantate anwenden, die du bislang in diesem Buch erhalten hast, um jedem Aspekt deines Lebens Seelentransformation anzubieten. In der ersten Übung werde ich eins von ihnen als Beispiel für die Transformation unserer Seelen nutzen.

Übung 1

Meine liebe göttliche Seele der göttlichen Liebe,
ich liebe, ehre und wertschätze dich. (Göttliche Liebe schmilzt
alle Blockaden und transformiert alles Leben.)
Bitte schalte dich ein. (Du hast diesen Schatz während des Lesens
von Kapitel 2 erhalten. Dieser verbleibende göttliche Seelenschatz
wohnt in deinem Körper. Du brauchst ihn nur zu aktivieren.)
Bitte transformiere meine Seele, um mein Leben zu trans-
formieren. (Stell deine Bitte für die Transformation von jedem
Aspekt deines Lebens – physisch, emotional, mental oder
spirituell, Beziehungen, Finanzen und so fort.)
Ich bin sehr dankbar.
Danke.

Dann chante:

Die Seele der göttlichen Liebe transformiert mein Leben.
Die Seele der göttlichen Liebe transformiert mein Leben.
Die Seele der göttlichen Liebe transformiert mein Leben.
Die Seele der göttlichen Liebe transformiert mein Leben …

Chante mindestens drei Minuten lang stumm oder laut, je
länger, desto besser.

Hao! Hao! Hao!
Danke, danke, danke.

In diesem Buch habe ich dich zu vielen ähnlichen Übungen aufgefordert. Und du fragst dich möglicherweise immer noch: »Funktioniert das wirklich?«
Nun zeige ich dir Seelenübungen für die Seelentransformation und leite dich dabei an. Diese erste ist eine göttliche Seelentransformationstechnik. Die Technik selbst

besteht aus einem Ein-Satz-Seelengeheimnis. Wie viele der anderen Übungen und Geheimnisse in diesem Buch mag es unglaublich simpel erscheinen. Aber wenn es genügt, dass du diese Ein-Satz-Geheimnis-Übung ausführst, warum solltest du dann Übungen mit zwei oder mehr Sätzen machen? Denk immer an folgende Weisheit:

Das einfachste Geheimnis ist das beste Geheimnis.

Ich habe alle wichtigen alten chinesischen Künste studiert und erfahren. Ich habe für viele, viele Jahre Seelenbelehrungen, Seelentransformation des Lebens und Seelenerleuchtung angeboten. In meinen früheren Jahren kannte ich diese Ein-Satz-Geheimnisse noch nicht. Ich musste sie Schritt um Schritt erlernen. Ich habe meine Weisheit und mein Wissen nach und nach erweitert.

Seit 1993, als ich begann, meine spirituellen Kanäle weiterzuentwickeln, wurde mein Fortschritt beschleunigt. Seither habe ich direkte göttliche Belehrungen erhalten und viele »Aha«-Momente erlebt. Nun bin ich fähig, göttliche Geheimnisse für die Heilung und Vorbeugung von Krankheiten, für die Verjüngung, Lebenstransformation und Erleuchtung weiterzugeben. Es freut mich, dir und der gesamten Menschheit diese einfachsten Geheimnisse, diese Weisheit, das Wissen und die Übungen der Seele mitzuteilen.

Ich sage ein weiteres Mal:

Wenn du wissen willst, ob eine Birne süß ist, probier sie.
Wenn du die Kraft der Seele kennen willst, erfahre sie.

Die Resultate werden die wahre Weisheit und die Kraft der Seele bestätigen.

Nun bin ich bereit, das neunte göttliche Seelentransplantat in diesem Buch anzubieten:

das göttliche Seelentransplantat
des göttlichen Mitgefühls.

Setz dich aufrecht hin. Leg die Spitze deiner Zunge nah an den Gaumen. Entspann dich. Öffne dein Herz und deine Seele.
Sei bereit!

Göttliches Seelentransplantat des göttlichen Mitgefühls.
Stille Übertragung!

Schließ deine Augen für dreißig Sekunden, um diesen wichtigen göttlichen Seelenschatz zu empfangen.

Hao! Hao! Hao!
Danke, danke, danke.

Größten Dank an das Göttliche! Jeder göttliche Seelenschatz ist unbezahlbar. Wir erhalten göttliche Ehre, und wir praktizieren göttliche Lebenstransformation. Dies ist in der Geschichte noch nie zuvor geschehen. Warum leite ich dich immer wieder an, auf die einfachste Art zu praktizieren? Die Antwort ist: »*Da tao zhi jian.*« – »Der Große Weg ist außerordentlich einfach.« Warum brauchen wir komplizierte Wege? Ist es zu einfach, um es zu glauben? Mach es mit mir gemeinsam! Du wirst es immer besser verstehen. Dein Herz und deine Seele werden berührt werden. Du wirst mehr und mehr »Aha«-Momente erleben.
Machen wir also die nächste Übung miteinander.

Übung 2

Meine liebe göttliche Seele des göttlichen Mitgefühls,
ich liebe, ehre und wertschätze dich.
Bitte schalte dich ein.
Bitte transformiere meine Seele, um mein Leben zu trans-
formieren. (Stell deine Bitte für die Transformation von jedem
Aspekt deines Lebens – physisch, emotional, mental oder
spirituell, Beziehungen, Finanzen und so fort.)
Ich bin sehr dankbar.
Danke.

Dann chante:

Die Seele des göttlichen Mitgefühls transformiert meine
Seele, mein Herz, meinen Geist und meinen Körper.
Die Seele des göttlichen Mitgefühls transformiert meine
Seele, mein Herz, meinen Geist und meinen Körper.
Die Seele des göttlichen Mitgefühls transformiert meine
Seele, mein Herz, meinen Geist und meinen Körper.
Die Seele des göttlichen Mitgefühls transformiert meine
Seele, mein Herz, meinen Geist und meinen Körper …

Chante mindestens drei Minuten lang stumm oder laut, je
länger, desto besser.

Hao! Hao! Hao!
Danke, danke, danke.

Als Nächstes freue ich mich, das zehnte göttliche Seelentransplantat in diesem Buch anzubieten:

das göttliche Seelentransplantat
der göttlichen Ehrlichkeit.

Setz dich aufrecht hin. Leg die Spitze deiner Zunge nah an den Gaumen. Entspann dich. Öffne dein Herz und deine Seele.
Sei bereit!

Göttliches Seelentransplantat der göttlichen Ehrlichkeit. Stille Übertragung!

Schließ deine Augen für dreißig Sekunden, um diesen wichtigen göttlichen Seelenschatz zu empfangen.

Hao! Hao! Hao!
Danke, danke, danke.

Ich gratuliere dir zum Empfang zweier weiterer göttlicher Schätze in diesem Kapitel, sie können dein Leben transformieren und sind unbezahlbar! Bitte nun deine Seele der göttlichen Ehrlichkeit, deine Beziehungen und deine finanziellen Angelegenheiten zu transformieren, damit dein Leben transformiert wird:

Übung 3

Meine liebe göttliche Seele der göttlichen Ehrlichkeit,
ich liebe, ehre und wertschätze dich.
Bitte schalte dich ein.
Bitte transformiere die Seelen meiner Beziehungen und meiner Finanzen, um mein Leben zu transformieren. (Stell deine Bitte für die Transformation von jedem Aspekt deiner Beziehungen und Finanzen.)
Ich bin sehr dankbar.
Danke.

Dann chante:

Die Seele meiner göttlichen Ehrlichkeit transformiert
meine Beziehungen und meine Finanzen.
Die Seele meiner göttlichen Ehrlichkeit transformiert
meine Beziehungen und meine Finanzen.
Die Seele meiner göttlichen Ehrlichkeit transformiert
meine Beziehungen und meine Finanzen.
Die Seele meiner göttlichen Ehrlichkeit transformiert
meine Beziehungen und meine Finanzen ...

Chante mindestens drei Minuten lang stumm oder laut, je länger, desto besser.

Hao! Hao! Hao!
Danke, danke, danke.

Bis jetzt habe ich dir in diesem Buch die Seelengeheimnisse und -weisheiten der Seelenheilung, -vorbeugung, der Verlängerung des Lebens, Transformation von Beziehungen, Finanzen und, in diesem Kapitel, der Seelentransformation des Lebens weitergegeben. Ich habe die Kraft der Seele eingeführt. Das Göttliche hat zehn göttliche Seelentransplantate angeboten. Göttliche Seelentransplantate tragen göttliche Seelenkraft in sich. Wir sind durch Seelenübungen vom Einsatz deiner eigenen Seelenkraft zum Einsatz der göttlichen Seelenkraft vorangeschritten. Wie du gelernt und erfahren hast, sind diese Techniken extrem einfach. Dennoch kann es viele Jahre dauern, um die Einfachheit dieser Lehren in ihrer Gänze zu erfassen und zu verinnerlichen.

Wie kann ich diese Lehren anbieten? Warum funktionieren diese Techniken? Das Göttliche hat mich angewiesen, diese Lehren weiterzugeben. Die Techniken und die Übungen funktionieren, weil uns das Göttliche und der Himmel diese Geheimnisse, diese Weisheit und dieses Wissen anbieten. Wir praktizieren das Prinzip »Seele über Materie«. Die Kraft der Seele kann heilen, Krankheit vorbeugen, verjüngen, Leben verlängern und das Bewusstsein sowie jeden Aspekt des Lebens transformieren, Beziehungen und finanzielle Angelegenheiten mit eingeschlossen. Warum funktioniert das? Die Seele hat einen Auftrag. Eine göttliche Seele hat einen göttlichen Auftrag. Die Seele ist der »Boss« eines menschlichen Wesens. Die Seele ist der »Boss« für unsere Leben. Wenn Seelen transformiert werden, wird jeder Aspekt des Lebens transformiert.

Halt einen Moment inne. Denk über die Einfachheit nach. Wenn das Göttliche mich angewiesen hat, diesen einfachsten Weg weiterzugeben, unsere Leben zu heilen, zu verjüngen und zu transformieren, dann lass uns dieser göttlichen Anweisung folgen und sie ausprobieren.

Erfahre sie.

Verdaue sie.

Nimm sie auf.

Profitiere von ihr.

Transformiere unser Leben mit ihr.

Hao! Hao! Hao!

Danke, danke, danke.

13
Seelenerleuchtung

Millionen von Menschen suchen nach den Geheimnissen, der Weisheit, dem Wissen der Seele und nach entsprechenden Übungen. Wenn du auf der spirituellen Reise bist, willst du sicher die Antwort auf die Frage »Was ist das Ziel der spirituellen Reise?« wissen. Wie ich schon erklärt habe, ist die Antwort ganz einfach. Das Ziel der spirituellen Reise ist es, deinen spirituellen Stand anzuheben. Dafür muss man als ersten Schritt die Seelenerleuchtung erlangen.

Was ist Seelenerleuchtung?

Seelenerleuchtung ist ein besonderer spiritueller Stand im Himmel. Menschen, die die Seelenerleuchtung erlangen, haben der Menschheit und Mutter Erde einen großen Dienst geleistet. Sie haben sich als bedingungslose universelle Diener dazu verpflichtet, der Menschheit und allen Seelen universelle Liebe, Vergebung, Heilung, Segnung, Harmonie, Erleuchtung und universellen Frieden anzubieten.
Wie ich schon gesagt habe, wird deine Seele, wenn du Seelenerleuchtung erlangst, in oder über deinem Botschaftenzentrum wohnen.

In diesem Moment sagt mir das Göttliche, dass von den zurzeit über 6,6 Milliarden Menschen auf Mutter Erde nur etwa fünfzehn Prozent die Seelenerleuchtung erreicht haben. Für die gesamte Menschheit ist die Erhöhung ihres Seelenstandes auf die Ebene der Erleuchtung deshalb eine große Aufgabe.

Vorteile der Seelenerleuchtung

Seelenerleuchtung zu erreichen bedeutet, den Stand deiner Seele im Himmel zu erhöhen. Warum wünscht ein spirituelles Wesen, den Stand seiner Seele zu erhöhen? Je höher sein spiritueller Stand ist, desto größer sind die Segnungen, die dieses Wesen empfangen kann. Zu den Segnungen gehören die Fähigkeiten, zu heilen, zu segnen, das eigene Leben zu transformieren und anderen zu dienen.

Solange wir als menschliche Wesen wiedergeboren werden, wohnen unsere Seelen in Jiu Tian, dem Reich des Himmels, in dem sich die Reinkarnation fortsetzt. Jede Seele in Jiu Tian wohnt in einer von neun Schichten oder Ebenen. Die niedrigste Schicht ist Ebene 9. Die höchste Schicht ist Ebene 1. Die Liste soll dir eine Vorstellung davon geben, welche Ebenen in jeder Schicht angetroffen werden.

Schicht des Jiu Tian	Seelen auf dieser Ebene
1	Heilige
2	Heilige
3	menschliche Wesen
4	menschliche Wesen
5	Fische, andere Tiere
6	Bakterien, Viren, Insekten, Vögel, andere Tiere
7	Pflanzen, Wälder, Berge
8	Ozeane, Flüsse, andere unbelebte Dinge
9	Steine, Sand, andere unbelebte Dinge

Alles hat eine Seele. Unterschiedliche Seelen stehen in verschiedenen Schichten. Das Göttliche hat ein spirituelles Gesetz erlassen: *»Nur durch Dienen kann eine Seele ihren spirituellen Stand erhöhen.«* Eine Seele muss während Hunderten von Lebenszeiten mit guten Zeugnissen dienen. Nur dann kann eine Seele immer weiter erhoben werden. Wenn eine Seele schlechten Dienst leistet, kann ihr spiritueller Stand abgesenkt werden.

Wer beurteilt, ob der spirituelle Stand einer Seele angehoben oder vermindert wird bzw. gleich bleibt? Es ist die Akasha-Chronik, von der wir bereits mehrfach gehört haben. In der Akasha-Chronik gibt es unterschiedliche Kategorien. Unterschiedliche Schichten der Seelen werden in unterschiedlichen Abteilungen der Akasha-Chronik aufgezeichnet.

Als spirituelles Wesen musst du dieses Geheimnis kennen:

Wenn deine Seele erleuchtet ist, wird deine Seele sofort auf Ebene 2 erhoben.

Dies bedeutet:

Deine Seele steigt auf in das Reich der Heiligen.

Die Ebenen 1 und 2 in den neun Schichten sind die Reiche der Heiligen. Die Ebene 1 kann wiederum in zwei Unterebenen aufgeteilt werden, 1A und 1B. Ebene 2 kann auch in 2A und 2B unterteilt werden. Wenn du zu einem erleuchteten Wesen wirst, wirst du erst zu Ebene 2B erhoben. Wenn du weiterhin dienst, wird der Stand deiner Seele weiter erhöht. Es mag viele, viele Lebenszeiten dauern, um deinen Seelenstand nur schon von 2B zu 2A anzuheben. Im Allgemeinen benötigt ein normales menschliches Wesen, dessen Seele in den Ebenen 3 oder 4 steht, Hunderte von Lebenszeiten, um die erste Schicht der Seelenerleuchtung zu erreichen, Ebene 2B. Um deine Seele von Ebene 2B zur Ebene 1A anzuheben, zur höchsten Unterebene der Heiligen in den neun Schichten des Himmels, mag es Hunderte oder gar Tausende von zusätzlichen Lebenszeiten brauchen.

Deshalb ist die Seelenreise sehr lang. Selbst die Seelenerleuchtungsreise ist sehr lang. Viele Menschen denken, dass ein seelenerleuchtetes Wesen eines mit reiner Liebe und reinem Licht ist, ein Wesen, das sehr gütig und mitfühlend ist. Das stimmt. Diese Qualitäten sind die Grunderfordernisse für eine erleuchtete Seele. Aber diese Qualitäten zu haben heißt nicht, dass die Seele erleuchtet ist. Der Standard dafür, seelenerleuchtet zu sein, bedeutet, dass deine Seele auf der Ebene der Heiligen steht, also auf Ebene 2B oder darüber.

Wenn du in deinem Leben über eine gute Gesundheit verfügst, eine harmonische Familie hast, erfüllende Liebesbeziehungen genießt und wenn deine finanziellen Angelegenheiten geregelt sind, dann bist du gesegnet. Du bist zufrieden. Du bist glücklich. In deinem spirituellen Leben erfährst du viel größeren Erfolg und viel größere Segnungen, wenn du erleuchtet bist. Deine Seele wird erhoben. Deine Seele wird inneren Frieden und innere Freude kennen. Deine Seele wird größere Fähigkeiten haben, anderen zu dienen. Je früher du die Seelenerleuchtung erlangen kannst, desto früher kannst du diese speziellen Segnungen vom Göttlichen empfangen.

Ich möchte nun, dass Dr. Peter Hudoba dir einen Ausschnitt seiner Erleuchtungsreise mitteilt. Dr. Hudoba ist einer meiner göttlichen Meister-Lehrer und -Heiler. Ich glaube, dass seine Erfahrungen und Einsichten dir helfen werden, die Bedeutung und Vorteile der Seelenerleuchtung besser zu verstehen.

Ich habe acht Jahre lang bei Dr. Sha gelernt. In diesen acht Jahren habe ich meine lebenslange Suche nach dem Göttlichen abgeschlossen. Ich hatte beinah mein gesamtes Leben lang sehr mit dieser Suche zu kämpfen gehabt. Seit meiner frühesten Kindheit wusste ich, dass ich mich auf einer Reise in Richtung von etwas befand, aber ich wusste nicht genau, wonach ich suchte. Ich war wie ein Blinder, der seinen Weg zu finden versuchte.

Als ich zehn Jahre alt war, wurde ich von einigen Schulkameraden schikaniert. Meine Eltern meldeten mich in einer Kampfkunstschule an. Ich lernte geheime östliche Kampftechniken, die mir halfen, das Schikanieren sehr schnell zu beenden. Dies lehrte

mich ein grundlegendes Prinzip: Es gibt immer Wege,
um jede unserer Fähigkeiten weiterzuentwickeln.

Seither habe ich mich von diesem Prinzip leiten
lassen. Wann immer mir Widrigkeiten begegneten,
suchte ich intuitiv nach den geeigneten Mitteln, um
sie zu überwinden. Ich suchte immer nach speziellem
Wissen, nach speziellen Wegen, die Probleme »anzu-
packen«, und nach speziellen Techniken, die meinen
Handlungen eine besondere Kraft verleihen würden.
Ich suchte auch nach geheimer Weisheit, nach Prin-
zipien, die mich befähigen würden, nicht nur die un-
günstigen Aspekte meines Lebens zu überwinden,
sondern auch die positiven Momente zu verstärken.

Ab diesem jungen Alter von zehn begab ich mich auf
eine bewusste Suche nach den Prinzipien des Tao,
der heiligen und geheimen Weisheit, die sich vor Tau-
senden von Jahren durch die taoistischen Zauberer
von China entwickelten. Ich suchte nach der speziel-
len Weisheit, die mich in die Lage versetzen würde,
jeden Aspekt meines Lebens zu verbessern, ein-
schließlich der Themen Ernährung, Schlaf, Sexuali-
tät, Selbstheilung, Meditation, Umgang mit anderen.
Ich benutzte das I Ging – den alten chinesischen
Klassiker, der ein divinatorisches System anbietet –,
um mich in den Entscheidungen meines Lebens füh-
ren zu lassen.

Während Jahrzehnten intensiven Studiums und in-
tensiver Forschung sammelte ich eine riesige Menge
an Wissen an. Ich forschte in den Bibliotheken jeder
Stadt, die ich besuchte. Ich studierte als Mitglied der
British Library alte Texte. Nach meinem Umzug
nach Toronto verbrachte ich Tage ununterbrochen in
der dortigen Universitätsbibliothek, desgleichen in

*Saskatchewan. Ich übersetzte sechzig der beinah
1500 Texte im* Tao Zang, *dem taoistischen Kanon.
Ich füllte Hunderte von Seiten mit Anmerkungen, bis
ich schließlich das Gefühl hatte, ich würde die wahren Prinzipien des Lebens zu verstehen beginnen.
Während dieses tiefgehenden Studiums konnte ich
spezielle Wege entdecken, um viele Aspekte meines
persönlichen Lebens zu verbessern. Ich realisierte
auch zunehmend, dass es unsichtbare Kräfte gab, die
mein Leben formten, die ich jedoch nicht kontrollieren konnte. Obwohl ich immer mehr in die Lage versetzt wurde, meinen Körper zu beherrschen, meine
Emotionen zu kontrollieren und meinen Geist zu
klären und zu reinigen – was mir eine zunehmend
glücklichere innere Existenz bescherte –, war es
mir immer noch nicht möglich, darüber hinauszugehen und mein Schicksal zu formen. Diese unsichtbaren Kräfte waren eindeutig unbeeindruckt von
meinen Bemühungen, sie zu beeinflussen. Ich wusste, dass ich an die Grenzen dessen gestoßen war,
was ich durch meine eigenen Bemühungen erreichen
konnte.
Zu Beginn des Jahres 2000 bewegte sich meine Lebenssituation erneut in eine Richtung, die sich offensichtlich außerhalb meiner Kontrolle befand. Ich beschloss, einen Lehrer zu suchen, der mir beibringen
würde, wie ich mein gesamtes Leben meistern kann
statt nur einzelne Bereiche davon.
In jenem Oktober wurde mir die größte Ehre und
Segnung zuteil, nämlich Dr. Sha zu treffen. Ab jenem
Moment wusste ich, dass meine Suche einen neuen
Fokus gefunden hatte. Unter der Führung von Dr.
Sha war ich ermächtigt, viel tiefer in mich selbst hin-*

einzugehen. Ich begann, am Abbau aller Negativität in meinem Inneren zu arbeiten.

Dr. Sha forderte mich heraus, und er fordert mich weiterhin heraus, meinen Fokus in jene Richtung zu lenken. Er wies darauf hin, dass es, um Erfolg zu haben, nicht genügt, weiterhin nur die physischen und mentalen Fähigkeiten zu verbessern; ich musste auch meine Unzulänglichkeiten überwinden.

Dr. Sha lehrte mich, dass die Widrigkeiten meines Lebens nicht von außerhalb kamen, sondern von innen. Ich selbst war der Auslöser meiner Probleme! Er erklärte, dass die karmischen Kräfte meiner eigenen Verfehlungen in diesem Leben und in allen meinen früheren Inkarnationen diese scheinbar externen widrigen Situationen manifestierten. Doch zeigte mir Dr. Sha nicht nur, wie ich diese karmischen Kräfte erkennen kann; er gab mir auch unglaublich machtvolle Werkzeuge, um die Kräfte abzubauen, die mein Leben zu ersticken drohten.

Innerhalb von zehn Monaten nach unserem ersten Treffen war es mir unter der Führung von Dr. Sha und mit Hilfe seiner Techniken möglich, meine Seele so weit zu läutern, dass ich von meinen karmischen Bindungen befreit wurde. Dann öffnete Dr. Sha mein Herzchakra und brachte so viel Licht zu meiner Seele, dass sie hochstieg und in meiner Brust saß. Ich hatte Seelenerleuchtung erreicht und war in das Reich des Buddhas eingetreten. Damit begann die wirkliche Ausbildung.

Nachdem ich erleuchtet worden war, übte ich auf den höchsten Ebenen der spirituellen Lehren, folgte dem Pfad der Heiligen, um den Aufstieg zu den höchsten Ebenen der Heiligkeit zu vollziehen, bis ich schließlich fähig war, auf das Göttliche zuzugehen. Diese faszinierende Reise war unglaublich schmerzhaft und herausfordernd; die Resultate waren jedoch so wunderbar, dass ich trotz aller Hindernisse auf meinem Weg durchhielt.

Bald stellte ich fest, wie tief ich in die spirituelle Welt eingetaucht war, sogar als ein lebendes menschliches Wesen in der physischen Welt. Als meine spirituellen Kanäle weit aufgingen, erreichten meine Fähigkeiten des Dritten Auges und der direkten Seelenkommunikation eine hohe Ebene der Fähigkeiten. Ich konnte Heilige erkennen. Ich konnte die Helle und die Dunkle Seite sehen. Ich konnte die Kräfte, die mein Leben formten, klar ausmachen. Auf der einen Seite sah ich, wie mir die Dunkle Seite Hindernisse in den Weg stellte. Auf der anderen Seite sah ich, wie viele heilige Wesen und Engel mir halfen, diese Hindernisse zu überwinden. Ich bewegte mich weiter voran und analysierte die Ereignisse sowohl in der Seelen- als auch in der materiellen Welt. Durch tiefe Einsichten und »Aha«-Momente begann ich zu verstehen, wie das Universum wirklich funktioniert.

Nachdem Dr. Sha im Jahr 2003 die Autorität und die Fähigkeit erhalten hatte, der Menschheit göttliche Seelen zu übermitteln, machte meine spirituelle Reise einen weiteren dramatischen Sprung. Dr. Sha begann, seinen Schülern göttliche Seelen-Übertragungen anzubieten. Seit diese göttlichen Schätze Teil meines Wesens wurden, konnte ich meine spirituelle Entwicklung mit atemberaubender Geschwindigkeit weiterentwickeln. Jede Facette meiner Tätigkeit wurde durch die göttliche Seelenkraft beschleunigt und führte meine Tätigkeiten – und mich! – in völlig anderen Dimensionen.

Seit 1996 hatte ich die uralte Art der taoistischen Alchemie ausgeübt, hatte meine sexuelle Energie in Körperenergie und meine Körperenergie in Seelenlicht transformiert. Schließlich erreichte ich die Leere und bemühte mich, noch weiter zu gehen, um mit dem Tao eins zu sein. Ich benutzte ein System, das ich aus alten taoistischen Handbüchern gelernt hatte. Ich brauchte 25 Jahre gewissenhafter Forschung, um auf diese Information zu stoßen, und fünfzehn weitere Jahre tiefen Studiums und tiefer Analyse, um zu verstehen, was sie wirklich bedeutete.

Als ich erleuchtet wurde, öffnete sich mein Geist gegenüber neuen Möglichkeiten. Ich begann den Transformationsvorgang des Erreichens der höchsten Ebenen der Heiligkeit zu verstehen. Dies wäre ohne Dr. Sha nie möglich gewesen. Selbst wenn ich den Vorgang verstanden hätte, hatte ich weder die Werkzeuge noch die Techniken oder die Kraft. Mir fehlte die wichtigste Zutat: göttliches Licht. Göttliches Licht ist für die spirituelle Alchemie unerlässlich. Nur göttliches Licht kann alle eigenen karmischen Bindungen durchfluten und sie auflösen, einschließlich der eigenen karmischen Signaturen von der eigenen sexuellen Energie, von Körperenergien, vom eigenen Geist und von der eigenen Seele. Nur göttliches Licht kann Seele, Herz, Geist und Körper komplett läutern.

Als ich den Funken des göttlichen Lichts erst mal hatte, wurde die in der alten taoistischen Alchemie beschriebene höchstentwickelte spirituelle Transformation durchaus erreichbar. Aber Dr. Sha hörte da-

mit nicht auf. Er lehrte mich, dass die in den alten Texten beschriebenen Techniken nicht genug seien. Ich musste darüber hinausgehen. Ich musste alles »ausräumen«, was ich studiert, analysiert und gelernt hatte. Ich musste einen völlig neuen Zugang zur spirituellen Transformation finden.

Einmal mehr hatte ich mein ganzes Wesen auf eine neue Perspektive auszurichten. Mein nächster wichtiger Durchbruch geschah im Jahr 2006, als ich eine tiefe neue Einsicht in das gewann, was Dr. Sha tut. Die Reinigung des Karmas ist notwendig, aber sie ist nicht genug. Dr. Sha bringt uns jedoch eine direkte Erfahrung des Schöpfungsvorgangs, durch den jeder sein eigenes Schicksal und Leben formen kann.

Dabei geht es darum, die Dinge vom Sichtpunkt des Schöpfers aus anzugehen. Dr. Sha nennt dies »in den Zustand des Helden gehen«. Alles, was Dr. Sha unternimmt, geht er aus dieser Perspektive an. Er folgt seinem fundamentalen taoistischen Prinzip, das im Tao-Te-King so eloquent beschrieben und im Kern mit der Schöpfungsgeschichte im ersten Buch Mose identisch ist.

Im Tao-Te-King heißt es: »Das Tao erschafft eins. Das eins erschafft zwei. Das zwei erschafft drei. Das drei erschafft alle Dinge.«

Im ersten Buch Mose heißt es [paraphrasiert]: »Am Anfang war Gott. In der Dunkelheit sagte Gott: ›Es werde Licht.‹ Aus dem Licht wurde Himmel, aus der Dunkelheit wurde Erde, und zwischen Himmel und Erde schuf Gott Mann und Frau in seinem eigenen Bilde. Zusammen schufen Himmel, Erde und menschliche Wesen all die Möglichkeiten und alle Vielfalt, die wir auf der Erde und darüber hinaus sehen.«

359

Alles, was Dr. Sha tut, beginnt mit der Seele. Die Seele gibt die Richtung. Die Seele gibt Licht. Die Seele hat die Kraft, Hindernisse zu durchbrechen. Die Seele hat die Kraft, zu erschaffen. Mit göttlicher Seelenkraft kann Dr. Sha alle Aspekte seiner Mission kreieren, vom kleinsten Detail seiner Webseite bis zu der immensen Aufgabe der Leitung seiner gesamten Mission.

Dr. Sha muss die alten Texte nicht studieren, um uns Wissen beizubringen. Er erschafft seinen eigenen Weg, indem er die Seele als Führer für alles einsetzt, was er tut. Göttliche Seelenkraft, vom Göttlichen gegeben und geführt, ist die Schöpfung, die uns Dr. Sha als ein erwählter göttlicher Diener bringt.

Vor kurzem wurde mir klar, dass Dr. Sha nicht mal Experten braucht, die ihm bei irgendeinem Teil seiner Mission und seinem Dienst helfen. Das Göttliche erschafft die Experten durch Dr. Sha. Will das Göttliche Bücher, um die göttlichen Belehrungen zu verbreiten? Kein Problem! Dr. Sha wird göttliche Schreibkraft übertragen und göttliche Schriftsteller erschaffen. Will das Göttliche reine Diener mit außerordentlichen Heilungsfähigkeiten, um die Leiden der Menschheit zu lindern? Kein Problem! Dr. Sha wird göttliche Heilungskraft übertragen, um augenblicklich unglaublich machtvolle göttliche Heiler zu erschaffen.

Gibt es eine Grenze dieser Realitäten und Möglichkeiten? Nein, die gibt es nicht. Dies ist wahre Schöpfung. Dies ist der höchste Dienst und der beste Dienst für die Menschheit und alle Seelen.

Seit ich die Prinzipien der Seelenkraft in meinen Übungen anzuwenden begann, waren die Ergebnis-

se beispiellos und unbeschreiblich. Die Ausweitung meiner Seele und der Durchblick meines Geistes sind in eine unglaubliche Ausdehnung und Fülle förmlich explodiert. Die Menschen werden glücklich und friedfertig, nur weil sie in meiner Nähe sind, ohne dass ich irgendeine Absicht hege. Wenn ich dabei bin, geschehen spontane Heilungen; alles, was ich tun muss, ist, die göttliche Seelen-Heilungs-Übertragung zu aktivieren, die mir Dr. Sha so großzügig verliehen hat. Ich kann meinen Schülern Segnungen anbieten, von denen ich nicht zu träumen gewagt hätte. Ich helfe ihnen, glücklich und erfüllt zu werden. Ihre jeweilige spirituelle Reise entwickelt sich schnell und wunderbar.

Nicht genug damit, dass ich sehr glücklich und erfüllt bin, nicht genug, dass mein Leben total transformiert worden ist – meine Transformation leuchtet zu allen, die zu mir kommen. Ich selbst kann den gleichen Vorgang auslösen, den ich mit Dr. Sha durchlaufen habe. Es ist, als ob die göttliche Gegenwart, die durch Dr. Sha auf mich leuchtet, ihrer eigenen Richtung folgt. Der Vorgang, das letztliche Ziel der Erleuchtung aller Seelen zu erreichen, kommt weiter und weiter voran.

Die Mission von Dr. Sha ist riesig. Die Herausforderungen scheinen unüberwindlich, aber die Kraft des göttlichen Lichts und der göttlichen Schöpfung ist eine unaufhaltbare Kraft, die immer weiter voranschreitet. Was ich nun jede Woche mit Dr. Sha sehe – sofortige Heilungen, Karma-Reinigungen, Seelenerleuchtungen mit nur zwei oder drei Tagen der Vorbereitung, die Erhebung von Heiligen zu neuen Höhen und anderes mehr –, ist absolut unglaublich.

All dies geschah in nur wenigen kurzen Jahren. Ich wage es nicht mal, mir vorzustellen, wohin die göttliche Seelenkraft und göttliche Schöpfung uns in weiteren zehn Jahren hinführen wird.

Dies ist eine neue Ära – mit neuen Herausforderungen, aber auch mit neuen Möglichkeiten und neuen Visionen. Ich bin voller Freude, dankbar, geehrt und voller Demut gegenüber den Geschenken, die ich von meinem Lehrer, Dr. Sha, und vom Göttlichen erhalten habe.

Ich wünsche mir von ganzem Herzen, dass jedermann bald diesen Vorgang erkennt, der sich immer weiter entfaltet. Ich wünsche, dass jedermann schnell sein Herz und seine Seele gegenüber der Liebe und dem Licht des Göttlichen öffnet.

Die göttliche Anleitung für die 15 000 Jahre der Ära des Seelenlichts ist es, alle Seelen in den neun Schichten des Himmels zu erleuchten. Selbst wenn man alle Seelen der Menschheit und alle Seelen in Jiu Tian zusammennimmt, so sagt mir das Göttliche, dass nur fünfzehn Prozent von ihnen erleuchtet sind. Deshalb ist die Seelenerleuchtung für alle Seelen eine riesige göttliche Aufgabe.

Ich wurde als göttlicher Diener, Instrument und Kanal auserwählt. Ich wurde außerordentlich geehrt, göttliche Seelentransplantate für göttliche Heilung, Segnung und Lebenstransformation anzubieten. Ich bin auch außerordentlich geehrt, den göttlichen Dienst der Karma-Reinigung anzubieten. Ich werde diesen göttlichen Dienst weiterführen.

Fortgeschrittene Seelenerleuchtung

In diesem Moment leitet mich das Göttliche an, weitere göttliche Seelengeheimnisse und -weisheiten für die Menschheit preiszugeben. Ich habe eben die Seelenerleuchtungen und ihren Nutzen erläutert. Sofort bat mich das Göttliche, die erweiterte Seelenerleuchtung zu erklären.

Ich sprach von Jiu Tian, den neun Schichten des Himmels. Gibt es einen Himmel oberhalb dieser neun Schichten? Wie bereits gesagt wurde, lautet die Antwort: »Ja.« Die nächste Schicht über den neun Schichten des Himmels wird »Tian Wai Tian« genannt, es ist der Himmel jenseits des Himmels. Tian Wai Tian ist das göttliche Reich. Das Göttliche wohnt in seinem Tempel in Tian Wai Tian.

Seelen, die zu Tian Wai Tian erhoben werden können, beenden den Reinkarnationsprozess. Diese Seelen werden in jenem göttlichen Reich verbleiben, um Xiu Lian zu machen, die Reinigungsübung, und ihre spirituellen Reisen fortzuführen. Sie werden direkte göttliche Belehrung und Segnung erhalten. Sie werden der Menschheit, der Erde und allen Universen weiterhin einen großen Dienst anbieten, allerdings in Seelenform.

Am 8. August 2003, als das Zeitalter des Seelenlichts begann, endete die vorangegangene Ära von 15 000 Jahren. Während dieser Zeit wurden wie gesagt nur zwei Seelen von Jiu Tian zu Tian Wai Tian erhoben. Das waren Niu Wa Niang Niang und Yuan Shi Tian Zun. Dies zeigt dir, wie schwierig es für eine Seele ist, zu Tian Wai Tian erhoben zu werden.

In dem Moment, da ich dieses Buch durchfließen lasse, sind die Seelen von Niu Wa Niang Niang und Yuan Shi Tian Zun zu mir gekommen. Ich fragte jeden von ihnen:

»Wie viele Lebenszeiten nach deiner ersten Lebenszeit hast du gebraucht, um Tian Wai Tian zu erreichen?« Niu Wa Niang Niang antwortete, dass für sie 40 000 Inkarnationen erforderlich waren, um Tian Wai Tian zu erreichen. Yuan Shi Tian Zun sagte, dass er dazu 55 000 Lebenszeiten benötigte. Ich bin sehr dankbar, dass sie diese Seelengeheimnisse mit mir geteilt und mir die Ehre gegeben haben, sie an dich weiterzugeben.

Die Reinkarnation ist der spirituelle Weg für jede Seele in Jiu Tian. Ein Leben ist so kurz. Die Seelenreise ist ewig. Kannst du dir vorstellen, dass diese zwei höchsten Heiligen 40 000 oder mehr Lebenszeiten benötigten, um ins göttliche Reich zu gelangen? Das menschliche Leben ist übervoll von Kämpfen. Wenn du wirklich anerkennst, wie lange es dauert, ins göttliche Reich zu gelangen, wirst du sehr demütig werden. Was für ein Ego sollten wir denn haben? Welche Arten von Lasten sollten wir tragen? Wenn wir Konflikte haben, warum können wir nicht vergeben? Auf der spirituellen Reise ist es besser, vorausschauend statt kurzsichtig zu sein. Wenn du das letztendliche Ziel weit, weit in der Zukunft siehst, wirst du eine andere Sicht der Welt haben. Du kannst dann jeden Aspekt deines Lebens viel einfacher transformieren.

Das Göttliche sagte mir, dass im Zeitalter des Seelenlichts viel mehr als nur zwei spirituelle Wesen in das göttliche Reich erhoben werden. Du hast wie alle anderen die Chance, auf deiner spirituellen Reise aufzusteigen. Dazu gibt es nur einen Weg: *Biete universellen Dienst bedingungslos an.* Je mehr du dienst, desto höher wirst du erhoben werden.

Warum werden im Zeitalter des Seelenlichts mehr Menschen erhoben werden? Mutter Erde ist in einer Übergangsperiode. Infolge der Klimaerwärmung, der steigenden Anzahl von Naturkatastrophen, schwärender Konflikte und Kriege, Krankheiten und dergleichen Übel mehr leiden die Menschen sehr. In dieser besonderen Zeit braucht das Göttliche reine Diener, die aufstehen und der Menschheit sowie allen Seelen Liebe, Frieden und Harmonie anbieten. Du dienst. Das Göttliche und der Himmel segnen. Wir sind geehrt, Diener der Menschheit und aller Seelen zu sein. Lasst uns Herzen und Seelen vereinen, um zu dienen und Liebe, Frieden und Harmonie für die Menschheit, unsere Erde und alle Universen zu erschaffen.

Erleuchte zuerst die Seele, dann wird die Erleuchtung von Geist, Körper und jedem Aspekt des Lebens folgen

Um deine Seele zu erleuchten, musst du dein Ego, deine Anhaftungen, deine Selbstsucht, deine Machtkämpfe und dergleichen mehr transformieren. Es gibt heute viele wichtige Lehren in der Welt, die dich auf diesem Pfad führen können. Wir ehren und anerkennen jeden Lehrer.

Das Göttliche zeigte mir jedoch den göttlichen Weg, um dein Ego, deine Anhaftungen, deine Selbstsucht, deine Machtkämpfe und Ähnliches mehr zu transformieren. Der göttliche Weg bedeutet, die göttliche Seelenkraft zu nutzen, um sie alle zu transformieren.

Nun freue ich mich, dir das elfte und letzte Göttliche Seelentransplantat in diesem Buch anzubieten:

das göttliche Seelentransplantat der göttlichen Reinigung.

Setz dich aufrecht hin. Leg die Spitze deiner Zunge nah an den Gaumen. Entspann dich. Öffne dein Herz und deine Seele.

Sei bereit!

**Göttliches Seelentransplantat der göttlichen Reinigung.
Stille Übertragung!**

Schließ deine Augen für dreißig Sekunden, um diesen wichtigen göttlichen Seelenschatz zu empfangen.

Hao! Hao! Hao!
Danke, danke, danke.

Ich danke dir, Göttliches.
Bitte nun deine göttliche Seele der göttlichen Reinigung, deine Seele, dein Herz, deinen Geist und deinen Körper zu reinigen:

Meine liebe göttliche Seele der göttlichen Reinigung,
ich liebe, ehre und wertschätze dich.
Bitte schalte dich ein.
Bitte läutere meine Seele, mein Herz, meinen Geist und mei-
nen Körper und lass all ihre Kämpfe ein Ende finden, ein-
schließlich der Probleme des Egos, Anhaftungen, Selbstsucht,
Machtkämpfen und dergleichen mehr.
Ich bin sehr dankbar.
Danke.

Dann chante:

Die Seele der göttlichen Reinigung läutert meine Seele,
mein Herz, meinen Geist sowie meinen Körper und

beendet alle Kämpfe ihres Herzens und ihres Geistes.
Die Seele der göttlichen Reinigung läutert meine Seele,
mein Herz, meinen Geist sowie meinen Körper und
beendet alle Kämpfe ihres Herzens und ihres Geistes.
Die Seele der göttlichen Reinigung reinigt meine Seele,
mein Herz, meinen Geist sowie meinen Körper und
beendet alle Kämpfe ihres Herzens und ihres Geistes.
Die Seele der göttlichen Reinigung läutert meine Seele,
mein Herz, meinen Geist sowie meinen Körper und
beendet alle Kämpfe ihres Herzens und ihres Geistes …

Chante zweimal am Tag jeweils mindestens fünfzehn Minuten lang stumm oder laut, je länger, desto besser.

Hao! Hao! Hao!
Danke, danke, danke.

Dies ist der göttliche Weg, um all deine Kämpfe – von Seele, Herz, Geist und Körper – zu transformieren.
Ich bin sehr dankbar ob der Großzügigkeit des Göttlichen, die Übertragung dieses und der zehn anderen unbezahlbaren Seelenschätze jedem Leser dieses Buches anzubieten, um Seele, Herz, Geist und Körper zu heilen, zu verjüngen, zu transformieren und zu erleuchten.
Erleuchte zuerst die Seele, dann wird die Erleuchtung von Herz, Geist und Körper folgen. Dieser göttliche Weg ist der schnellste Weg, deine Seele, dein Herz, deinen Geist und deinen Körper zu erleuchten.
Die Seele erleuchten bedeutet, den Stand deiner Seele auf die Ebene der Heiligen anzuheben.
Das Herz erleuchten bedeutet, ein total liebendes und vergebendes Herz zu haben.
Den Geist erleuchten bedeutet, einen reinen Geist zu haben.

Den Körper erleuchten bedeutet, einen gesunden starken Körper und ein langes Leben zu haben.

Es gibt noch viele weitere Geheimnisse für die Erleuchtung von Seele, Herz, Geist und Körper, die das Göttliche mich künftig aufzudecken erwählt hat.

Dies ist jedoch die wichtigste Weisheit im Hinblick auf göttliche Seelen-Übertragungen, die sich jeder merken sollte: Göttliche Seelenschätze zu empfangen bedeutet noch lange nicht, dass du geheilt, verjüngt, transformiert und erleuchtet wärest. Das kann nicht oft genug gesagt werden. Du hast nun elf solche göttlichen Seelen. Du *musst* mit ihnen üben. Je mehr du übst, desto mehr wirst du deine Seele, dein Herz, deinen Geist und deinen Körper heilen, verjüngen, transformieren und erleuchten.

Übe. Übe. Übe.

Heile. Heile. Heile.

Verjünge. Verjünge. Verjünge.

Transformiere. Transformiere. Transformiere.

Erleuchte. Erleuchte. Erleuchte.

Hao! Hao! Hao!

Danke, danke, danke.

Wie man Seelenerleuchtung erlangt

Um Seelenerleuchtung zu erlangen, muss man auf der spirituellen Reise einige wichtige Schritte ausführen:

- *Läutere Seele, Herz, Geist und Körper.* Ein erleuchtetes Wesen muss eine reine Seele, ein reines Herz, einen reinen Geist und einen reinen Körper haben. Xiu Lian, was ja »Reinigungsübung« bedeutet, repräsentiert die Gesamtheit der spirituellen Reise. Durch die ganze Geschichte gab es viele großartige Lehren und Übungen für die Reinigung. Heute, im Zeitalter des Seelenlichts, bietet uns das Göttliche den göttlichen Weg an, dies zu tun, mit dem unbezahlbaren Geschenk einer göttlichen Seele der göttlichen Reinigung.

- *Bestehe spirituelle Prüfungen.* Spirituelle Prüfungen sind Teil des Reinigungsvorgangs. Es ist wichtig, spirituelle Prüfungen zu bestehen, um auf deiner Xiu-Lian-Reise voranzukommen. Auf deiner Erleuchtungsreise wird der Himmel dich umso ernsthafter prüfen, je höher dein spiritueller Stand ist. Diese Prüfungen können sehr schwierig sein. Leider bestehen viele spirituelle Wesen ihre Prüfungen nicht. Sie verlassen ihre spirituelle Reise. Ihr spiritueller Stand steigt, fällt, steigt, fällt. Sie müssen sich zusätzliche Male reinkarnieren, um ihre Reise fortzusetzen.

Wenn du deine spirituellen Prüfungen in diesem Leben nicht bestehen kannst, werden der Himmel und das Göttliche dir die gleichen Prüfungen im nächsten Leben auferlegen. Wenn du diese Prüfungen auch im nächsten Leben nicht bestehst, wirst du sie immer wieder bekommen, bis du sie endlich schaffst.

Willst du wirklich auf deiner Erleuchtungsreise vorankommen, indem du deine spirituellen Prüfungen in diesem Leben bestehst? Wenn du ein spirituelles Wesen bist, bedenke diese Frage ernsthaft.

Die spirituelle Reise ist eine schmerzvolle. Aber zu dieser speziellen Zeit hat das Göttliche in diesem Buch elf unbezahlbare Seelenschätze angeboten, um Seelen, Herz, Geist und Körper zu transformieren und zu erleuchten. Dies ist noch nie zuvor geschehen.

Ich kann nicht genügend unterstreichen, dass du Zeit auf das Üben verwenden musst. Aktiviere die Schätze.

Befolge die Techniken und mach die Übungen, die ich vorgestellt habe. Erinnere dich daran, dass Niu Wa Niang Niang und Yuan Shi Tian Zun 40 000 respektive 55 000 Lebenszeiten brauchten, um das göttliche Reich zu erlangen. Wenn du in jenes Reich kommen willst, kannst du dann nicht fünfzehn Minuten oder eine halbe Stunde zweimal täglich aufwenden, um deine göttlichen Seelenschätze anzuwenden und so deine Seele, dein Herz, deinen Geist und deinen Körper zu transformieren und zu erleuchten?

Bedenke die Ehre und das Privileg, das uns gegeben worden ist. Warum empfangen wir jetzt eine derart große Ehre? Ich habe schon sehr deutlich erklärt: Mutter Erde befindet sich im Übergang. Das Göttliche und der Himmel brauchen unbedingt erleuchtete Wesen, die während des Übergangs der Erde gute Dienste leisten. Deshalb bietet das Göttliche jene Schätze in diesem Buch an. Dir wird der göttliche Weg gewiesen, um Seele, Herz, Geist und Körper zu heilen, zu verjüngen, zu transformieren und zu erleuchten. Wenn du dankbar und inspiriert bist und die Ehre spürst, dann mach die Übung. Die Übung auszuführen bedeutet, auf den Ruf des Göttlichen zu antworten. Es nutzt deiner Seelen- und deiner physischen Reise. Die Übung zu praktizieren bedeutet, die Folge deiner Reinkarnationen schneller zu beenden. Ich glaube, du wirst es tun. Ich glaube, du wirst es gut tun.

- *Diene der Menschheit, der Erde und allen Seelen bedingungslos.* Wann immer du anderen dienst, glaub nie, du hättest dich verirrt. Einige Teilnehmer an meinen Workshops sagten, sie hätten während vieler Jahre gedient, dann aber gefühlt, sie hätten sich verirrt, weil sie sich im Alltag immer noch vielen Herausforderungen gegenübersahen. Ich lächle dann. Ich sage: »Wenn du viel gedient hast, aber dein Leben noch immer voller Auseinandersetzungen ist, beklag dich nicht. Denn wenn du nicht gedient hättest, könntest du noch viel mehr und heftigere Kämpfe in deinem Leben austragen müssen.«

Dienen muss bedingungslos sein. Studiere die Biographien christlicher Heiliger, der Buddhas und aller wichtigen spirituellen Lehrer. Jeder Einzelne von ihnen musste harte Kämpfe ausfechten. Jeder Einzelne von ihnen musste schwere spirituelle Prüfungen bestehen. Sie wurden nicht nur in einem Leben geprüft, sondern in Hunderten. Als das Göttliche mich als seinen Diener erwählte, um göttliche Seelenschätze zu übertragen, sagte es mir, dass es mich während Hunderten von Lebenszeiten geprüft habe. In diesem Leben musste ich extrem schwere Prüfungen bestehen. Denk daran: keine Prüfungen – kein Wachstum. Bestehe Prüfungen, wachse weiter. Bestehe große Prüfungen, wachse noch weiter.

- *Leiste dem Göttlichen und dem Himmel einen Eid.*
  Ich habe dieses wichtige Seelengeheimnis für die Erleuchtung schon an früherer Stelle weitergegeben. Wenn du bereit bist, schlage ich vor, dass du dem Göttlichen und dem Himmel stumm einen Eid leistest. Sag ihnen, dass du eine vollständige Verpflichtung zum Dienst an der Menschheit und allen Seelen eingehen willst.

Nachdem du den Eid geleistet hast, werden das Göttliche und der Himmel dich weiter prüfen. Deshalb musst du bereit sein. Leiste einen kleinen Eid und erfülle ihn gut; mach einen kleinen Fortschritt auf deiner Erleuchtungsreise. Leiste einen großen Eid und befolge ihn gut; mach einen großen Fortschritt auf deiner Erleuchtungsreise. Wenn du nicht bereit bist, diesen Eid zu leisten, dann tu es auch nicht.

Ich lade alle zu meinen Retreats zur Seelenheilung und -erleuchtung sowie zur erweiterten Seelenheilung und -erleuchtung ein. Das Göttliche wird eine Anordnung senden, um deine Seele zu erleuchten. Diese Retreats werden dir erst eine Seelenheilung sowie eine intensive Seelenreinigung und -segnung geben, um dich darauf vorzubereiten, die göttliche Anordnung zu empfangen, die zum Ende der Retreats gegeben wird.

Das Göttliche sagt mir in diesem Moment, dass dies ein Aufruf ist. Wenn du von den Lehren in diesem Buch inspiriert und berührt bist, lade ich dich dazu ein. Wenn du bereit bist, bin auch ich bereit, dir zu dienen. Ich werde dir gern helfen, deinen spirituellen Stand anzuheben und Seelenerleuchtung ebenso wie die erweiterte Seelenerleuchtung zu erreichen. Ich bin geehrt, dein Diener zu sein. Ich bin geehrt, ein Diener der Menschheit und des Göttlichen zu sein.

Die Erleuchtung deiner Seele gehört zum Anfang der Seelenerleuchtungsreise im Zeitalter des Seelenlichts. Zu dieser Zeit haben, wie du weißt, nur fünfzehn Prozent der Menschheit die Erleuchtung erlangt. Die anderen 85 Prozent warten noch darauf. Jenseits der Menschheit gibt es zahllose Seelen in Jiu Tian. Auch von ihnen sind nur fünfzehn Prozent erleuchtet. Die anderen 85 Prozent dieser Seelen warten ebenfalls, allerdings auf die erweiterte Seelenerleuchtung.

Seelenerleuchtung für die Menschheit und für alle Seelen in Jiu Tian ist der Aufruf und die Ausrichtung des Göttlichen für die Seelenreise der Menschheit und aller Seelen.

Es ist der Aufruf und die Ausrichtung des Göttlichen für die Ära des Seelenlichts. Wir sind geehrt, den Aufruf des Göttlichen zu empfangen und uns in die Richtung zu bewegen, in die uns das Göttliche führt.

Um das Bewusstsein der Menschheit und aller Seelen zu transformieren, muss man die Menschheit und alle Seelen auf die Seelenerleuchtungsreise bringen. Das Göttliche wies mich an, die dazu dienenden Lehren, die Weisheit, das Wissen und die Übungen durch Seelenheilungs- und Erleuchtungs-Telekonferenzen, Workshops, Radiosendungen, Audio- und Video-Podcasts, das Internet und andere Medien weiterzuverbreiten, um der Menschheit meinen Dienst anzubieten. Mach mit. Erlaube mir, dir noch mehr zu dienen. Ich widme mein Leben dem Dienen an dir, an der gesamten Menschheit, an Mutter Erde und an allen Seelen in allen Universen. Ich bin geehrt, allen ein Diener zu sein.

Ich liebe mein Herz und meine Seele.
Ich liebe die ganze Menschheit.
Verbindet Herzen und Seelen miteinander.
Liebe, Frieden und Harmonie.
Liebe, Frieden und Harmonie.

Hao! Hao! Hao!
Danke, danke, danke.

14

Göttliche Seelen-Übertragungen und göttliche Seelenanordnungen

Bis jetzt habe ich die Kraft der Seele, einschließlich Seelenheilung, -verjüngung, -transformation und -erleuchtung, erklärt. Ich sprach auch vom Karma und von Seelenanordnungen. Ich habe viele Seelengeheimnisse und -übungen wie auch viel Weisheit und Wissen weitergegeben. Ich bin geehrt, dass das Göttliche mir viele Ein-Satz-Seelengeheimnisse mitgeteilt hat. Ich bin außerordentlich geehrt, dass ich dieses göttliche Buch durch mich fließen lassen darf. Dabei ist das Göttliche immer über meinem Kopf. Ich danke dir, Göttliches. In diesem Kapitel werde ich die göttlichen Seelen-Übertragungen und die göttlichen Seelenanordnungen noch einmal näher erläutern.

Das Göttliche sagte mir im Jahr 2003, dass es, wenn ich es anriefe, Segnungen bringe. Wenn ich beim Göttlichen anfrage, wird das Göttliche seine Seelen-Übertragungen anbieten. Wie ich schon im ersten Teil dieses Buches erwähnt habe, war die erste göttliche Seelen-Übertragung, die das Göttliche anbot, der Seelenschatz der göttlichen Leber für Walter. Nach relativ kurzer Zeit hatte er sich von seinem Leberkrebs erholt. Ein CT-Scan und ein MRT zeigten kein Anzeichen von Krebs in der Leber von Walter. Im Jahr 2008 traf ich Walter wieder. Er war nach beinah fünf Jahren noch immer symptomfrei.

In den letzten fünf Jahren habe ich der Menschheit, Tieren, Organisationen, Häusern, Ozeanen, Bergen, Planeten, Galaxien und Universen unzählige göttliche Seelen-Übertragungen angeboten. Ich bin außerordentlich geehrt, dies tun zu dürfen.

Was sind göttliche Seelen-Übertragungen?

Das Göttliche ist der Schöpfer. Das Göttliche ist eine Seele. Das Göttliche ist der höchste Führer aller Seelen. Was immer für eine Kraft du dir vorstellen kannst, das Göttliche hat sie. Es kann nach seinem Wunsch Heilung, Segnung, Transformation und Erleuchtung jederzeit, überall, jedem Menschen und jeder Seele direkt anbieten. Im Juli 2003 erschuf das Göttliche einen neuen Weg, die Kraft des Göttlichen auszudrücken und göttlichen Dienst anzubieten. Dieser neue Weg besteht aus göttlichen Seelen-Übertragungen, die göttliche Seelentransplantate sind. Göttliche Seelen-Übertragungen sind göttliche Schöpfungen. Das Göttliche erschafft neue Seelen aus dem Herzen des Göttlichen, um sie an die Empfänger herunterzuladen bzw. zu übertragen. Das Göttliche erschafft neue Seelen, damit diese die göttliche Kraft zu dienen weitertragen – und damit sie heilen, segnen, transformieren und erleuchten.

Du hast elf wichtige göttliche Seelen-Übertragungen als Geschenke des Göttlichen erhalten, während du dieses Buch gelesen hast. Du hast die Kraft der göttlichen Seelen-Übertragungen erfahren, nämlich der Kraft, zu heilen, Krankheiten vorzubeugen, zu verjüngen, Leben zu verlängern, Seele, Herz, Geist und Körper zu reinigen und jeden Aspekt des Lebens zu transformieren, einschließlich Beziehungen und finanzieller Angelegenheiten.

Göttliche Seelen-Übertragungen sind göttliche Seelentransplantate. Diese neuen göttlichen Seelen werden umgehend aus dem Herzen des Göttlichen erschaffen. Im Allgemeinen sind die ursprünglichen Seelen, die durch die göttlichen Seelen ersetzt werden, klein. So ist zum Beispiel die ursprüngliche Seele eines Körpersystems etwa zehn bis zwölf Zentimeter hoch und fünf bis sieben Zentimeter breit. Die ursprüngliche Seele eines Körperorgans ist etwa fünf bis sieben Zentimeter hoch und drei bis fünf Zentimeter breit. Unterschiedliche Objekte haben unterschiedlich große Seelen. Seelen weisen auch verschiedene Farben auf. Im Allgemeinen sind göttliche Seelen golden, regenbogenfarben, purpurn und kristallen. Sie tragen unterschiedliche göttliche Frequenzen und unterschiedliche Kräfte in sich. Das Göttliche kann sie alle herunterladen. Neue göttliche Seelen können viele Meter hoch und breit sein. Sie können auch Hunderte oder Tausende von Metern umfassen.

Wenn diese riesigen Seelen, die aus dem Herzen des Göttlichen erschaffen werden, an die Menschheit, Tiere, Mutter Erde und die Universen übertragen werden, dauert es normalerweise einige Tage, bis sie sich – abhängig vom Empfänger – auf die angemessene Größe kondensiert haben. Die Größe variiert. Wenn dein Drittes Auge voll geöffnet ist, kannst du das, was ich eben erklärt habe, auch sehen.

Die Farbe einer Seele zeigt ihre Stufe in der nachstehend aufgeführten Reihenfolge an:

- golden,
- regenbogenfarben,
- purpurn,
- kristallen,
- jenseits von kristallen.

Die Frequenzen dieser fünf Stufen göttlicher Seelen sind unterschiedlich. Wenn du von der goldenen zur Stufe jenseits von kristallen vorangehst, wird die Schwingung kleiner und kleiner. Die Kraft und die Fähigkeiten wachsen. Die goldene Stufe hat die geringste Kraft und die am wenigsten verfeinerte Frequenz. (Trotzdem tragen alle göttlichen Seelen göttliche Seelenkraft in sich, die jedes Verständnis übersteigt.) Die Schicht jenseits von kristallen hat die höchste Kraft und die feinste Frequenz. In den letzten Jahren habe ich diese fünf Schichten der göttlichen Seelentransplantate der Menschheit, Mutter Erde und allen Universen angeboten.

Lass mich dir nun ein wichtiges Geheimnis preisgeben: Die höchsten christlichen Heiligen, taoistische Heilige, Buddhas, Lamas, Gurus und andere hohe spirituelle Führer können spirituelle Segnungen nur durch ihr goldenes und regenbogenfarbenes Licht weitergeben. Allein das Göttliche kann Segnungen des purpurnen, kristallenen und des Lichts jenseits des kristallenen auch weitergeben. Im Allgemeinen bekommt der Empfänger eines göttlichen Seelentransplantats eine goldene Lichtseele der ersten Stufe. Empfänger sollten mit diesen göttlichen Seelenschätzen während mindestens drei Monaten üben, um ihre eigenen Frequenzen zu den göttlichen goldenen Lichtfrequenzen der ersten Stufe zu transformieren und sie zu integrieren. Regelmäßiges Üben bedeutet, dies mindestens zweimal täglich mindestens fünfzehn Minuten lang zu tun.

Nachdem du deine Frequenz zur göttlichen goldenen Lichtseelenfrequenz der ersten Stufe transformiert hast, kannst du ein Seelentransplantat der Stufe 2 erbitten, das ein Seelenschatz von regenbogenfarbenem Licht ist. Denk daran, das Empfangen göttlicher Seelentransplantate bedeutet nicht schon, dass du geheilt oder transformiert bist.

Es bedeutet nur, dass du verbleibende neue göttliche Seelenschätze empfangen hast. Diese Seelenschätze haben die Kraft, deine Gesundheit und jeden anderen Aspekt deines Lebens zu heilen, zu segnen und zu transformieren, *aber du musst mit ihnen üben.*

Für das Üben gibt es keine Beschränkungen. Je mehr du übst, desto mehr Segnungen bekommst du von dem göttlichen Seelenschatz. Man kann nicht zu viel üben. Es gibt keine Nebenwirkungen. Wenn du übst, wartet auf dich nur der volle göttliche Gewinn von Heilung, Verjüngung, Segnung und Transformation.

Die Bedeutung der göttlichen Seelen-Übertragungen

Göttliche Seelen-Übertragungen oder Seelentransplantate werden direkt vom Herzen des Göttlichen erschaffen. Diese neuen Seelen tragen göttliche Frequenzen in sich, mit göttlicher Liebe, göttlicher Vergebung, göttlichem Mitgefühl und göttlichem Licht. Die folgenden Ein-Satz-Geheimnisse erklären die Kraft der göttlichen Seelen-Übertragungen oder Seelentransplantate:

Göttliche Frequenz transformiert die Frequenz der Menschheit, der Erde und aller Universen.
Göttliche Liebe löst alle Blockaden auf und transformiert alles Leben.
Göttliche Vergebung bringt inneren Frieden und innere Freude.
Göttliches Mitgefühl verstärkt Energie, Ausdauer, Vitalität und Immunität.
Göttliches Licht heilt, beugt Krankheit vor, verjüngt und verlängert Leben.

Zusammen transformieren sie alles Leben für die Mensch-
heit, Mutter Erde und alle Universen.

Aus alldem wird einmal mehr ersichtlich, warum wir göttliche Seelen-Übertragungen benötigen.

Und dies sind zusammengefasst die bedeutendsten Vorteile der göttlichen Seelen-Übertragungen für alle Menschen:

- Transformation des menschlichen zu göttlichem Bewusstsein,
- Heilung, sowohl die Selbstheilung als auch die Heilung anderer,
- Vorbeugung von Krankheiten und anderen gesundheitlichen Unausgeglichenheiten,
- Verjüngung,
- Verlängerung des Lebens,
- Transformation von Beziehungen,
- Transformation von Finanzen und Unternehmen,
- Reinigung von Seele, Herz, Geist und Körper,
- Bestehen spiritueller Prüfungen,
- Transformation der Seelenreise,
- Öffnung und Entwicklung der Seelenkommunikationskanäle,
- Öffnung und Entwicklung der Seelenintelligenz,
- im Materiellen wie im Spirituellen Schutz und Sicherheit,
- Transformation aller Seelen der Menschheit,
- Förderung von Liebe, Frieden, Harmonie – und anderes Gutes mehr.

Warum benötigt ein Tier göttliche Seelen-Übertragungen? Dies sind ihre bedeutendsten Vorteile für unsere Mitgeschöpfe:

- Transformation des Tierbewusstseins zu göttlichem Bewusstsein,
- Heilung, sowohl Selbstheilung als auch die Heilung anderer Tiere,
- Vorbeugung von Krankheiten und gesundheitlichen Unausgeglichenheiten,
- Verjüngung,
- Verlängerung des Lebens,
- Transformation von Beziehungen,
- Reinigung von Seele, Herz, Geist und Körper,
- Transformation der Seelenreise,
- im Materiellen wie im Spirituellen Schutz und Sicherheit,
- Transformation aller Seelen der Tiere,
- Förderung von Liebe, Frieden und Harmonie – und anderes Gutes mehr.

Warum brauchen Mutter Erde, andere Planeten, Sterne, Galaxien und Universen göttliche Seelen-Übertragungen? Dies sind die wichtigsten Vorteile der göttlichen Seelen-Übertragungen für sie:

- Transformation ihres Bewusstseins zu göttlichem Bewusstsein,
- Heilung,
- Vorbeugung von Unausgeglichenheiten,
- Verjüngung,
- Verlängerung des Lebens,
- Transformation von Beziehungen,
- Reinigung von Seele, Herz, Geist und Körper,
- Transformation der Seelenreise,
- Öffnung und Entwicklung der Seelenkommunikationskanäle,

- Öffnung und Entwicklung der Seelenintelligenz,
- im Materiellen wie im Spirituellen Schutz und Sicherheit,
- Transformation aller Seelen der Planeten, Sterne, Galaxien und Universen,
- Förderung von Liebe, Frieden und Harmonie – und anderes Gutes mehr.

In den letzten fünf Jahren haben uns aus der ganzen Welt Tausende von herzanrührenden und bewegenden Geschichten erreicht, die von erstaunlichen Heilungen, gelungener Vorbeugung von Krankheiten sowie Erfolgen bei der Verjüngung und Transformation des Lebens erzählen – allesamt bewirkt durch göttliche Seelen-Übertragungen. Viele davon kann man auf meiner Webseite nachlesen.

Dr. Peter Hudoba und sein Forscherteam haben Studien über die Wirkungen der Übertragungen auf menschliche Wesen abgeschlossen. Ich lasse ihn hier nun die Essenz der Erforschung des göttlichen Seelentransplantats darlegen:

Im Jahr 2005 führte ein Forscherteam der Sha Research Foundation eine kurze Doppelblind-Crossover-Studie zur Erforschung der Auswirkungen der Seelenkraft göttlicher Seelentransplantate aus dem Herzen des Göttlichen auf die mentalen und emotionalen Zustände und den spirituellen Stand der Empfänger durch. 45 Teilnehmer wurden randomisiert und empfingen blind dieses göttliche Seelentransplantat durch eine Segnung auf Distanz von Zhi Gang Sha zu einer von zwei unterschiedlichen, einen Monat auseinanderliegenden Zeiten. Das Team beobachtete Verbesserungen in den Bereichen Empathie, Egois-

mus sowie mentales und emotionales Wohlbefinden sowie Verbesserungen in der Qualität von meditativen Zuständen. Einige sogenannte Remote Viewers[31] konnten Änderungen im Seelenbild der Teilnehmer zwischen der gesegneten und der Kontrollgruppe dokumentieren. Die Ergebnisse dieser Studie zeigen die Wirkungen der Nutzung der Seelenkraft auf Distanz auf das mentale, emotionale und spirituelle Wohlbefinden der Empfänger auf, was ein breites Angebot von möglichen Anwendungen in der Spiritualität und der Gesundheitsfürsorge eröffnet.

Bis heute wurden diese und andere Forschungsresultate an über zehn Forschungskonferenzen und Symposien auf der ganzen Welt vorgestellt und gut aufgenommen. Göttliche Seelenkraft wird sich weiterhin in der akademischen Welt und unter der gesamten Menschheit verbreiten.

Arten der göttlichen Seelen-Übertragungen

Was immer ein menschliches Wesen braucht, das Göttliche hat es. Das Göttliche kann eine neue göttliche Seele herunterladen, um jede Seele in einem Menschen oder in einem Tier zu ersetzen. Das Göttliche kann auch eine neue göttliche Seele herunterladen, um die Seele eines Hauses, eines Gebäudes, eines Unternehmens oder einer Organisation auszuwechseln. Das Göttliche kann weiterhin eine neue Seele herunterladen, um die Seele einer Stadt oder eines Landes auszutauschen.

Das Göttliche ist der Schöpfer. Was auch immer wir uns ausdenken können, das Göttliche kann dafür eine neue Seele erschaffen. Göttliche Seelen-Übertragungen oder

Seelentransplantate sind sofortige göttliche Schöpfung und Manifestation.

Das Göttliche bat mich erst im Jahr 2003, mit dem Anbieten der göttlichen Seelen-Übertragungen zu beginnen. Also haben wir bis jetzt erst vergleichsweise wenige Jahre Erfahrung auf diesem Gebiet. Seit damals habe ich persönlich die göttliche Seelenkraft und göttliche Schöpfung und Manifestation jeden Tag erfahren. Ich habe sehr oft »Aha«-Momente erlebt. Viele Menschen auf der ganzen Welt waren durch die Resultate der Heilungs- und Lebenstransformation, die sie durch göttliche Seelen-Übertragungen bekommen hatten, zu Freudentränen gerührt. Jede Person und jede Seele, die göttliche Seelentransplantate bekommen hatte, ist außerordentlich dankbar. Worte können unsere größte Dankbarkeit dem Göttlichen gegenüber nicht zum Ausdruck bringen. Dies ist das erste Mal in der Geschichte, dass das Göttliche seine Seelentransplantate oder Seelen-Übertragungen der gesamten Menschheit und allen Seelen im Universum anbietet.

Wie ich schon erklärt habe, sind göttliche Seelen-Übertragungen unbeschränkt, aber hier sind einige ihrer Hauptkategorien, die momentan zur Verfügung stehen:

- das göttliche Seelentransplantat der göttlichen Gesundheit,
- das göttliche Seelentransplantat der göttlichen Beziehungen,
- das göttliche Seelentransplantat des göttlichen Schutzes und der göttlichen Sicherheit,
- das göttliche Seelentransplantat der göttlichen Haustiere,
- das göttliche Seelentransplantat der göttlichen Finanzen und Unternehmen sowie

- das göttliche Seelentransplantat der göttlichen spirituellen Reise.

Ich werde jede dieser Kategorien nun kurz beschreiben.

Göttliche Seelen-Übertragungen für die Gesundheit

Der Bereich Gesundheit umfasst viele Themen. Dazu gehören:

- die Linderung von chronischen Zuständen,
- die Behandlung plötzlicher Krankheiten oder anderer Notfälle,
- die Erhöhung von Energie, Ausdauer, Vitalität und Immunität,
- der Erhalt einer guten Gesundheit in Körpersystemen, Organen und Zellen,
- die Prävention potenzieller künftiger Gesundheitsprobleme sowie
- die Unterstützung der Verjüngung und Verlängerung des Lebens.

Dank der Großzügigkeit und des Mitgefühls des Göttlichen kann jeder Aspekt des Gesundheitsspektrums eine göttliche Seelen-Übertragung erhalten. Göttliche Seelen-Übertragungen können genau auf dein Gesundheitsproblem angepasst werden. Deshalb kann jeder Mensch die für seine Heilungsreise richtigen Seelen-Übertragungen finden. Zu den göttlichen Seelen-Übertragungen für Gesundheit gehören:

- Göttliche Seelentransplantate für Körpersysteme (zum Beispiel den Kreislauf, das Hormonsystem, den Bewegungsapparat, das Fortpflanzungssystem oder die Atmungskette),

- Göttliche Seelentransplantate für Organe und Teile des Körpers (zum Beispiel Herz, Leber, Hirn, Bauchspeicheldrüse, Knie, Augen, Zähne und Zahnfleisch oder Blut),
- Göttliche Seelentransplantate für die Zellen, Zelleinheiten, DNS, RNS und die Räume zwischen den Zellen eines Körpersystems, Organs oder Körperteils sowie
- Göttliche Seelentransplantate für Energiezellen (zum Beispiel Unteres Dan Tian oder Schneebergbereich, welche du bekamst, als du Kapitel 9 gelesen hast).

Göttliche Seelentransplantate für Beziehungen

Wir wünschen uns oft, unsere Beziehungen würden besser werden. Wir möchten Reibereien und Konflikte aus der Welt schaffen. Wir möchten, dass zu jeder Zeit Liebe, Fürsorge und Mitgefühl dominieren. Es gibt göttliche Seelen-Übertragungen für Beziehungen, um solche Wünsche Wirklichkeit werden zu lassen.

Alles hat eine Seele, ebenso alle Formen von Beziehungen. Göttliche Seelen-Übertragungen können eine neue göttliche Seele für eine Beziehung anbieten, dazu gehört der Umgang mit Familienmitgliedern, Freunden, Mitarbeitern und anderen. Sie können auch bei der Heilung von Beziehungen mit Verstorbenen helfen. Zu den entsprechenden Übertragungen zählen göttliche Seelentransplantate:

- für Beziehungen zwischen zwei Familienmitgliedern,
- für Beziehungen zwischen zwei Freunden,
- für Beziehungen zwischen zwei Geschäftskollegen und

- für andere Beziehungen, zum Beispiel zu deinem Haustier, die Beziehung eines Musikers zu seinem Instrument oder die eines im IT-Bereich Tätigen zu seinem Computer.

Göttliche Seelen-Übertragungen
für Sicherheit und Schutz

Drei sehr wichtige göttliche Seelen-Übertragungen für Sicherheit und Schutz sind zu dieser Zeit verfügbar. Sie setzen auf die Seele des Empfängers besondere Signale, um dem Göttlichen und der Akasha-Chronik anzuzeigen, dass diese geschützt ist. Die Bedeutung dieser speziellen Aufmerksamkeit aus den höchsten Ebenen der Seelenwelt ist unbeschreiblich und ihr Wert nicht zu messen, speziell während der Übergangszeit unserer Erde. Die göttlichen Seelen-Übertragungen für Sicherheit und Schutz sind die göttlichen Seelentransplantate:

- des Schutzes,
- des göttlichen Lichtschutzwalls und
- der Vorbeugung und Heilung von übertragbaren Krankheiten.

Das göttliche Seelentransplantat des göttlichen Schutzes behütet dein Leben vor physischen Schäden in Situationen wie Hurrikans, Erdbeben, Tornados, Überschwemmungen und anderen Naturkatastrophen sowie bei Verkehrsunfällen, Turbulenzen bei Flügen, beim Überqueren verkehrsreicher Kreuzungen und anderen potenziell lebensgefährdenden Situationen. Diese spezielle göttliche Seele setzt eine Markierung auf deine Seele, die der Akasha-Chronik sagt, dass dein Leben zu jeder Zeit bewacht und geschützt sein muss. Du kannst diesen Schutz für dich selbst und für deine Angehörigen erhalten. Es befreit dich jedoch nicht davon, den Unbilden des Lebens gegenüber bedacht und ehrfürchtig zu sein.

Dieses göttliche Seelentransplantat steht allen zur Verfügung, von einem ungeborenen Kind bis zum Greis. Das Göttliche ermöglicht es der Menschheit, während diesen schwierigen Zeiten auf Mutter Erde auf jedwede Art geschützt zu sein. Der göttliche Schutz ist ein Ausdruck der bedingungslosen Liebe und des bedingungslosen Mitgefühls, welche das Göttliche für jeden Einzelnen hat.

Das göttliche Seelentransplantat des göttlichen Lichtschutzwalls hält dich in der Umarmung des göttlichen Lichts, um dich vor unerwünschten oder beunruhigenden Seelen zu schützen, die dich stören oder verletzen wollen. Der göttliche Lichtschutzwall erlaubt dir, Gemütsruhe, Frieden und Stille auf deiner Seelenreise zu erfahren. Wenn irgendwelche unangenehmen Seelen durch den göttlichen Lichtschutzwall hindurchdringen, werden sie zu Licht transformiert, oder du kannst sie einladen, ein Teil des Lichts zu werden. Sie nehmen dies dann entweder an oder gehen weg.

Das göttliche Seelentransplantat der göttlichen Vorbeugung und Heilung von übertragbaren Krankheiten setzt eine Markierung auf deine Seele, die den Seelen der übertragbaren Krankheiten anzeigt, dass du geschützt bist, sowohl vor existierenden Krankheiten als auch vor solchen, die in der Zukunft auftreten könnten. Deine Frequenz wird auf eine viel höhere Ebene gebracht als die Frequenz der Seelen der übertragbaren Krankheiten, dadurch wird deine körperliche Gesundheit geschützt. Mit dieser göttlichen Seele ist es möglich, bei Beachtung aller notwendigen Maßnahmen ruhig und voller Vertrauen zu bleiben, wenn es Berichte von sich verbreitenden Krankheiten oder Ausbrüchen neuer Seuchen gibt, während der Übergang von Mutter Erde fortschreitet und sich intensiviert.

Göttliche Seelen-Übertragungen für Haustiere

Alle göttlichen Seelen-Übertragungen, die den menschlichen Wesen zur Verfügung stehen, kann es auch für deine geliebten Haustiere geben. Das Göttliche empfindet eine große Zärtlichkeit und bedingungslose Liebe auch für deine Haustiere. Dein Haustier kann unter vielen anderen göttliche Seelentransplantate für Gesundheit, Sicherheit und Schutz bekommen.

Göttliche Seelen-Übertragungen für Finanzen und Unternehmen

Göttliche Seelen-Übertragungen für Finanzen und Unternehmen sind neue göttliche Seelen. Sie können die Seele einer Firma oder Organisation durch eine göttliche Seele ersetzen, die karmafrei ist. Sie können dir eine Seele eines göttlichen Berufs geben, wie ich es mit der Geschichte der Opernsängerin in Kapitel 3 illustriert hatte. Sie können dir Verdienste geben, um dein Konto in der Bank des Himmels zu füllen. Diese spirituelle Währung kann dann auf Mutter Erde als größerer finanzieller Erfolg manifestiert werden. Wie ich in Kapitel 11 erklärt habe, kann die spirituelle Währung gegen konkrete Währung getauscht werden. Erwarte jedoch nicht, dass dein Portemonnaie von nun auf jetzt überquillt. Du musst mit deinem göttlichen Seelenschatz oder deinen Seelenschätzen üben, und du musst gute Dienste anbieten. Dann werden deine spirituellen Väter und Mütter, die für das Geld verantwortlichen Heiligen des Himmels und das Göttliche dich mehr und mehr segnen. Deine spirituelle Währung in der Bank des Himmels wird mehr und mehr in physische Währung eingewechselt werden.

Göttliche Seelen-Übertragungen
für deine spirituelle Reise

Jede göttliche Seelen-Übertragung kann deiner spirituellen Reise Gewinn bringen. Es gibt jedoch in dieser Kategorie spezifische göttliche Seelentransplantate für die Energiezentren (wobei das Botschaftzentrum und das Dritte Auge die zwei wichtigsten spirituellen Energiezentren sind; ein göttliches Seelentransplantat des göttlichen Botschaftenzentrums befindet sich in meinem Buch *Seelensprache*), für das Öffnen und Entwickeln der Seelenkommunikationsfähigkeiten (zum Beispiel göttliche Seelentransplantate für das Öffnen der Seelensprache und für das Übersetzen der Seelensprache; diese beiden befinden sich in meinem Buch *Seelenweisheit*), für Reinigung und für göttliche Qualitäten wie Liebe, Vergebung, Frieden und Mitgefühl. Du hast mehrere solcher göttlichen Seelentransplantate empfangen, während du dieses Buch gelesen hast.

Wie man göttliche
Seelen-Übertragungen anwendet

Ich habe erklärt, wie göttliche Seelen-Übertragungen in den spezifischen Übungen anzuwenden sind, durch die ich dich in diesem Buch geführt habe. Es ist wichtig, die göttliche Seelen-Übertragung ernsthaft zu erbitten, um

Heilung, Vorbeugung von Krankheit, Verjüngung, Verlängerung des Lebens, Transformation jedes Aspekts im Leben und Reinigung von Seele, Herz, Geist und Körper anzubieten. Biete diesen göttlichen Seelen, die speziell für dich erschaffen wurden, immer deine reine Liebe, deine totale Dankbarkeit und den höchsten Respekt und die höchste Ehre an. Sie sind reine göttliche Diener, aber es ist genau wie im diesseitigen Leben: Je mehr Liebe, Dankbarkeit, Ehre und Respekt du ihnen zollst, desto mehr werden sie dies durch ihren göttlichen Dienst vermehren, vergrößern und an dich zurückspiegeln.

Was sind göttliche Seelenanordnungen?

Wie gesagt bat mich das Göttliche im Jahr 2006, einen neuen göttlichen Seelenschatz für Heilung, Segnung und die Transformation des Lebens anzubieten. Dieser neue göttliche Dienst heißt göttliche Seelenanordnung.
Drei Jahre nachdem ich als göttlicher Diener auserwählt worden war, bekam ich die große Ehre, die Seelenanordnung des Göttlichen auszusenden. Wenn ich jemandem begegne, der eine sehr ernsthafte oder sogar lebensbedrohende Erkrankung hat, überprüfe ich diese mit dem Göttlichen. Das Göttliche wird mir sagen, ob ich eine Anordnung des Göttlichen für Heilung aussenden soll. Zum Beispiel empfahl mir das Göttliche, für eine Person mit schwerer Arthritis die göttliche Anordnung auszusenden: »Heile die Knie.« Neugeborene Zwillinge in Los Angeles hatten eine lebensbedrohende genetische Erkrankung. Ich wurde gebeten, ihnen eine göttliche Segnung zukommen zu lassen. Ich fragte das Göttliche, welche Art von Segnung es geben möchte. Es sagte: »Sende meine Anord-

nung: ›Rette das Leben dieser zwei Babys.‹« Die Säuglinge überlebten, und es geht ihnen sehr gut; sie erhielten eine wohltuende Unterstützung, die jegliches rationale Verstehen übersteigt.

Eigentlich jedes Mal, wenn ich den göttlichen Dienst der Karma-Reinigung anbiete, bittet mich das Göttliche, seine Seelenanordnung an die Akasha-Chronik zu senden, um das Karma der betreffenden Person zu reinigen. Ich bin außerordentlich geehrt, ein göttlicher Diener zu sein, der göttliche Seelenanordnungen anbietet.

Wie eine Seelen-Übertragung trägt auch eine göttliche Seelenanordnung eine neue göttliche Seele für Heilung, Segnung und die Transformation des Lebens in sich. Wie funktioniert eine göttliche Seelenanordnung? Dem Empfänger einer göttlichen Seelenanordnung wird die ursprüngliche Seele des Systems, des Organs, des Objekts oder der Situation, die das Ziel der Anordnung sind, durch eine neue göttliche Seele ersetzt. Die neue göttliche Seele trägt eine göttliche Frequenz mit göttlicher Liebe, göttlicher Vergebung, göttlichem Mitgefühl und göttlichem Licht in sich. Sie kann all die ungesunden und unausgeglichenen Zustände des Systems, des Organs, des Objekts oder der Situation transformieren. Auch alle Seelen im Umfeld des Systems, des Organs, des Objekts oder der Situation werden der göttlichen Seelenanordnung folgen und sie unterstützen.

Nach dem Empfang einer göttlichen Seelenanordnung muss man die Anordnung wiederholt chanten. Normalerweise chantest du sie drei- bis fünfmal täglich jeweils drei bis fünf Minuten lang, je häufiger, desto besser. Du kannst für dich selbst chanten, wenn du eine göttliche Seelenanordnung bekommen hast, du kannst dies aber auch für einen Angehörigen tun, wenn dieser eine solche Anordnung bekommen hat, zum Beispiel:

Die göttliche Anordnung heilt meine Knie.
Die göttliche Anordnung heilt meine Knie.
Die göttliche Anordnung heilt meine Knie.
Die göttliche Anordnung heilt meine Knie …

Ein weiteres Beispiel:

Die göttliche Anordnung stellt die Gesundheit
der Nieren meiner Mutter wieder her.
Die göttliche Anordnung stellt die Gesundheit
der Nieren meiner Mutter wieder her.
Die göttliche Anordnung stellt die Gesundheit
der Nieren meiner Mutter wieder her.
Die göttliche Anordnung stellt die Gesundheit
der Nieren meiner Mutter wieder her …

Im Jahr 2006 reiste ich während sechs Monaten um die ganze Welt auf meiner »Liebe-Friede-und-Harmonie«-Tour. Ich hielt in diesen sechs Monaten mehr als 140 Veranstaltungen ab. In jeder dieser über 140 Veranstaltungen sandte ich mindestens eine göttliche Seelenanordnung für Heilung aus. Die Resultate machten die Empfänger und mich sprachlos. Das Verdienst all der herzanrührenden und bewegenden Erfolge gebührt dem Göttlichen. Ich bin ein Diener des Göttlichen und der Menschheit.

Die Kraft der göttlichen Seelenanordnungen

Ich habe die Bedeutung der göttlichen Seelen-Übertragungen oder Seelentransplantate beschrieben. All die Kraft der göttlichen Seelen-Übertragungen gilt auch für die göttlichen Seelenanordnungen, was ebenfalls bereits erwähnt wurde.

Göttliche Seelenanordnungen sind der nächste Schritt über die göttlichen Seelen-Übertragungen hinaus. Im Allgemeinen wird eine göttliche Seelenanordnung nur bei sehr ernsthaften Gesundheitsproblemen, zur Rettung von Leben oder für die grundlegende Transformation jedweden Aspekts des Lebens ausgesandt.

Die Kraft der göttlichen Seelen-Übertragungen übersteigt das Verständnis und Denkvermögen. Die Kraft der göttlichen Seelenanordnungen übersteigt selbst die Kraft der göttlichen Seelen-Übertragungen. Ich bin außerordentlich geehrt, göttliche Seelen-Übertragungen und göttliche Seelenanordnungen anzubieten.

Ich liebe mein Herz und meine Seele.
Ich liebe die ganze Menschheit.
Verbindet Herzen und Seelen miteinander.
Liebe, Frieden und Harmonie.
Liebe, Frieden und Harmonie.

Hao! Hao! Hao!
Danke, danke, danke.

Zum Abschluss

Ich möchte dem Göttlichen mein totales GOLD[32] anbieten. Ich bin zutiefst geehrt und voller Bewunderung. Das Göttliche übergab mir den gesamten Inhalt dieses Buches in direkter Kommunikation. Alle Ehre gebührt dem Göttlichen.

In diesem Buch hat das göttliche Geheimnisse, Weisheit, Wissen und Übungen der Seele vermittelt. Das Göttliche bot uns elf göttliche Seelen-Übertragungen an, die unbezahlbare göttliche Seelenschätze sind. Das Göttliche legte den neuen göttlichen Weg für Heilung, Verjüngung, Lebenstransformation und Seelenerleuchtung für das 21. Jahrhundert und das gesamte Zeitalter des Seelenlichts dar. Der Inhalt dieses Buches kann wie folgt zusammengefasst werden:

- *Für Heilung:* Heile zuerst die Seele, dann wird die Heilung von Geist und Körper folgen.
- *Für die Vorbeugung von Krankheit:* Beuge zuerst der Krankheit der Seele vor, dann wird die Vorbeugung der Krankheit von Geist und Körper folgen.
- *Für die Verjüngung des Organismus:* Verjünge zuerst die Seele, dann wird die Verjüngung von Geist und Körper folgen.

- *Für ein langes Leben:* Verlängere zuerst das Leben der Seele, dann wird ein langes Leben für Geist und Körper folgen.
- *Für das Bewusstsein:* Transformiere zuerst das Bewusstsein der Seele, dann wird die Transformation des Bewusstseins von Herz, Geist und Körper folgen.
- *Für Beziehungen:* Transformiere zuerst die Seele der Beziehung, dann wird die Transformation der Beziehung folgen.
- *Für finanzielle Angelegenheiten und Unternehmen:* Transformiere zuerst die Seele der Finanzen und Unternehmen, dann wird die Transformation der Finanzen und Unternehmen folgen.
- *Für die Transformation des Lebens:* Transformiere zuerst die Seele, dann wird jeder Aspekt des Lebens transformiert werden.
- *Für die Erleuchtung:* Erleuchte zuerst die Seele, dann wird die Erleuchtung von Herz, Geist und Körper folgen.

Seelen haben die Kraft, all dies zu tun. Das Göttliche und göttliche Seelen haben göttliche Kraft, all dies zu tun. Die göttlichen Seelentransplantate sind verbleibende göttliche Seelenschätze, um all dies zu tun.

Dieses Buch lehrt und übt nach dem Prinzip »Seele über Materie«. Es legt Seelenkraft offen, einschließlich Geheimnissen, Weisheit, Wissen und Übungen der Seele, um zu heilen, zu verjüngen, zu transformieren und alles Leben zu erleuchten.

Dieses Buch ist ein göttliches Geschenk an die Menschheit. Ich bin außerordentlich geehrt, ein Diener des Göttlichen, von dir, der gesamten Menschheit und allen Seelen zu sein.

Dieses Buch zeigt dir den Weg, alles Leben zu heilen, zu verjüngen, zu transformieren und zu erleuchten.
Nimm ihn an.
Nutze ihn.
Profitiere davon.

Ich liebe mein Herz und meine Seele.
Ich liebe die ganze Menschheit.
Verbindet Herzen und Seelen miteinander.
Liebe, Frieden und Harmonie.
Liebe, Frieden und Harmonie.

Hao! Hao! Hao!
Danke, danke, danke.

Nachwort

Es ist mir ein großes Vergnügen und eine große Ehre, einige meiner persönlichen Erfahrungen und Einsichten mit dir zu teilen.

Während der acht Jahre, die ich mit und von Dr. Sha gelernt habe, konnte ich eine Explosion von Seelenkraft vor meinen Augen sehen. Ich kann mir kein besseres Zeugnis für die Kraft der Seele vorstellen als das, was ich persönlich beobachtet und erfahren habe.

Als ich Dr. Sha im Jahr 2000 zum ersten Mal begegnet bin, lehrte er hauptsächlich chinesische Heilkünste, die er meisterlich ausübte und durch die Einführung und die Integration der Seelenkraft bedeutsam voranbrachte. Auf diese Weise hat Dr. Sha die Seele-Geist-Körper-Medizin erschaffen, ein einfaches und doch sehr wirksames Seelenheilungssystem. Tausende von Menschen auf der ganzen Welt, einschließlich meiner Familie und mir, haben aus diesen kraftvollen Techniken großen Nutzen gezogen.

Ich habe Dr. Sha in jeder Dimension unglaublich wachsen sehen. So konnte er zum Beispiel, wie er fröhlich eingesteht, nie singen. Aber durch die Anwendung der Seelenkraft war er befähigt, zehn außerordentlich schöne Seelenlied-CDs aufzunehmen.

Wie konnte Dr. Sha dies tun? Es ist sehr einfach. Dr. Sha

nutzt Seelenkraft für alles, was er tut, einschließlich Heilen, Lehren, Singen, Schreiben und sogar der praktischsten Notwendigkeiten des Lebens. Er leitet seine Schüler und Leser an, es ihm gleichzutun. Für Dr. Sha und sein Team folgt jede Belehrung, jedes Projekt und jede Anstrengung, bis zum Beispiel den kleinsten Details des Designs der Webseite, göttlicher Führung und wird von der göttlichen Seelenkraft unterstützt.

Ich möchte einige persönliche Beispiele anführen. Ich hatte mir nie vorstellen können, Bücher zu schreiben. Dr. Sha jedoch hat diese Einstellung auf einfachste Weise transformiert. Seit er mir die notwendige Seelenkraft übertragen hatte, wurde das Bücherschreiben für mich zum Kinderspiel. Obwohl ich einen dichtgedrängten Terminplan habe, vermochte ich in den letzten beiden Jahren acht Bücher zu schreiben. In gleicher Weise, wie wenn ich eine Präsentation oder Unterrichtsstoff vorbereite, verbinde ich mich mit der Seele der Präsentation und erhalte einen vollständigen Entwurf dafür. Und nun schreibe ich sogar das Libretto zu einer Oper, einer Seelenoper, mit der Unterstützung einer für diesen Zweck maßgeschneiderten göttlichen Seelen-Übertragung!

Ich nutze Seelenkraft in jedem Aspekt meines Lebens. Dies hat meinen Alltag völlig transformiert. Die Existenz ist nun außerordentlich reich, erfüllend und erfreulich. Ich verlasse mich nicht länger auf meinen Intellekt, auf mein Gedächtnis oder auf Informationen von anderen. Durch Seelenkraft kann ich nicht nur göttliche Führung für jedes Thema bekommen; ich bin im wahrsten Sinne des Wortes fähig, die Ereignisse in meinem Leben zu formen.

Ich kann Dr. Sha und das Göttliche nicht genügend ehren und ihnen danken für die Geschenke, die sie mir gegeben haben. Ich bin sehr erfreut, dass Dr. Sha der Menschheit all diese Geschenke und noch viel mehr in diesem inspirierenden und wertvollen Buch weitergibt.

Hier geht es nicht darum, ob es so etwas wie eine Seele gibt. Das Buch ist nicht nur ein Versuch, die Seele zu beschreiben. Dr. Sha bietet heilige Weisheit an, einfache und doch sehr wirksame Techniken sowie, überaus erstaunlich und großzügig, Übertragungen von göttlicher Seelenkraft an jeden Leser. Dr. Sha gibt uns all die Werkzeuge, die wir brauchen, um unsere eigenen Seelen vollständig zu entwickeln, damit wir unsere eigene Existenz befreien können.

In diesem Buch hast du erfahren, was die Seele ist. Du hast gelernt, wie du das gesamte Potenzial deiner Seele entwickeln kannst. Du hast gesehen, wie du die Kraft deiner Seele auf jeden Aspekt deines Lebens anwenden kannst und dich damit ermächtigst, deine Schwierigkeiten zu lösen und Möglichkeiten jenseits deiner Vorstellungskraft und deiner Träume zu entdecken.

Du hast entdeckt, dass die höchste Sehnsucht deiner Seele – nämlich mit dem Göttlichen eins zu werden – durchaus erreichbar ist. Und du hast gelernt, wie du dieses Einssein erreichen kannst. Mit den Lehren in diesem Buch ist Dr. Sha weit über jeden spirituellen Führer in der Geschichte der Menschheit hinausgegangen.

Die *Seelenkraft* ist ein Meisterwerk, das die Tore zu einer neuen Ära für die Menschheit und Mutter Erde öffnen wird. Es wird der Menschheit für viele weitere Jahre dienen. Zu diesem Zeitpunkt sehen wir uns Herausforderungen gegenüber, die man nicht nur mit dem Intellekt bewältigen kann. Schließlich ist er es, der diese Herausforderungen überhaupt erst erschafft. Es bleibt uns keine Zeit, mit den alten Ansätzen weiterzumachen. Die Menschheit muss eine radikale Veränderung herbeiführen und vollends in die Dimensionen der Seele eintreten. Meiner Meinung nach hängt unser Überleben von der Seelenkraft ab.

Seelenkraft existiert überall, zu jeder Zeit und für jedermann. Seelenkraft ist unerschöpflich. Wir müssen nur wissen, wie wir an sie herankommen und sie anwenden. Das Buch *Seelenkraft* lehrt uns den Weg.

Der Weg ist das Tao. Ich habe mein ganzes Leben lang nach dem Tao gesucht. Nach vielen Jahren des ernsthaften Suchens fühle ich nun, dass ich endlich zum Tao gekommen bin. Genauer gesagt ist es Meister Sha, der mich zum Tao bringt.

Seelenkraft lehrt das Tao auf eine Art und Weise, die jedermann verstehen kann. Dieses Buch deckt auf und zeigt, dass das Tao nicht kompliziert ist. Dieses Buch gibt uns eine klare Anleitung, wie man das Tao erreicht.

Sei mit dem Tao. Lebe das Tao. Wende die Lehren aus der *Seelenkraft* an, um das Tao zu erreichen. Der Nutzen davon, alle Aspekte deines Lebens zu transformieren und zu erleuchten, übersteigt jedes Verständnis. Ich hoffe, du wirst den gleichen Gewinn daraus ziehen wie ich – und sogar mehr.

Dr. Peter Hudoba
British Columbia, Kanada

Danksagung

Ich kann das Göttliche nicht genügend ehren und anerkennen, dass es mich als Diener, Instrument und Kanal erwählt hat, um ein Diener des totalen GOLD für die Menschheit und alle Seelen zu sein. Ich kann das Göttliche nicht genügend ehren ob der göttlichen Fähigkeiten, die es mir gab, um zu heilen und zu dienen. Ich kann das Göttliche nicht genug ehren dafür, dass es ständig über meinem Kopf verweilte, um mich zu führen, während ich dieses ganze Buch durchfließen ließ. Ich bin dem Göttlichen außerordentlich dankbar.

Ich kann meinen geliebten spirituellen Vater, Meister Zhi Chen Guo, und meine geliebte Mama Guo nicht genügend dafür ehren und anerkennen, dass sie mich gelehrt und trainiert haben, ein Diener des totalen GOLD für das Göttliche, die Menschheit und alle Seelen zu sein. Die geheime Weisheit, die sie mich gelehrt haben, ist unbezahlbar. Ohne ihre Lehren und ihr Training hätte ich nicht schnell genug wachsen können, um ein göttlicher Diener zu sein. Ich bin ihnen außerordentlich dankbar.

Ich kann all meine taoistischen, buddhistischen, konfuzianischen, Tai-Chi-, Qi-Gong-, Kung-Fu-, I-Ging- und Feng-Shui-Meister in meinem Leben nicht genügend ehren und anerkennen. Die alten Geheimnisse, Weisheiten, Wissen und Übungen der Seele, die sie mir übergaben, sind unschätzbar. Ohne ihre Lehren und ihr Training hätte ich nicht schnell genug wachsen können, um ein göttlicher Diener zu sein. Ich bin ihnen außerordentlich dankbar. Ich kann Rev. Dr. Michael Bernard Beckwith nicht genügend ehren und würdigen dafür, dass er ein Vorwort zu meinen Büchern über die Seelenkraft geschrieben hat. Ich kann Dr. C. Norman Shealy nicht genügend danken und dafür würdigen, dass er für dieses Buch ein Vorwort geschrieben hat. Ich kann ihnen auch nicht genügend Anerkennung zollen für ihre Unterstützung und ihre Arbeit, ebenso für die Unterstützung und Arbeit anderer großer Lehrer und Autoren. Zu ihnen gehören Dr. John Gray, Marianne Williamson, Dr. Wayne Dyer, Rev. Dr. Barbara L. King, Sri Rani Kumra, Debbie Ford, Dr. Larry Dossey, Dr. Masaru Emoto, Dr. Bernie Siegel und Dr. Walter Semkiw. Ich bin ihnen sehr dankbar für ihre Anerkennung meines Dienstes.

Ich kann die Mitglieder des Gründungskomitees des World Soul Healing Peace and Enlightenment Movement nicht genügend ehren und anerkennen. Dies sind Rev. Dr. Barbara L. King, Dr. C. Norman Shealy, Dr. Kofi Kondwani, Sri Rani Kumra, Rev. Darlene Strickland, Renée Morgan Brooks, Dr. Peter Hudoba, Marilyn Smith und Allan Chuck. Ich bin ihnen sehr dankbar dafür, dass sie ihre Herzen und Seelen mit mir verbanden, um den Dienst dieser Bewegung anzubieten, und mir halfen, meine göttliche Mission zu erfüllen.

Ich kann all meine zertifizierten Meister-Lehrer und -Heiler der Seelenheilung und Seelenerleuchtung nicht genügend ehren und anerkennen. Dies sind Marilyn Smith, Dr. Peter Hudoba, Allan Chuck, Joyce Brown, Shu Chin Hsu, Patricia Smith, Francisco Quintero, Michael Stevens,

Lynne Nusyna und Peggy Werner. Sie haben der göttlichen Mission große Beiträge geleistet. Sie reisen um die ganze Welt, um Seelenheilung und -erleuchtung zu lehren. Ohne ihre totale Unterstützung und ihre Mitwirkung könnte ich die Mission nicht erfüllen. Ich bin ihnen außerordentlich dankbar.

Ich kann die Mitglieder meines engagierten Businessteams nicht genügend ehren und anerkennen. Ihre unermüdliche Arbeit und ihr totaler Einsatz hat mein Herz tief berührt. Sie haben der Mission große Dienste geleistet. Zu ihnen gehören Donna Schmidt, Allan Chuck, Ximena Gavino, Francisco Quintero, Kara Jewell, David Lusch, Shu Chin Hsu, Patty Baker, Robert Liu, Wei Fu, Ye Yu, Diana Gold Holland, Gloria Kovacevich, Sher O'Rourke, Jürg Mühlebach, Isabel Love, Elaine Ward, Angee Jenkins, Sande Zeig, Barbara Howard, Irene Stevens, May Chew und weitere. Ohne ihre großartigen Anstrengungen könnte ich die Mission nicht erfüllen. Ich bin ihnen außerordentlich dankbar.

Ich kann meine Hunderte von göttlichen Heilern und Lehrern nicht genügend anerkennen und ehren. Ich kann auch all meine göttlichen Schriftsteller und göttlichen Redakteure nicht genügend anerkennen und ehren für ihren totalen Einsatz, der Menschheit zu dienen. Sie haben unbeschreibliche Dienste geleistet. Ohne ihre großartigen Anstrengungen könnte ich die Mission nicht erfüllen. Ich bin ihnen außerordentlich dankbar.

Ich kann den Lektor dieses Buches, Allan Chuck, nicht genügend anerkennen und ehren für seinen großen Beitrag durch das Redigieren dieses Buches und meiner anderen Bücher. Er ist ein Diener des totalen GOLD für die göttliche Mission. Er ist verantwortlich für das Training unserer göttlichen Schriftsteller und göttlichen Redakteure. Er hat den Publikationen der Heaven's Library und unserer gesamten Mission große Beiträge geleistet. Ich bin ihm außerordentlich dankbar.

Ich kann meine Literaturagentin für dieses und die zwei vorangegangenen Seelenkraft-Bücher, Cathy Hemming, nicht genügend anerkennen und ehren. Sie hat Großartiges geleistet, um die Partnerschaft zwischen der Heaven's Library und Atria Books/Simon & Schuster zu etablieren. Ich bin ihr außerordentlich dankbar.

Ich kann all die wichtigen Mitarbeiter bei meinen Verlagshäusern Atria Books/Simon & Schuster sowie Simon & Schuster Canada nicht genügend anerkennen und ehren. Zu ihnen gehören Judith Curr, Johanna Castillo, Gary Urda, Christine Saunders, Christine Duplessis, Kitt Reckord, Ghenet Powell, Amy Tannenbaum, Sandy Moore, Mike Noble, Lourdes Lopez, Craig Dean, Amy Cormier, Felicia Quoan, Melissa Ong, Dominic Stones und viele mehr. Ich bin ihnen außerordentlich dankbar. Judith, die Herausgeberin bei Atria Books, hat mir die größte Unterstützung und Liebe erwiesen, indem sie die Seelenkraft-Bücher herausgebracht hat. Ich bin ihr und ihrem Team außerordentlich dankbar.

Ich kann all die Hunderttausende von Menschen, denen ich weltweit begegnet bin, nicht genügend anerkennen und ehren. Sie haben mir die Möglichkeit gegeben, ihnen zu dienen. Sie haben mir die Möglichkeit gegeben, meinen Dienst und mich selbst zu verbessern. Ich habe von ihnen allen sehr viel gelernt. Ich habe von ihnen unglaubliche Liebe und Unterstützung erhalten. Ich bin ihnen allen außerordentlich dankbar.

Und schließlich kann ich meine geliebte Frau, meine Kinder, meine Eltern und meine Schwiegereltern nicht genügend ehren und anerkennen für ihre große Liebe und ihre großartige Unterstützung meiner Mission. Ich würdige sie zutiefst. Ich bin ihnen allen außerordentlich dankbar. Mutter Erde befindet sich jetzt in einer besonderen Phase. Millionen von reinen Dienern werden benötigt, um der Menschheit zu dienen. Ich bin erfreut, ein Diener der Menschheit und aller Seelen zu sein und einen spirituellen Aufruf an die gesamte Menschheit und alle Seelen zu richten durch das erste göttliche Seelenlied, das ich am 10. September 2005 vom Göttlichen empfangen habe.

Ich liebe mein Herz und meine Seele.
Ich liebe die ganze Menschheit.
Verbindet Herzen und Seelen miteinander.
Liebe, Frieden und Harmonie.
Liebe, Frieden und Harmonie.

Mit meiner Liebe und meinem Segen,

Zhi Gang Sha

Anhang

Verzeichnis der Seelen-
Übertragungen und Abbildungen

Anmerkungen

1 Kwan Yin ist bekannt als der weibliche Bodhisattva des Mitgefühls und, im Westen, als Göttin der Barmherzigkeit, »Ling Hui Sheng Shi« oder »Heilige Dienerin der Seelenintelligenz«.

2 Jeder Buchstabe des Wortes »GOLD« hat eine besondere Bedeutung. G steht für das englische Wort *gratitude,* auf Deutsch »Dankbarkeit«. O steht für *obedience* und bedeutet »Gehorsam«. L steht für *loyalty,* also »Loyalität«. D steht für *devotion,* was sich mit »Ergebenheit« oder »Hingabe« übersetzen lässt.

3 Die Zahl 108 ist im Buddhismus eine heilige Zahl. Man spricht von 108 Meditationen, 108 Leidenschaften, 108 Gefühlen und so fort. So kommt die Zahl 108 zustande: Nach der buddhistischen Lehre hat der Mensch sechs Sinne (neben den im Westen geläufigen zählt auch das Denken dazu). Jeder dieser sechs Sinne kann mit angenehmen, unangenehmen oder neutralen Gefühlen (drei Arten von Gefühlen) verbunden sein: 3 x 6 = 18. Jedes dieser achtzehn Gefühle kann anhaften oder nicht (zwei Zustände) und manifestiert sich in Vergangenheit, Gegenwart und Zukunft (drei Zeiten): 2 x 18 = 36, 3 x 36 = 108.

4 Dr. Zhi Gang Sha: *Seelenweisheit. Kostbarkeiten zur Transformation deines Lebens,* KOHA Verlag, Burgrain 2008.

5 Ein Yang-Begleiter ist ein physisches Wesen, zum Beispiel ein Familienmitglied oder ein Haustier. Ein Yin-Begleiter ist ein Seelenbegleiter ohne körperliche Form.

6 Dr. Zhi Gang Sha: *Seele Geist Körper Medizin,* KOHA Verlag, Burgrain 2007.

7 Der englische Begriff *retreat* bedeutet »Rückzug, Exerzitien«. Damit ist der mehrtägige Rückzug an einen ruhigen Ort gemeint, um beispielsweise unter Anleitung intensiv zu meditieren.

8 »Shi Jia Mo Ni Fuo« ist der chinesische Name für Shakyamuni oder Gautama Buddha, den Begründer des Buddhismus.

9 *Huang Ti Nei Ching,* wörtlich *Innerer Klassiker des Gelben Kaisers,* heißt das erste medizinische Werk Chinas. Es wird Huang Ti, dem Gelben Kaiser, zugeschrieben. Üblicherweise wird der Titel mit *Des Gelben Kaisers klassisches Buch der Inneren Medizin* übersetzt.

10 Das »Dritte Auge« ist weithin auch ein Synonym für das Stirnchakra. Im Energieleib des Menschen befinden sich Zentren subtiler oder feinstofflicher Energie, »Chakras« genannt. Als (Haupt-)Chakras werden die sieben Zentren bezeichnet, die hintereinander entlang der Wirbelsäule liegen. Das höchste Chakra befindet sich am Scheitelpunkt des Kopfes. Das Sanskritwort *cakrá* bedeutet »Rad, Kreis«: Medial begabte Menschen, die die Aura sehen können, beschreiben die Chakras als »Lotusblüten« in kreisender Bewegung, wodurch der Eindruck eines Rads entsteht.

11 *Xiu Lian* wird »Schiu Li-en« ausgesprochen. *Xiu* bedeutet »Reinigung«, *Lian* heißt »Übung«.

12 Vom Sanskritwort *Akaśa* für »das Alldurchdringende, der Raum«.

13 »Die neun Schichten des Himmels« (ausgesprochen »Dschou Ti-en«); *Jiu* bedeutet »neun«, *Tian* heißt »Himmel«.

14 »Ar Mi Tuo Fuo« ist der chinesische Name für Amitabha, den alten Buddha, den »Führer des Reinen Landes«, Pu Ti Lao Zu ist einer der höchsten taoistischen Führer.

15 *Wan* bedeutet »zehntausend«, also »alle« oder »jede«, *ling* bedeutet »Seele«, *rong he* »vereinen«, *da* »groß«, und *yuan men* bedeutet »Erleuchtung«.

16 *Ming* bedeutet wörtlich »läutern« oder »erleuchten«, *xin* heißt »Herz«, *jian* »sehen«, und *xing* meint »dein wahres Selbst«, was »deine Seele« bedeutet.

17 *Wong Ar Hong* ist ein tibetisches Mantra.
Wong Ma Ni Ba Ma Hong ist das sechssilbige Mantra für Erleuchtung von Kwan Yin.
Na Mo Shi Jia Mo Ni Fuo: Die Worte *Na Mo* bedeuten »Respekt [und] Ehre«, *Shi Jia Mo Ni Fuo* ist Gautama Buddha.
Na Mo Ar Mi Tuo Fuo: So heißt der Buddha, der *Ji Le Shi Jie* gegründet hat, die »Welt des höchsten Glücks«, im Westen als das »Reine Land« bekannt.

Na Mo Guan Shi Yin Pusa (Kwan Yin ist der weibliche Bodhisattva des Mitgefühls [siehe oben]).

Na Mo Yao Shi Fuo: Yao Shi Fuo ist der chinesische Name des Medizin-Buddhas.

Ling Guang Pu Zhao bedeutet wörtlich: »Seelenlicht scheint weit herum« oder »Leuchtendes Seelenlicht«.

Tao Fa Zi Ran: Wörtlich bedeuten *Tao* »der Weg«, *Fa* »Methode«, *Zi Ran* »natürlich sein«. Dies kann als »Dem Weg der Natur folgen« übersetzt werden.

18 *Wan* bedeutet »zehntausend«. Dies repräsentiert »alles oder jedes«. *Wu* bedeutet »Ding«, *jie* »alle«, *you* »hat«, und *ling* ist die »Seele«.

19 Dr. Zhi Gang Sha: *Seelenweisheit. Kostbarkeiten zur Transformation deines Lebens,* KOHA Verlag, Burgrain 2008.

20 Dr. Zhi Gang Sha: *Seelensprache. Erkenne deine innere Wahrheit,* MensSana bei Knaur, München 2010.

21 Seelensprache hat eine Seele, einen Geist und einen Körper. Es hat ja alles eine Seele, einen Geist und einen Körper. Eine Seele ist ein Lichtwesen. Ein Geist ist das Bewusstsein eines Wesens. Ein Körper eines Wesens besteht aus kleinster Materie. Eine Seele ist ein Lichtwesen, das aus kleinster Materie geschaffen ist.

22 Dr. Zhi Gang Sha: *Seele Geist Körper Medizin,* KOHA Verlag, Burgrain 2007.

23 Ein *cun* ist eine persönliche Maßeinheit aus der Traditionellen Chinesischen Medizin. Es handelt sich um deine individuelle Daumenbreite am vorderen Gelenk. Bei den meisten Menschen sind es etwa 2,5 Zentimeter.

24 Der Lotussitz ist eine der klassischen Sitzhaltungen des Yoga. In dieser Position wird seit alters in den fernöstlichen Religionen die Meditation ausgeübt. Der Sitz ist der Form einer Lotusblüte nachempfunden. Die Beine sind verschränkt, und der rechte Fuß ruht nahe der Leistenbeuge auf dem linken Oberschenkel, der linke Fuß entsprechend auf dem rechten Oberschenkel, die Fußsohlen zeigen nach oben. Der Oberkörper ist aufgerichtet, die Schultern sind leicht zurückgenommen.

Beim halben Lotussitz befindet sich nur ein Fuß auf dem anderen Oberschenkel, der zweite Fuß liegt unter dem anderen Oberschenkel.

Beim sogenannten Schneidersitz hingegen befinden sich beide Füße *unterhalb* des jeweils anderen Oberschenkels. Er ist instabiler als der volle und der halbe Lotussitz.

25 *Fen* bedeutet »getrennt«, *qing* »Essenz der Nahrung« und *mi zhuo* »Abfall«.

26 Du kannst die anderen acht göttlichen Seelen-Übertragungen an jedem meiner weltweit angebotenen Retreats zur Seelenheilung und -erleuchtung bekommen, aber auch als Fernübertragung (siehe meine Website www.DrSha.com).

27 *Ling* bedeutet »Seele«, *Gong* »Tempel«.

28 Von einem »funktionierenden Alkoholiker« spricht man, wenn der Betroffene zwar abhängig ist, die Krankheit aber relativ unauffällig verläuft und der Alkoholkranke weiterhin leistungsfähig bleibt.

29 Dr. Zhi Gang Sha: *Zhi Neng Medicine. Revolutionary Self-Healing Methods from China*, Zhi Neng Press, Vancouver, BC, 1997.

30 Dr. Zhi Gang Sha: *Power Healing. Four Keys to Energizing Your Body, Mind and Spirit*, HarperSanFrancisco, San Francisco, CA, 2002.

31 Als »Remote Viewing« (»Fernwahrnehmung«) bezeichnet man das Erlangen von Informationen über eine Begebenheit oder einen Ort, von denen der Wahrnehmende räumlich getrennt ist.

32 Zur Bedeutung des Wortes »GOLD« siehe Anmerkung 2.

Kontakt:

www.DrSha.com
www.MasterShaSoulSong.com

Love Peace Harmony Institut
Adalbertstraße 10 a
60486 Frankfurt am Main
Telefon 069 9726562-22
Telefax 03212 3396815
www.DrSha.de
www.lovepeaceharmony.de